会计信息化

主　编　刘伟丽　李　苒　张泽艺
副主编　李　萍　李亚琳　张　艳
王彦华　张　瑶　张旻捷
乔则燕　尚艳钦

北京理工大学出版社
BEIJING INSTITUTE OF TECHNOLOGY PRESS

内容简介

本书以《小企业会计准则》为理论依据，以财政部、国家税务总局下发的最新财税政策为基础，体现工作导向的理实一体化。采用“案例引导、学习任务驱动”的编写方式，以实用为目的，以项目为学习单元，对知识点进行了细致的取舍和编排，融通俗性、实用性和技巧性于一体。全书共由八个项目组成，分别为会计信息化概论、系统管理、基础设置、总账管理、报表管理、固定资产管理、工资管理和综合实训。每个项目由若干个任务组成，每个学习任务包括任务导入、任务描述、知识准备、任务实施、任务检验、任务评价等几个环节。

本书可以作为从事会计工作、税务工作、审计工作及相关经济管理工作人员的财务软件培训教材和业务学习资料。

图书在版编目（CIP）数据

会计信息化 / 刘伟丽，李苒，张泽艺主编. -- 北京：北京理工大学出版社，2024.1

ISBN 978-7-5763-3616-0

Ⅰ. ①会… Ⅱ. ①刘… ②李… ③张… Ⅲ. ①会计信息—财务管理系统 Ⅳ. ①F232

中国国家版本馆CIP数据核字（2024）第045982号

责任编辑：王晓莉　　**文案编辑**：王晓莉
责任校对：刘亚男　　**责任印制**：边心超

出版发行 / 北京理工大学出版社有限责任公司
社　　址 / 北京市丰台区四合庄路 6 号
邮　　编 / 100070
电　　话 / （010）68914026（教材售后服务热线）
（010）68944437（课件资源服务热线）
网　　址 / http：//www. bitpress. com. cn

版 印 次 / 2024 年 1 月第 1 版第 1 次印刷
印　　刷 / 定州启航印刷有限公司
开　　本 / 889 mm × 1194 mm　1 / 16
印　　张 / 15
字　　数 / 286千字
定　　价 / 89.00元

图书出现印装质量问题，请拨打售后服务热线，负责调换

前言

PREFACE

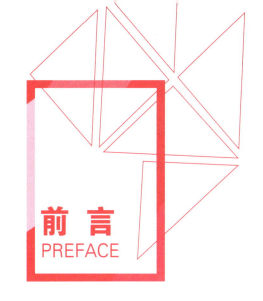

为深入贯彻党的二十大报告关于“全面贯彻党的教育方针，落实立德树人根本任务，培养德智体美劳全面发展的社会主义建设者和接班人”的文件精神，我们编写了本书，旨在为培养更多高素质的技术技能人才提供有益的参考和借鉴。

本书以《小企业会计准则》为理论依据，以财政部、国家税务总局下发的最新财税政策为基础，体现工作导向的理实一体化。采用“案例引导、学习任务驱动”的编写方式，以实用为目的，以项目为学习单元，对知识点进行了细致的取舍和编排，融通俗性、实用性和技巧性于一体。全书共由8个项目组成，分别为会计信息化概论、系统管理、基础设置、总账管理、报表管理、固定资产管理、工资管理和综合实训。每个项目由若干个任务组成，每个任务包括任务导入、任务描述、知识准备、任务实施、任务检验、任务评价等几个环节。本书可以作为从事会计工作、税务工作、审计工作及相关经济管理工作人员的财务软件培训教材和业务学习资料。

本书具有以下特色：

（1）图文并茂。以图解式操作步骤贯穿全书，读者可以更加直观地了解每个工作任务步骤的操作过程和注意事项，从而更好地掌握相关技能。

（2）融媒体图书形式。本书通过二维码融入微课视频，使读者轻松快速地掌握知识和技能要点，提高学习效率。本书还配套了课件、教案等资源，实现了图书融媒体化。

（3）行动导向，任务引领，学做结合。本书内容以实际工作案例方式呈现，通过项目任务实训，使读者边做边学，从而主动思考、发现问题、解决问题。

本书的编写团队由多位具有丰富教学经验的一线教学专家组成。其中，多人拥有注册会计师、注册税务师职业资格证书，以及高级会计师、会计师职称证书，他们不仅在学术上有深厚造诣，还具备丰富的实践经验。同时，我们还邀请了企业一线专家参与本书的编写，实现了产教融合。

刘伟丽和李苒设计了全书的整体框架，负责全书的统稿、修改和定稿。张泽艺负责全书的审稿。具体分工如下：项目1由李萍编写，项目2由张瑶编写，项目3由张旻捷编写，项目

4由张艳编写，项目5由王彦华编写，项目6由李苒编写，项目7由乔则燕编写，项目8由刘伟丽、张瑶、尚艳钦等编写。其中，各项目职业能力训练板块由李亚琳编写，主体案例由李萍编写，全书的微课视频由李苒制作。

由于财税政策变化较大，编者理解的财税政策有限，加之时间仓促，不当之处，敬请大家批评指正。

编　者

目 录
CONTENTS

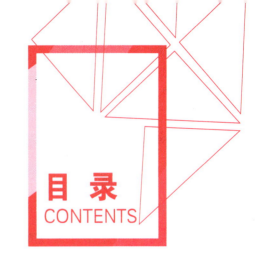

项目 1
会计信息化概论

项目导入

会计电算化是“电子计算机在会计中的应用 ”的简称，是计算机技术和现代化会计相结合的产物。会计电算化是会计信息化的初级阶段。会计电算化发展到今天已经向会计信息化全面过渡。

会计信息化是会计电算化顺应信息化发展、对传统会计进行变革的必然结果。会计信息化是企业利用计算机、网络通信等现代信息技术手段开展会计核算，同时将会计核算与企业其他经营管理活动有机结合的过程。

为了推动会计信息化发展，提高会计软件和相关服务质量，规范信息化环境下的会计工作，财政部颁布了一系列有关会计信息化的法律法规文件，以保障会计信息化系统能够健康安全地运行。

学习目标

知识目标

1.了解会计电算化、会计信息化的概念。

2.了解会计信息化的法规体系。

3.理解会计软件的概念、分类和功能。

4.掌握会计信息化前期准备工作。

技能目标

1.理解会计电算化和会计信息化的关系。

2.熟悉会计信息化的法规体系。

3.掌握会计信息化前期准备工作的内容。

素养目标

1.了解会计行业的发展趋势，培养职业自信心。

2.树立终身学习的意识，紧跟时代步伐。

3.遵纪守法，坚守会计职业道德。

思维导图

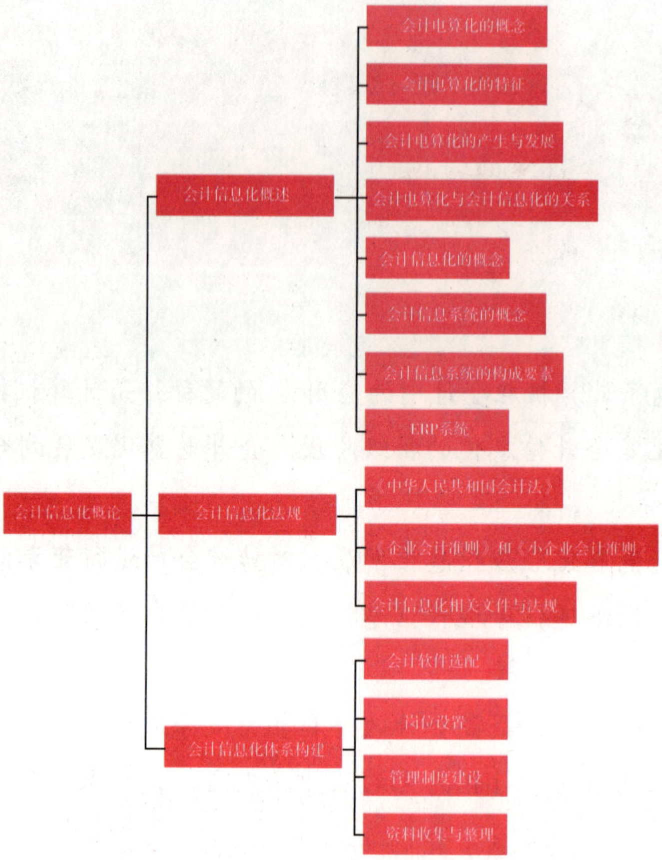

任务 1 会计信息化概述

一、会计电算化的概念

会计电算化的概念有狭义和广义之分。狭义的会计电算化是指以电子计算机为主体的电子信息技术在会计工作中的应用。广义的会计电算化是指与实现会计电算化有关的所有工作，包括会计软件的开发与应用、会计软件市场的培育与发展、会计电算化人才的培训、会计电算化的宏观规划和管理、会计电算化制度建设等。

二、会计电算化的特征

1. 人机结合

在会计电算化方式下，会计人员填制会计凭证并审核后，执行“记账”功能，计算机根据程序和指令在极短的时间内自动完成会计数据的分类、汇总、计算、传递及报告等工作。

2. 会计核算自动化、集中化

在会计电算化方式下，试算平衡、登记账簿等以往依靠人工完成的工作，都由计算机自动完成，大大减轻了会计人员的工作负担，提高了工作效率。

3. 数据处理及时、准确

在会计电算化方式下，可以在较短的时间内完成会计数据的处理工作。运用会计软件，可以避免在手工会计处理方式下出现的一些错误，保证了数据的准确性。

4. 内部控制多样化

在会计电算化方式下，内部控制由过去的纯粹人工控制发展成为人工与计算机相结合的控制形式，内部控制的内容更加丰富多样，范围更加广泛，实施更加有效。

三、会计电算化的产生与发展

1954年，美国通用电气公司第一次使用计算机进行工资数据的计算，揭开了人类利用计算机进行会计数据处理的序幕。

我国会计电算化起步较晚，1979年首次在长春第一汽车制造厂进行在会计工作中使用计算机的试点。我国会计电算化的发展经历了由低级到高级的过程。

（1）模拟手工记账的探索起步阶段，是会计电算化的初级阶段。

（2）与其他业务结合的推广发展阶段，形成了一套完整的会计核算软件系统。

（3）引入会计专业判断的渗透融合阶段，是会计电算化发展的高级阶段，目的是实现会计管理的电算化。

（4）与内控相结合建立ERP系统的集成管理阶段，实现了会计管理和会计工作的信息化，目前这一阶段尚在进行中。

四、会计电算化与会计信息化的关系

会计电算化是会计信息化的初级阶段。会计信息化是根据会计目标，按照信息管理原理与信息技术重整会计流程，实现对会计业务的信息化管理，能够充分发挥会计在企业管理和决策中的核心作用。因此，会计电算化是会计信息化的基础阶段，会计信息化是会计电算化顺应信息化发展、对传统会计进行变革的必然结果。

五、会计信息化的概念

会计信息化是指企业利用计算机、网络通信等现代信息技术手段进行会计核算，以及利用上述技术手段将会计核算与其他经营管理活动有机结合的过程。

会计信息化是现代信息技术与会计的融合，是企业管理信息化的一部分。

六、会计信息系统的概念

会计信息系统（Accounting Information System，AIS）是指利用信息技术对会计数据进行采集、存储和处理，完成会计核算任务，并提供会计管理、分析与决策相关会计信息的系统。其实质是将会计数据转化为会计信息系统，是企业管理信息系统的一个重要子系统。

七、会计信息系统的构成要素

会计信息系统是一个人机结合的系统，该系统由人员、计算机硬件、计算机软件和会计规范等基本要素组成。

八、ERP 系统

ERP是“Enterprise Resource Planning”的简称，翻译为“企业资源计划”，是指利用信息技术，将企业内部所有资源整合在一起，对开发设计、采购、生产、成本、库存、分销、运输、财务、人力资源、品质管理等进行科学规划；同时将企业与其外部的供应商、客户等市场要素有机结合，实现对企业的物资资源（物流）、人力资源（人流）、财务资源（财流）和信息资源（信息流）等资源进行一体化管理（即“四流一体化”或“四流合一”）。

会计信息系统是ERP系统的一个子系统，是ERP系统最核心的管理功能之一。

任务检验

【单选题】1. 狭义的会计电算化是指（　　）。

A.会计工作应用于计算机中　　B.电子信息技术在会计工作中的应用

C.电子技术在会计监督中的应用　　D.网络技术在财务管理中的应用

【单选题】2.（　　）是指企业利用计算机、网络通信等现代信息技术手段开展会计核算，以及利用上述技术手段将会计核算与其他经营管理活动有机结合的过程。

A.会计信息化　　C.会计软件　　B.会计电算化　　D.会计程序

【单选题】3. 我国的会计电算化体系是从（　　）开始建设的。

A.20世纪50年代　　B.20世纪60年代

C.20世纪70年代　　D.20世纪80年代

【多选题】4. 下列选项中，属于会计信息系统构成要素的有（　　）。

A.计算机　　B.办公用品

C.会计软件　　D.《中华人民共和国会计法》

【判断题】5. 会计信息系统是以解决会计核算为目的的系统。（　　）

任务评价

任务点		自我评价	教师评价	总结反思
会计信息化概述	1. 会计电算化的概念			
	2. 会计电算化的特征			
	3. 会计电算化的产生与发展			

续表

任务点		自我评价	教师评价	总结反思
会计信息化概述	4. 会计电算化与会计信息化的关系			
	5. 会计信息化的概念			
	6. 会计信息系统的概念			
	7. 会计信息系统的构成要素			
	8.ERP 系统			

任务 2　会计信息化法规

为了加强对会计信息化工作的指导和规范，财政部发布了一系列有关会计信息化的法律法规和政策文件。

一、《中华人民共和国会计法》

《中华人民共和国会计法》（以下简称《会计法》）作为会计工作的根本法，是所有企业必须严格遵守的第一层次会计规范。

二、《企业会计准则》和《小企业会计准则》

《企业会计准则》和《小企业会计准则》是会计工作应遵守的第二层次规范，对企业的会计核算做出了具体规定，是指导我国会计工作的具体规范。

三、会计信息化相关文件与法规

2014年1月6日，财政部颁布实施了《企业会计信息化工作规范》，这是指导企业会计信息化工作的最新法规。

任务检验

【单选题】1. 当前执行的《企业会计信息化工作规范》开始施行的时间是（　　）年。

A.2016　　B.2013　　C.2015　　D.2014

【多选题】2. 为了加强对会计信息化工作的指导和规范，财政部发布了哪些有关会计信息化的法律法规和政策文件？（　　）

A.《中华人民共和国会计法》　　B.《企业会计准则》

C.《小企业会计准则》　　D.《企业会计信息化工作规范》

任务评价

任务点		自我评价	教师评价	总结反思
会计信息化法规	1.《中华人民共和国会计法》			
	2.《企业会计准则》和《小企业会计准则》			
	3. 会计信息化相关文件与法规			

任务 3　会计信息化体系构建

会计信息化体系构建是一项复杂的系统工程，涉及企业各个方面，诸多业务环节。需要准备的工作主要包括会计软件选配、岗位设置、管理制度建设、资料收集与整理等方面。

一、会计软件选配

1. 会计软件的概念

会计软件是指企业使用的，专门用于会计核算、财务管理的计算机软件、软件系统或者其功能模块。

会计软件包括一组指挥计算机进行会计核算与管理工作的程序、存储数据以及有关资料。

2. 会计软件的分类

按适用范围分类，会计软件分为通用会计软件和专用会计软件。

按会计信息共享程度分类，会计软件分为单用户会计软件和网络与多用户会计软件。

按功能和管理层次的高低，会计软件分为核算型会计软件、管理型会计软件、决策型会计软件。

3. 会计软件的选配方式

会计软件的选配方式主要有购买通用会计软件、自行开发、委托外部单位开发（定制开发）、企业与外部单位联合开发、购买与开发相结合等。

4. 会计软件的功能模块

会计软件的功能模块主要包括账务处理模块、固定资产管理模块、工资管理模块、应收及应付管理模块、成本管理模块、报表管理模块、存货核算模块、财务分析模块、预算管理模块、项目管理模块、其他管理模块。

二、岗位设置

会计信息化岗位是指直接管理、操作、维护计算机及会计软件系统的岗位。比较完善的会计信息化系统应设置如下信息化岗位：

1. 系统管理员

系统管理员负责会计信息化过程中的管理及运行工作，要求具备较高的会计和计算机知识水平，以及相关的会计信息化组织管理的经验，可由会计主管兼任。

2. 系统操作员

系统操作员负责会计数据的录入与输出工作，能够使用会计信息化系统的部分或全部功能，要求具备相关会计知识及计算机操作知识，达到会计电算化初级知识培训的水平。

3. 数据审核员

数据审核员根据会计制度的要求，审核原始凭证和记账凭证及输出的会计数据、账表的正确性。要求具备丰富的会计和计算机知识，一般由具有会计师以上职称的财会人员担任。

4. 系统维护员

系统维护员负责系统日常使用中的硬件和应用软件的维护工作。主要包括负责机房、网络系统、计算机硬件等设备的维护与管理，负责软件应用程序故障的排除，负责系统升级和软件升级等维护工作。

5. 会计档案管理员

会计档案管理员负责各类会计数据、各类账表、凭证资料及其他各种会计档案资料的存档保管工作，做好各类数据、资料和凭证的安全保密工作，不得擅自出借。

三、管理制度建设

随着会计信息化的普及和发展，在会计实务工作中出现了利用计算机进行舞弊的犯罪行为。因此，加强会计信息化管理制度建设，完善会计信息化系统的内部控制机制，成为会计信息化工作必不可少的重要环节。

1. 岗位责任制度

会计信息化工作岗位，一般可分为会计信息化主管、系统管理员、软件操作员、审核记账员、会计档案管理员、信息化审查员、数据分析员以及系统维护员等。

会计工作岗位设置可一人一岗、一人多岗或多人一岗，但应符合内部牵制制度。

2. 操作管理制度

操作管理包括系统操作规程和操作权限的设置。企业应建立严格的职责分工，对不相容的职责进行分离。按照操作规程运行系统，严格划定每个人的操作权限，设置密码，制定相应的内部控制制度。

3. 软、硬件管理制度

计算机软件和硬件的安全运行是会计信息化工作顺利开展的基本条件，应制定相应的机房管理制度，软件使用、维护及保管制度，修改会计软件的审批及监督制度、会计数据的管理制度等。

4. 会计档案管理制度

会计档案主要以磁介质和纸介质两种形式存储。对会计档案的管理要做好防磁、防火、防潮、防尘、防盗等工作。重要的会计档案应准备双份，存放在不同的地点。采用磁性介质保存会计档案，要定期进行检查、定期进行复制。

四、资料收集与整理

企业在使用会计信息化系统之前，还需要收集与整理企业的详细资料，以保证日后相关数据的录入与规范化工作的顺利进行。

收集与整理的资料内容主要包括企业的基本情况、企业的经营情况、企业会计科目的使用情况、会计核算的具体方法、科目期初余额和明细资料情况等。

任务检验

【多选题】1. 企业配备会计软件主要有（　　）等方式。

A.购买通用会计软件　　B.自行开发会计软件

C.购买与开发相结合　　D.委托外单位开发

【多选题】2. 会计信息化需要收集与整理的资料包括（　　）。

A.企业的基本情况　　B.企业的经营情况

C.会计科目的使用情况　　D.期初余额和明细资料

【多选题】3. 会计信息化岗位有（　　）。

A.出纳　　B.系统管理员　　C.系统操作员　　D.系统维护员

【判断题】4. 系统管理员具有将审核无误的原始凭证录入计算机并记账的职责。（　　）

【判断题】5. 会计软件包括一组指挥计算机进行会计核算与管理工作的程序、存储数据以及有关资料。（　　）

任务评价

任务点		自我评价	教师评价	总结反思
会计信息化体系构建	1. 会计软件选配			
	2. 岗位设置			
	3. 管理制度建设			
	4. 资料收集与整理			

包罗万象

会计学、会计财务管理专业人才需求居行业前三位

近期，某招募网站发布了本年度报告，揭示了当前社会的就业现状与专业前景，其中，

会计学、会计财务管理专业人才需求居咨询服务行业前三位（图1-1）。

主流行业人才专业榜单

行业	专业 TOP1	专业 TOP2	专业 TOP3
咨询服务	会计学	会计	财务管理
互联网	计算机科学与技术	电子商务	软件工程
房地产开发与经营	土木工程	工程造价	工程管理
房地产中介	市场营销	工商管理	会计学
计算机软件	计算机科学与技术	软件工程	软件技术
培训/课外教育/教育辅助	学前教育	英语	汉语言文学
电气机械/器材制造	机械设计制造及其自动化	电气工程及其自动化	机电一体化技术
电子/半导体/集成电路	电子信息工程	电气工程及其自动化	机械设计制造及其自动化
医药制造	药学	制药工程	中药学
快速消费品	市场营销	会计学	工商管理

统计规则：基于智联招聘2023年在线招聘数据库的数据监测统计分析

数据来源：智联招聘（www.zhaopin.com）

图1-1

由上面的数据可知，会计相关专业在行业的招聘需求较大，应聘人数较多，且潜力较大。这与目前会计求职的两大现状相符合：①新人竞争压力大、上手慢，老人晋升难、机会少；②普通会计饱和，高级人才紧缺。

面对这样的现状，会计人员应该如何提升竞争力，满足职场人才需求，在职场中立于不败之地呢？

1. 考取高级证书

目前，职场对于持有初级会计证书的初级会计人员，需求基本饱和，更加看重具有综合能力的高级会计人才。

2. 提升实操技能

做账能力是会计人员必须掌握的上岗技能；Excel表格应用是会计人应该掌握的最基本的能力；做财务报表能力需要会计人员不仅熟悉各类经济业务，还要熟练运用做表工具；而想要晋升至管理岗位，还必须掌握必备的财务管理能力。

3. 提高综合业务能力

会计看似是整天面对数据、不需要沟通的人，但实际上要想在职场中有长远的发展，尤其是想上升到会计管理层，就需要提升综合业务能力，比如交际能力、创新能力、领导能力。在会计职场中，建立人脉关系是提高竞争力的重要手段。

4. 关注行业发展趋势，与时俱进

随着科技的不断进步，会计行业将迎来数字化转型的高峰期，自动化软件、数据分析以及云计算等技术将广泛应用。

随着越来越多的企业进行海外并购和国际业务扩展，会计人员的国际合规和税务筹划能力将变得尤为重要。

随着数据的不断积累和技术的进步，数据分析逐渐成为会计行业的新趋势。会计人需要具备数据分析的能力，并能将其应用于业务决策过程中。

会计行业发展迅猛，新的法规和准则不断颁布。持续学习将成为会计人员的必备技能。未来，会计人员需要不断学习新的知识和技能，提升自己在职场中的竞争力，才能在职场上获得更长远的发展。

项目 2 系统管理

项目导入

在一体化管理应用模式下，畅捷通T3为各个子系统提供了一个公共平台，用于对整个系统的公共任务进行统一管理，如基础信息的设置，企业账套的建立、修改、删除和备份，操作员的建立，角色的划分和权限的分配等，其他任何子系统的独立运行都必须以此为基础。系统管理模块的主要功能是对畅捷通T3的各个产品进行统一的操作管理和数据维护。本书以河北开元科技有限公司为案例，案例资料如下：

河北开元科技有限公司成立于2015年，是一家集设计、研发、生产、销售电子产品于一体的高新技术企业。河北开元科技有限公司生产的产品主要有智能手表、智能手环、智能音响、儿童手表、蓝牙耳机等。该公司为增值税一般纳税人，适用《2013小企业会计准则》，享受小型微利企业所得税优惠政策，增值税率为13%，城建税率为7%，教育费附加为3%，地方教育费附加为2%。存货采用实际成本法核算，存货发出计价方法为先进先出法。

该公司自2023年1月1日开始实行会计信息化。

学习目标

知识目标

1.明确系统管理的地位和作用。

2.区分账套和年度账概念的不同。

3.识别系统管理员和账套主管权限的不同。

技能目标

1.模拟企业期初建账时的操作流程，根据企业实际情况，学生独立完成期初账套设置。

2.掌握设置操作员及权限的操作。

3.掌握账套维护的操作。

素养目标

了解建立企业账套的重要性，树立不同岗位相分离的思想意识。

思维导图

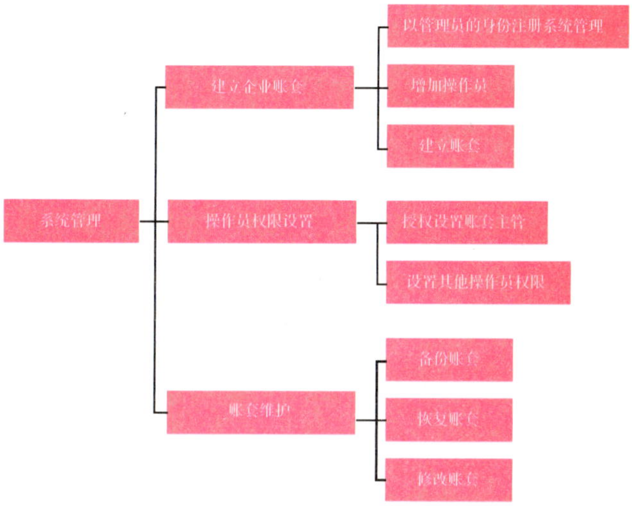

任务 1　建立企业账套

任务导入

河北开元科技有限公司自2023年1月开始实行会计信息化，财务人员以系统管理员admin的身份根据企业实际情况建立账套。

任务描述

以系统管理员admin的身份进入系统管理，完成如下任务：

1. 以系统管理员的身份注册系统管理

略。

2. 增加操作员（表 2–1）

表2–1　增加操作员

编号	姓名	口令
01	王娟	01
02	赵君	02
03	李欣雨	03
04	何芳	04

3. 建立企业账套

河北开元科技有限公司具体相关业务资料如下：

账套信息：账套号：168；账套名称：河北开元科技有限公司；启用会计期：2023年1月。

单位信息：单位名称：河北开元科技有限公司（简称开元科技）；单位地址：河北省石家庄市天山大街129号；法人代表：张向东；联系电话：0311–85027396；电子邮箱：kaiyuan999@163.com；税号：91130133MACWBXCQ56 。

公司生产的产品主要有智能手表、智能手环、智能音响、儿童手表、蓝牙耳机等。

核算类型：本币代码：RMB；本币名称：人民币；企业类型为“工业”；行业性质：小企业会计准则（2013年）；账套主管：01王娟；采用“按行业性质预置科目”。

基础信息：存货不分类，客户分类，供应商分类，有外币核算业务。

编码规则：会计科目编码级次42222；客户分类编码级次124；部门编码级次122；结算方式编码级次12；供应商分类编码级次234；其他编码级次默认。

数据精度：小数位均为2。

系统启用：以系统管理员admin身份启用总账系统，启用日期为2023年1月1日。

知识准备

建立账套就是为企业建立一套账簿文件。在建立账套时应根据企业的具体情况设置账套参数，主要包括核算单位名称、所属行业、启用时间、编码规则等基础参数。一般来说，可以为企业中每一个独立核算的单位建立一个账套，系统最多可以建立999个账套。

系统有两类重要的操作员，分别是系统管理员（admin）和账套主管。系统管理员负责整个系统的维护工作，可以管理该系统中所有的账套。以系统管理员身份注册进入系统管理，便可以进行账套的管理（包括账套的建立、备份和恢复），以及操作员及其权限的设置。账套主管负责所选账套的维护工作，主要包括所选账套的修改和所含年度账的管理（包括创建、清空、备份、恢复以及各子系统的年末结转），以及操作员权限的设置。账套主管没有增加操作员的权限。系统管理员和账套主管通过对系统操作的分工和权限的管理，一方面可以避免与业务无关的人员对系统的操作；另一方面可以对系统所含的各个子产品的操作进行协调，以保证系统的安全与保密。

任务实施

1. 以系统管理员的身份注册系统管理

操作步骤：

Step1 运行系统管理。

Step2 在菜单栏选择“系统”→“注册”命令，系统允许用户以系统管理员或者账套主管的身份注册进入系统管理（图2–1）。

Step3 输入用户名“admin”，密码为空（图2–2）。

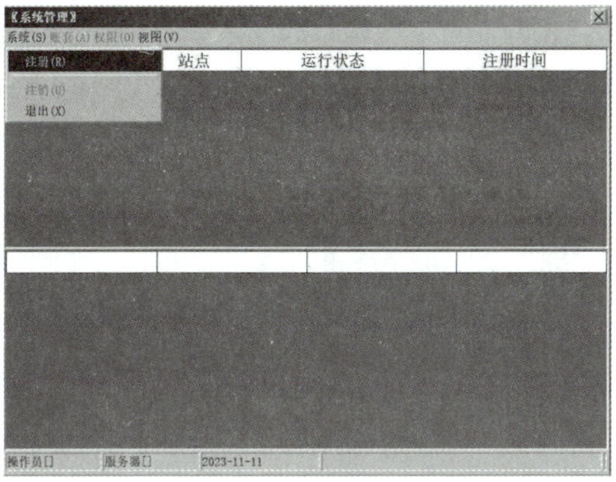

图2-1

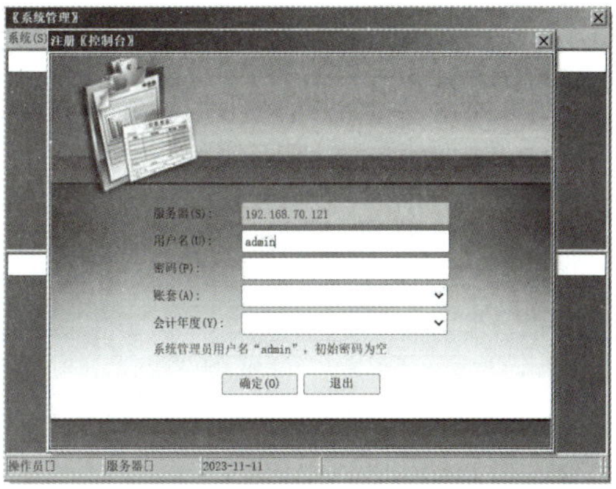

图2-2

Step4　单击“确定”按钮。

操作指导

系统管理员admin没有密码，即密码为空。在实际工作中，为了保证系统以及会计信息的安全，系统管理员必须设置密码。

系统允许用户可以以系统管理员的身份或者账套主管的身份注册进入系统管理；此时因为还没有建立账套，所以只能以系统管理员的身份注册。

2. 增加操作员

操作步骤：

Step1　用户以系统管理员的身份进入系统，在菜单栏选择“权限”→“操作员”命令（图2-3）。

增加操作员

Step2　增加操作员。在“增加操作员”对话框中输入操作员的信息后，单击“增加”按钮表示确认，单击“退出”按钮表示放弃（图2-4）。依次类推，增加另外三个操作员。

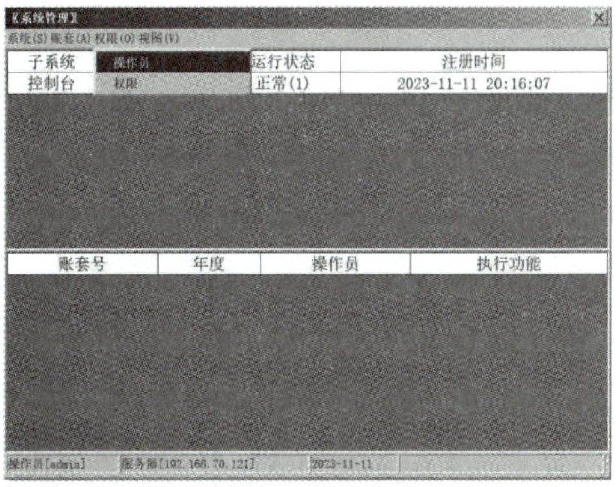

图2-3

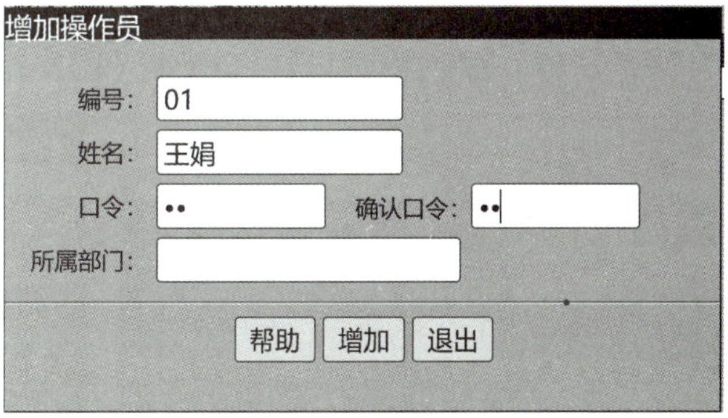

图2-4

Step3　修改操作员。首先单击欲修改的操作员用户行，然后在该行双击鼠标或单击功能菜单中的“修改”按钮，便可打开“修改操作员”对话框（图2-5）。

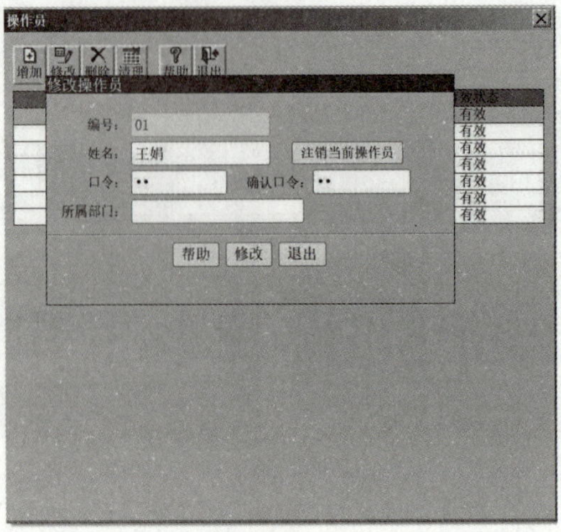

图2-5

可根据实际需要修改相关信息，修改完毕后，单击“修改”按钮确认。

Step4　删除操作员。首先，单击欲删除的操作员用户行；然后，单击功能菜单中的“删除”按钮，便可将所选中的操作员用户删除。

操作指导

只有系统管理员才有权限设置操作员，账套主管无权设置操作员。系统管理员可以设置所有单位的操作员，所有操作员编号不能重复。

在输入口令时，要保证“口令”和“确认口令”文本框中输入的内容一致，否则系统将会提示出错。

所设置的操作员用户一旦被引用，便不能被修改和删除。

3. 建立账套

建账并启用账套

操作步骤：

Step1　在系统管理界面选择“账套”→“建立”命令（图2-6）。

Step2　在“添加账套”对话框中输入账套信息，包括账套号、账套名称、财套路径、启用会计期（图2-7）。

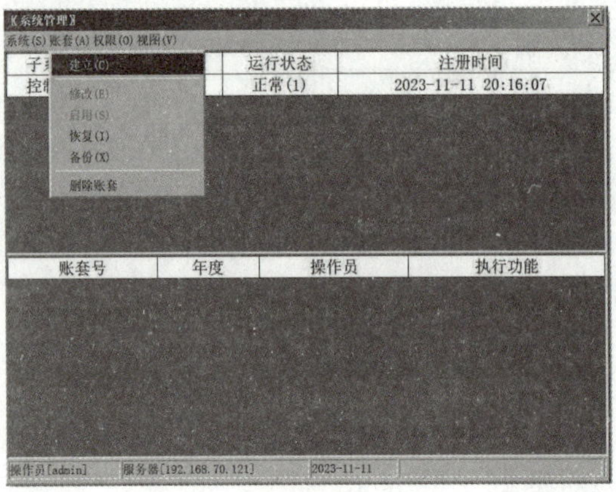

图2-6

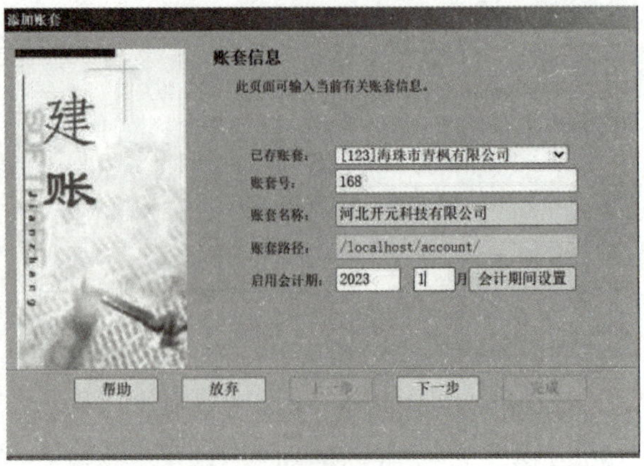

图2-7

操作指导

已存账套：在此下拉列表中列有系统已存在的账套，用户只能参照，而不能输入或修改。

账套号：账套号是企业账套的唯一标识，必须输入，且不得与系统内已有的账套号重复。启用后不允许修改。

账套名称：用来输入新建账套的名称，用户必须输入。

账套路径：用来输入新建账套要被放置的路径，按照系统默认路径即可。

启用会计期：用来输入新建账套将被启用的时间，具体到“月”，用户必须输入。启用的会计期不能在计算机系统日期之后。建账完成后不允许修改。

会计期间设置：用户在输入“启用会计期”后，单击“会计期间设置”按钮，显示会计期间设置界面。建账完成后不允许修改。

Step3 输入完成后，单击“下一步”按钮，进行下一步设置；单击“放弃”按钮，取消此次建账操作。

Step4 输入单位信息。用于记录本单位的基本信息，包括单位名称、单位简称、单位地址、法人代表、邮政编码 、联系电话、传真、电子邮件、税号、银行名称、银行账号、备注（图2-8）。

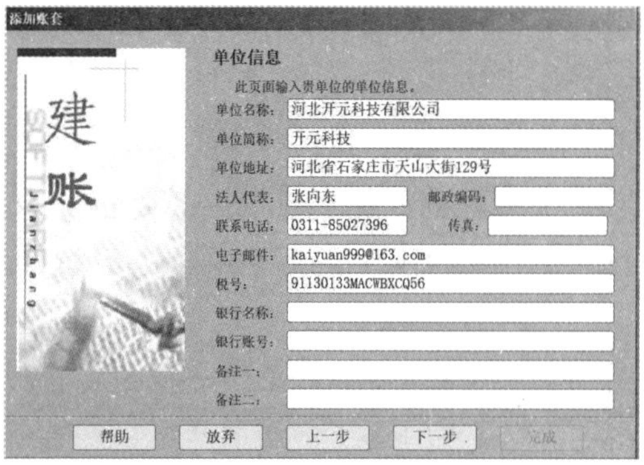

图2-8

操作指导

单位名称：用户单位的全称必须输入。单位全称只在打印发票时使用，其余情况下，全部使用单位的简称。

单位简称：用户单位的简称，用户可以不输入。

单位地址：用户单位的详细地址，用户可以不输入。

法人代表：用户单位的法人姓名，用户可以不输入。

邮政编码：用户单位的邮政编码，用户可以不输入。

联系电话：用户单位的联系业务电话，用户可以不输入。

传真：用户单位的传真号码，用户可以不输入。

电子邮件：用户单位的电子邮件地址，用户可以不输入。

税号：用户单位的税号，用户可以不输入。

备注一和备注二：输入用户认为有关该单位的其他信息，如所有制类型等。

Step5 输入完成后，单击“下一步”按钮，进行下一步设置；单击“上一步”按钮，返回上一步设置；单击“放弃”按钮，取消此次建账操作。

Step6 输入核算信息。用于记录本单位的基本核算信息，包括本币代码、本币名称、企业类型、行业性质、账套主管、是否按行业性质预置科目、科目预览（图2-9）。

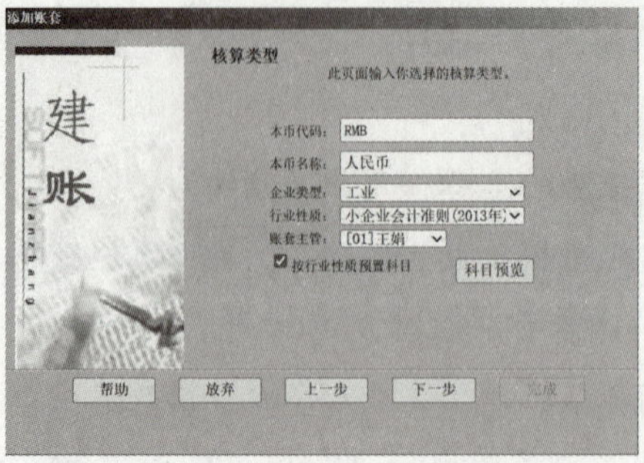

图2-9

操作指导

本币代码：用来输入新建账套所用的本位币的代码，如“人民币”的代码为RMB。

本币名称：用来输入新建账套所用的本位币的名称。用户必须输入。

账套主管：用来输入新建账套主管的姓名，用户可以从下拉列表中选择输入，也可以在操作员权限设置功能中修改。

企业类型：用户必须从下拉列表中选择输入。

行业性质：用户必须从下拉列表中选择输入。“行业性质”会决定系统预置的一级会计科目，且不能修改。

按行业性质预置科目：如果用户希望预置所属行业的标准一级科目，则勾选该复选框；否则可以不进行处理。

科目预览：单击“科目预览”按钮将打开“会计科目浏览”界面，该界面显示“行业性质”中所选择行业的会计科目（图2-10）。

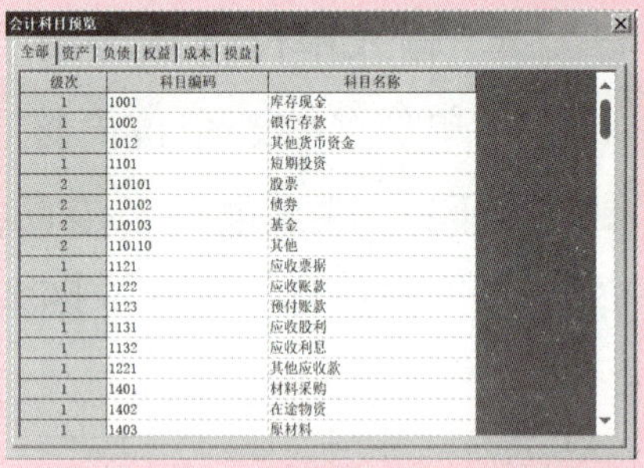

图2-10

Step7 输入完成后，单击“下一步”按钮，进行下一步设置；单击“上一步”按钮，返回上一步设置；单击“放弃”按钮，取消此次建账操作。

Step8 输入基础信息（图2-11）。

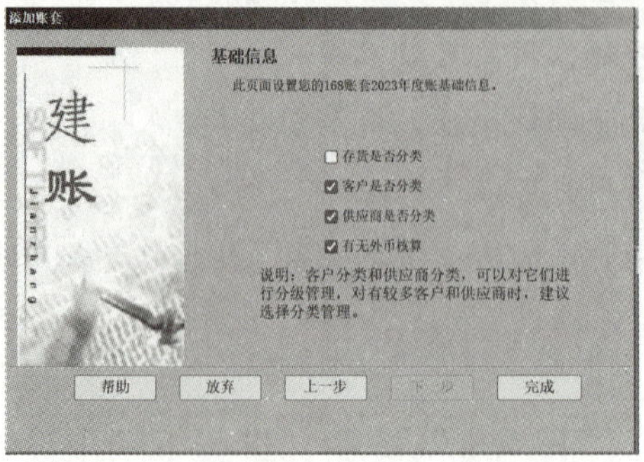

图2-11

操作指导

（1）存货是否分类：如果存货较多且类别繁多，可勾选该复选框，表明要对存货进行分类管理；如果存货较少且类别单一，则不必勾选该复选框。

注意：如果选择了“存货要分类”，那么在进行基础信息设置时，必须先设置存货分类，然后才能设置存货档案。如果选择“存货不分类”，那么在进行基础信息设置时，可以直接设置存货档案。

（2）客户是否分类：如果单位的客户较多，希望进行分类管理，可勾选该复选框，表明要对客户进行分类管理；如果单位客户较少，则不必勾选该复选框。

注意：如果选择了“客户要分类”，那么在进行基础信息设置时，必须先设置客户分类，然后才能设置客户档案。如果选择“客户不分类”，那么在进行基础信息设置时，可以直接设置客户档案。

（3）供应商是否分类：如果单位的供应商较多，希望进行分类管理，可勾选该复选框，表明要对供应商进行分类管理；如果单位的供应商较少，则不必勾选该复选框。

注意：如果选择了供应商要分类，那么在进行基础信息设置时，必须先设置供应商分类，然后才能设置供应商档案。如果选择供应商不分类，那么在进行基础信息设置时，可以直接设置供应商档案。

（4）有无外币核算：如果有外币业务，可以勾选该复选框；否则可以不进行设置。

Step9　输入完成后，单击“上一步”按钮，返回上一步设置；单击“放弃”按钮，取消此次建账操作；单击“完成”按钮，完成此次建账。

系统自动跳转到“编码级次”页面，根据要求预先设置某些基础档案的编码规则，即修改各种编码的级次及各级的长度（图2-12）。

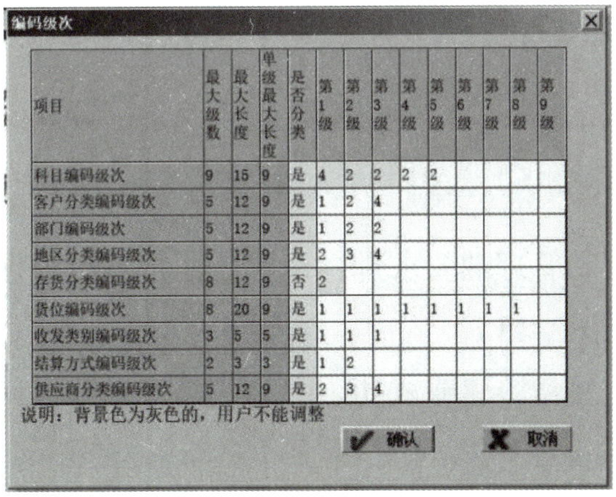
编码级次

项目	最大级数	最大长度	单级最大长度	是否分类	第1级	第2级	第3级	第4级	第5级	第6级	第7级	第8级	第9级
科目编码级次	9	15	9	是	4	2	2	2	2				
客户分类编码级次	5	12	9	是	1	2	4						
部门编码级次	5	12	9	是	1	2	2						
地区分类编码级次	5	12	9	是	2	3	4						
存货分类编码级次	8	12	9	否	2								
货位编码级次	8	20	9	是	1	1	1	1	1	1	1	1	
收发类别编码级次	3	5	5	是	1	1	1						
结算方式编码级次	2	3	3	是	1	2							
供应商分类编码级次	5	12	9	是	2	3	4						

说明：背景色为灰色的，用户不能调整

确认　取消

图2-12

操作指导

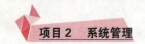

科目编码级次：系统最大限制为九级十五位，且任何一级的最大长度都不得超过九位编码。用户在此设定的科目编码级次和长度将决定用户单位的科目编号如何编制。

客户分类编码级次：系统的最大限制为五级十二位，且任何一级的编码长度都不得超过九位编码。用户在此设定的客户分类编码级次和长度将决定用户单位的客户编号如何编制。

部门编码级次：系统的最大限制为五级十二位，且任何一级的编码长度都不得超过九位编码。用户在此设定的部门编码级次和长度将决定用户单位的部门编号如何编制。

地区分类编码级次：系统的最大限制为五级十二位，且任何一级的编码长度都不得超过九位编码。用户在此设定的地区编码级次和长度将决定用户单位的地区编号如何编制。

存货分类编码级次：系统的最大限制为八级十二位，且任何一级的编码长度都不得超过九位编码。用户在此设定的存货分类编码级次和长度将决定用户单位的存货编号如何编制。

货位编码级次：系统的最大限制为八级二十位，且任何一级的编码长度都不得超过九位编码。用户在此设定的货位编码级次和长度将决定用户单位的货位档案如何编制。

收发类别编码级次：系统的最大限制为三级五位，总长度不得超过五位编码。用户在此设定的收发类别编码级次和长度将决定用户单位的收发类别编号如何编制，系统默认收发类别编码为11，即编号时，一级收发类别编码为一位长度，二级编码也为一位长度。

结算方式编码级次：系统将结算方式编码级次固定为二级，总长度不得超过三位编码。用户在此设定的结算方式编码级次和长度将决定用户单位的结算方式类别编号如何编制，系统默认结算方式类别编码为12，即编号时，一级结算方式类别编码为一位长度，二级编码为二位长度。

供应商分类编码级次：系统的最大限制为五级十二位，且任何一级的编码长度都不得超过九位编码。用户在此设定的供应商分类编码级次和长度将决定用户单位的供应商编号如何编制。当用户在建立账套时设置存货（客户、供应商）不需分类，则在此不能进行存货分类（客户分类、供应商分类）的编码方案设置。

背景色为灰色时，表示编码已经不能更改。

在系统使用前，如果分类编码方案设置有误，可以在“基础设置”中进行修改。

Step10　按照单位核算和管理的要求进行设置。用户可以根据企业的实际情况对数量、单价的核算精度进行设置（图2–13）。

Step11　单击“确认”按钮，建账成功。弹出“是否立即启用账套”对话框，单击“确定”按钮（图2–14）。

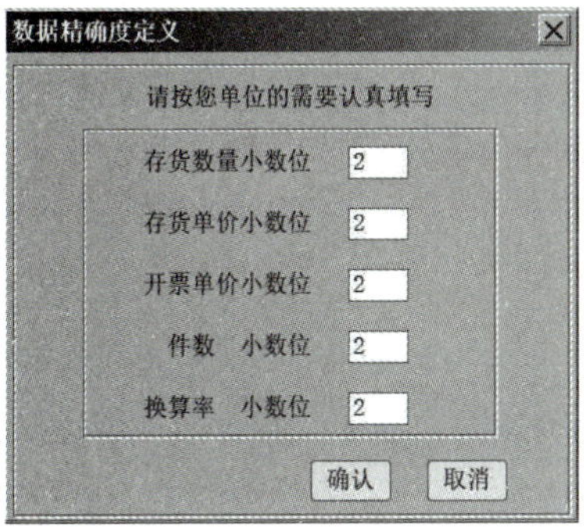

图2–13

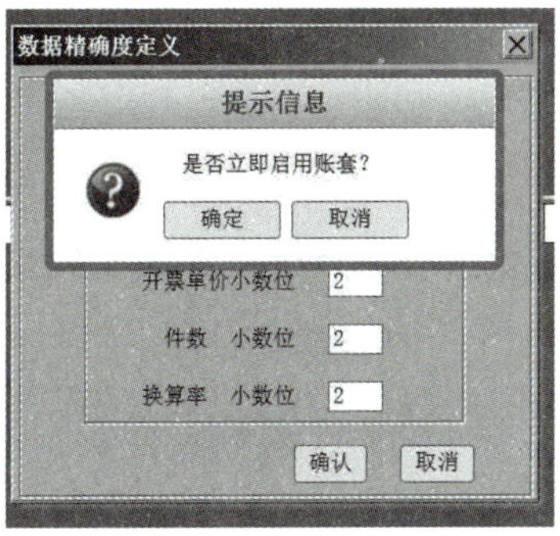

图2–14

Step12　启用账套。选中“GL总账”复选框，打开“日历”对话框。选择总账系统启用日期为“2023年1月1日”，然后单击“确定”按钮，即可启用总账系统（图2–15）。

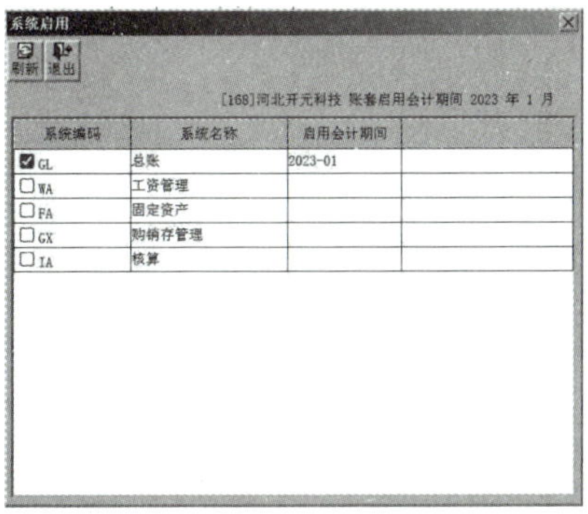

图2–15

操作指导

系统管理员创建账套成功后，自动进入系统启用界面，此时可以admin身份启用账套。如果单击“否”，则放弃当前启用系统。各系统的“启用会计期间”必须大于等于账套的“启用期间”。

系统管理员和账套主管均有权限进行系统启用，但二者启用时间不同。系统管理员创建完新账套后，自动进入系统启用界面，可以直接完成创建账套和系统启用。如果在建账完成后再启用系统，只能以账套主管身份进入“系统管理”进行启用。

任务检验

【单选题】1. 系统（　　）两个姓名完全相同的操作员，（　　）两个编码完全相同的操作员。

A.允许　允许　　B.允许　不允许　　C.不允许　允许　　D.不允许　不允许

【单选题】2. 建账完成后，可以（　　）的身份进入“系统管理”进行子系统的启用。

A.账套主管　　B.admin　　C.系统管理员　　D.任意操作员

【判断题】3. 在建立账套之前，应首先设置操作员，否则无法设置账套主管。（　　）

【判断题】4. 只有账套主管，才有权限修改账套信息。（　　）

【判断题】5. 不同的账套可以共用一个账套号码。（　　）

任务评价

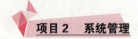

任务点		自我评价	教师评价	总结反思
建立企业账套	以系统管理员身份注册系统管理			
	增加操作员			
	建立企业账套			

任务 2　操作员权限设置

任务导入

为河北开元科技有限公司账套的财务人员设置适当的操作权限，以确保系统的安全性和数据的准确性。

任务描述

以系统管理员admin的身份进入系统管理进行操作员权限设置。表2–2所示为操作员权限。

表 2–2　操作员权限

编号	姓名	口令	权限
01	王娟	01	账套主管
02	赵君	02	公共目录设置、总账、固定资产、工资管理、财务报表、往来
03	李欣雨	03	采购管理、销售管理、库存管理、核算
04	何芳	04	现金管理、总账—出纳签字

操作指导

为了保证权责清晰和企业经营数据的安全与保密，企业需要对系统中的所有操作人员进行分工，设置各自相应的操作权限。

操作员权限设置功能只能由系统管理员和他所指定的账套主管来进行操作，其中，系统管理员可以对包括账套主管在内的所有操作员进行权限设置。而账套主管只可以对所管辖账套的操作员进行权限设置。

账套主管权限可以在两个环节确定：一个是在建账环节指定；另一个是在权限设置环节。

只有系统管理员有权设置账套主管。

任务实施

1. 授权“01 王娟”为 168 账套主管

设置操作员权限

操作步骤：

Step1　以系统管理员的身份登录系统管理，在菜单栏中选择“权限”→“权限”命令（图2–16）。

Step2　单击欲设定账套主管资格的操作员“01王娟”用户行，在“账套主管”复选框右侧的下拉列表中选择对应的（168）账套，然后勾选“账套主管”复选框。（图2–17）。

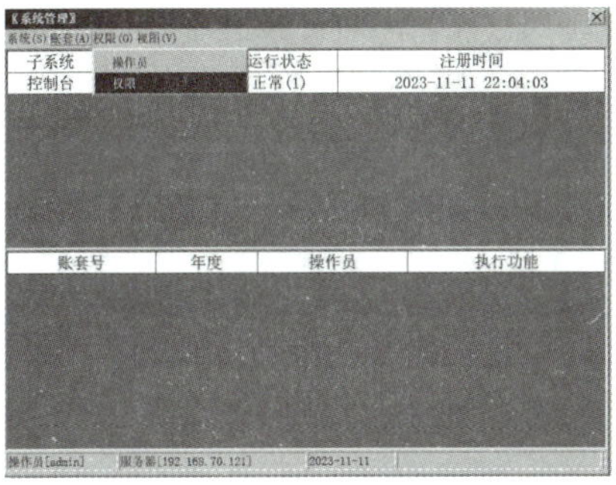

图2–16

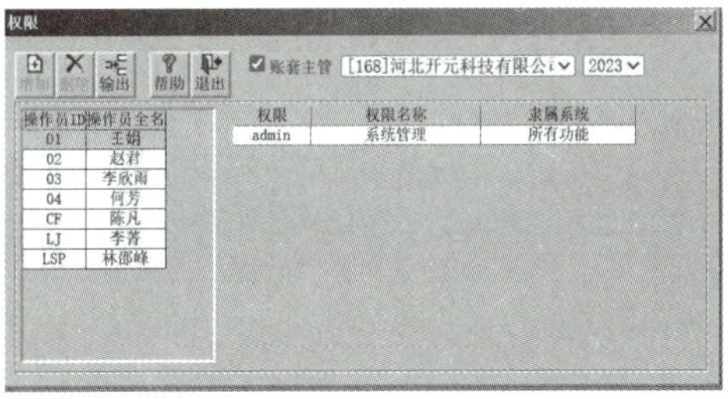

图2–17

如果想将该操作员用户设定为账套主管，则勾选“账套主管”复选框，如果想放弃该操作员用户的账套主管资格，则取消勾选。

2. 授权“02 赵君”权限

操作步骤：

Step1　单击界面左侧操作员显示区中的操作员“02赵君”用户行，然后单击功能菜单中的“增加”按钮（图2–18）。

Step2　在“产品分类选择”选项组，双击“总账”行（图2–19），则该行和其所对应的“明细权限选择”选项组的相应权限均显示为蓝色。

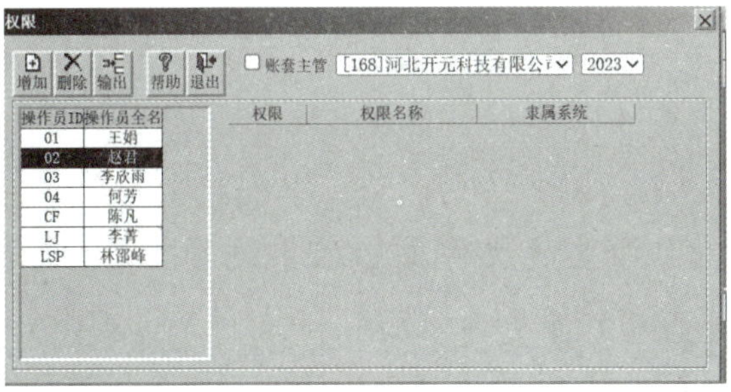

图2–18

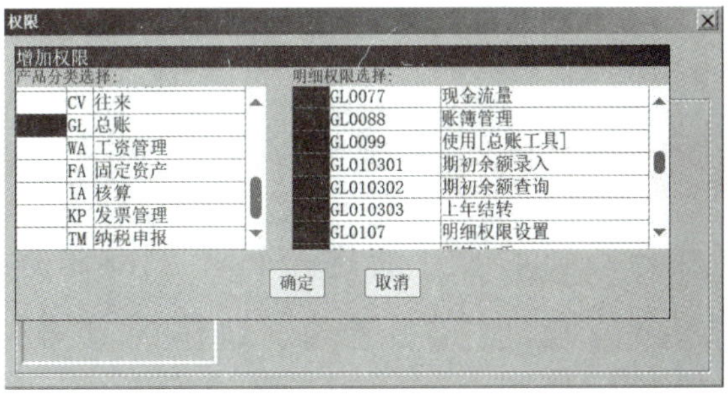

图2–19

Step3　按照相同操作方法增加固定资产、工资管理、财务报表、往来的全部操作权限。

Step4　增加完毕，单击“确定”按钮表示确认；如想放弃，则单击“取消”按钮。

其他操作员的权限设置方法同上，不再赘述。

操作指导

如果想给操作员设置某些明细权限，则先在“产品分类选择”对话框中选择分类，再双击对应的明细权限。

任务检验

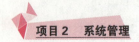

【判断题】1. 一个核算单位可以设置多个账套主管。(   )

【判断题】2. 出纳和总账会计可以为同一人。(   )

【判断题】3. 出纳可以兼任企业的会计档案保管员工作。(   )

任务评价

任务点		自我评价	教师评价	总结反思
操作员权限设置	授权账套主管			
	授权其他操作员权限			

任务3 账套维护

任务导入

以系统管理员admin的身份进入系统管理进行河北开元科技有限公司账套的备份、恢复和修改。

任务描述

1.在计算机E盘下新建一个以“168账套备份”命名的文件夹。以系统管理员admin的身份登录系统管理进行备份账套，将168账套备份到上述文件夹中。

2.以系统管理员admin的身份登录系统管理，将备份在E盘“168账套备份”文件夹中的账套恢复。

3.以账套主管“01王娟”的身份登录系统管理，对账套进行修改，将账套名称更改为“河北开元科技”。

知识准备

系统管理中提供了账套备份和账套恢复的功能。备份的目的是将会计数据长期保存，防止意外事故造成的硬盘数据丢失、非法篡改和破坏。恢复的目的是当硬盘数据被破坏时，将备份数据恢复到硬盘中。需要修改账套信息时，应在启动系统管理前，以账套主管的身份登录系统管理，并选择要修改的账套。

任务实施

1. 备份账套

操作步骤：

Step1　在 E 盘建立“168账套备份”文件夹。

Step2　进入系统管理界面，在菜单栏中选择“账套”→“备份”命令（图2–20）。

Step3　在“备份账套”对话框的“选择要备份的账套”下拉列表中选择168账套，单击“备份导出”按钮（图2–21）。

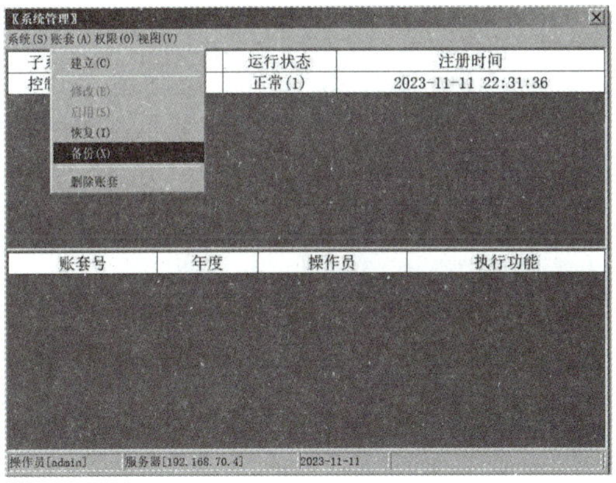

图2–20

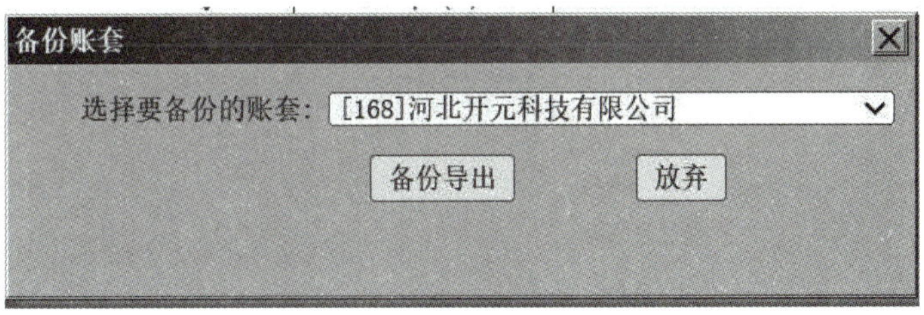

图2–21

Step4　选择备份位置，双击 E 盘“168账套备份”文件夹，单击“确定”按钮，系统弹出“您确定要进行账套的备份吗？”等提示对话框（图2–22、图2–23）。

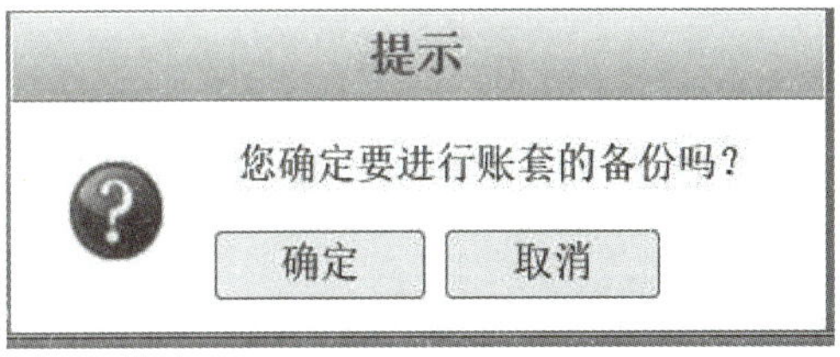

图2–22

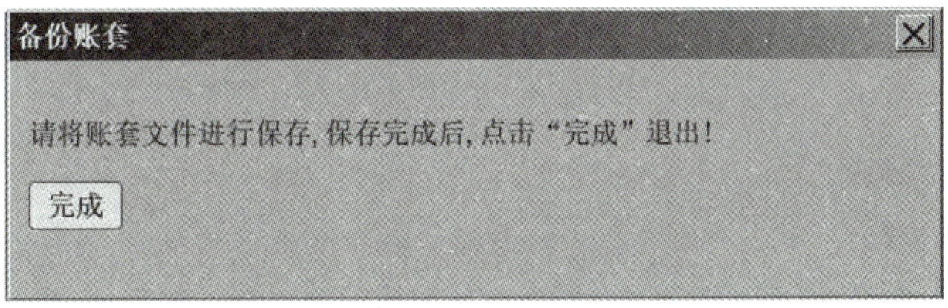

图2–23

2. 恢复账套

操作步骤：

Step1　进入系统管理界面，在菜单栏中选择“账套”→“恢复”命令（图2–24、图2–25）。

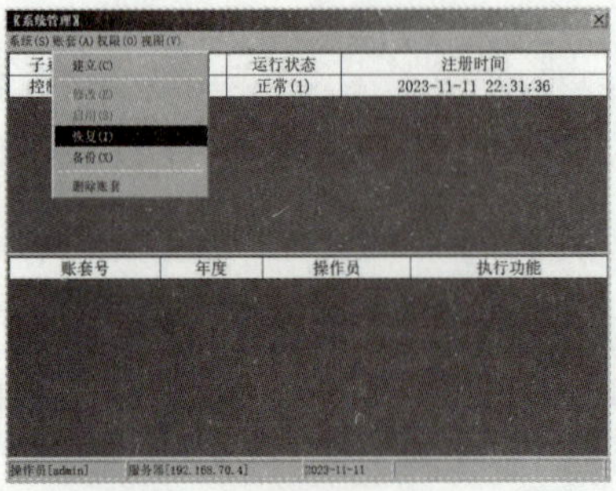

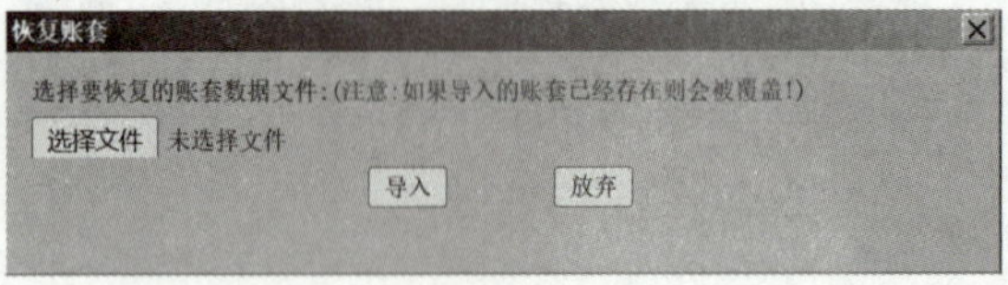

图2-24　　　　图2-25

Step2　选择要恢复的备份文件，单击“打开”按钮（图2-26）。

Step3　系统弹出图2-27所示提示信息，单击“导入”按钮，恢复到备份时的状态；单击“放弃”按钮，取消账套恢复。

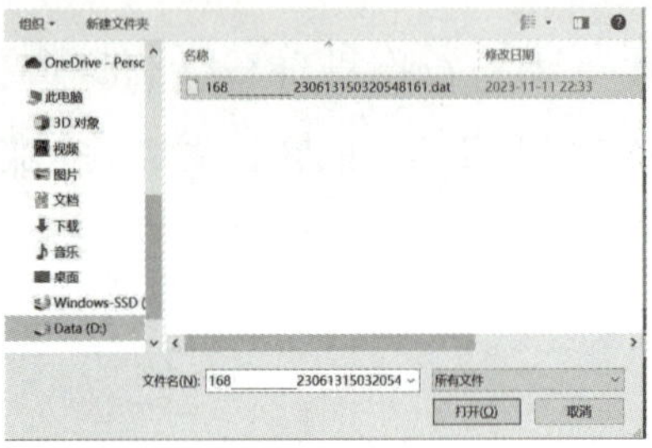

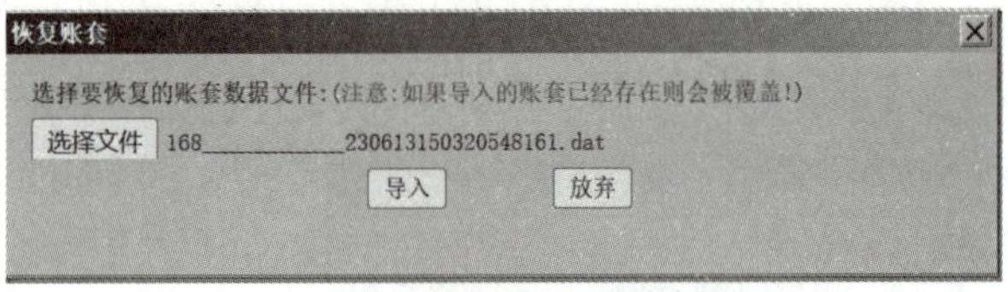

图2-26　　　　图2-27

Step4　账套信息恢复完成（图2-28）。

图2-28

3. 修改账套

操作步骤：

Step1　以账套主管“01王娟”的身份登录，选择168账套（图2-29）。

Step2　在系统管理界面的菜单栏选择“账套”→“修改”命令，则进入修改账套的功能（图2-30）。

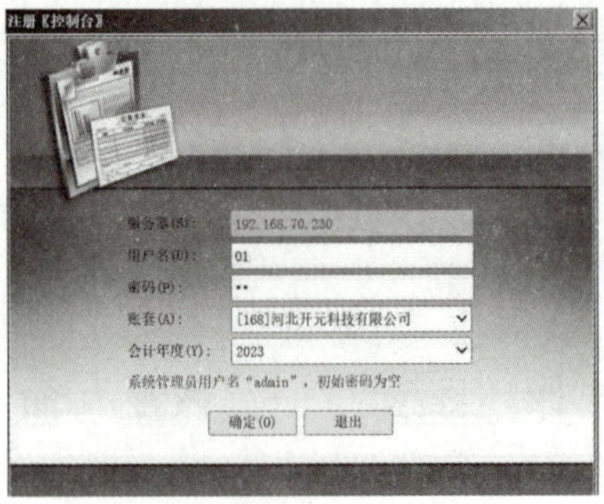

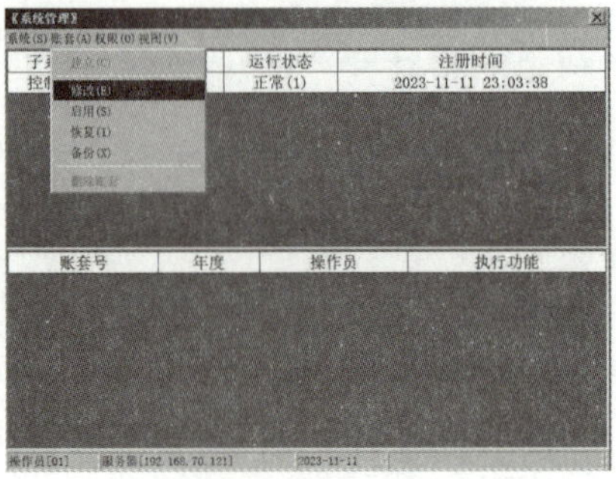

图2-29　　　　图2-30

Step3　在打开的“修改账套”对话框中，系统自动列示出登录时所选账套的账套信息，账套主管可以修改账套名称，也可以根据需要修改其他信息，修改完成后单击“下一步”按钮（图2–31）。

注意：显示灰色字体的内容是不允许修改的。

Step4　单击“完成”按钮，表示确认修改内容；如放弃修改，则单击“放弃”按钮。

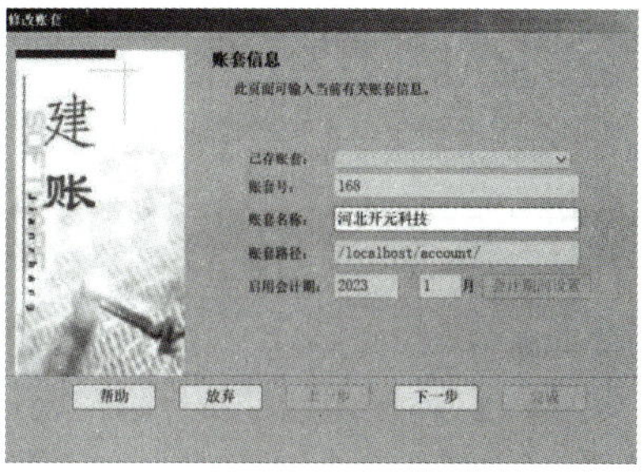

图2–31

操作指导

账套主管可以通过修改账套功能，查看某个账套的账套信息，也可以修改这些账套信息。只有账套主管才有权限修改相应的账套。

备份的账套数据只有在系统管理中进行恢复才能运行。

在进行放弃或设定账套主管的操作时，要注意，一个账套可以设置多个账套主管。

所设置的操作员权限一旦被引用，便不能被修改或删除。

任务检验

【判断题】1. 已使用的信息可以进行修改。（　　）

【单选题】2. 建立账套、备份账套、恢复账套，由（　　）进行。

A.账套主管　　B.系统管理员　　C.总账会计　　D.任意操作员

【单选题】3.（　　）有权限修改账套信息。

A.账套主管　　B.系统管理员　　C.总账会计　　D.任意操作员

任务评价

任务点		自我评价	教师评价	总结反思
账套维护	备份账套			
	恢复账套			
	修改账套			

职业能力训练

为了提高学生在畅捷通T3环境下进行会计核算操作的能力，本书特别在职业能力训练模块引入北京天宇科技有限公司的案例资料作为巩固训练素材。

北京天宇科技有限公司为一般纳税人，执行小企业会计准则（2013年）和《会计基础工作规范》及最新税法规定。

训练要求：

以系统管理员admin的身份进行北京天宇科技有限公司的建账，财务分工，备份和恢复数据，启用总账系统。

训练资料：

1. admin 注册系统管理

略。

2. 增加操作员（表 2-3）

表 2-3　操作员

编号	姓名	口令
001	刘明	001
002	王杰	002
003	李强	003
004	张峰	004
005	学生姓名	005

3. 建立账套

（1）账套信息：

账套号：3位学号；

账套名称：3位学号+姓名+北京天宇科技；

账套路径：默认；

启用日期：2023年3月。

（2）单位信息（表2-4）：

表 2-4　单位信息

单位名称	北京天宇科技有限公司
单位简称	天宇科技
单位地址	北京市海淀区中关村信息产业基地科苑路 16 号
法人代表	李振
联系电话及传真	612345678
邮政编码	100032
电子邮箱	tianyu@163.com
税号	911102068953403590

（3）核算类型：

本位币代码：RMB；本位币名称：人民币。

企业类型：工业。

行业性质：小企业新会计准则（2013年）。

账套主管：刘明。

按行业性质预置会计科目。

（4）基础信息（表2–5）：

表 2–5　基础信息

存货是否分类	否
客户是否分类	是√
供应商是否分类	否
有无外币核算	是√

（5）分类编码方案：

科目编码级次4222，客户分类编码级次122，部门编码级次122，结算方式编码级次12。

其他：默认。

（6）数据精度：

存货单价、开票单价小数位为4，其余均为2。

（7）系统启用：

立即以admin身份启用总账系统，启用日期为2023年3月1日。

4. 设置操作员权限（表 2–6）

表 2–6　设置操作员权限

编号	姓名	权限
001	刘明	账套主管
002	王杰	公共目录设置、总账中除了“审核凭证”“恢复记账前状态”和“出纳签字”以外所有权限、固定资产和工资管理
003	李强	库存管理、采购管理、销售管理、核算
004	张峰	总账—出纳签字、现金管理
005	学生姓名	公共目录设置、总账管理、固定资产和工资管理

包罗万象

不相容岗位分离原则

各职能部门相对独立；禁止一人包办经济业务；账钱物分管在不同的岗位人员中。在财务岗位上更要严格遵守这一原则。

形成这一原则的原因是基于以下主观设想：两个或两个以上的人员或部门无意识犯同样错误的机会可能性很小；两个或两个以上的人员或部门有意识地合伙舞弊的可能性也大大低于一个人或部门舞弊的可能性。不相容岗位分离控制的核心是“内部牵制”，把权力关进制度的笼子里。

项目3
基础设置

项目导入

由于一个账套是由若干个子系统构成的，因此建立基础设置，就是设置公共基础信息。基础设置是初始设置中非常重要的一项工作，其中很多项目的设置直接关系到软件功能能否被正确充分地使用。

经过整理的基础设置除了编码方案和数据精度在创建账套时设置外，其他基础信息的设置应在“基础设置”中进行，当然也可以在其他系统模块中进行相关的设置，其结果均为它们共享。

基础档案设置是初始化最重要的内容之一，其内容共有30多项，主要包括机构设置、往来单位分类及档案设置、财务信息设置、收付结算设置等。进行基础档案设置之前应首先确定基础档案的分类编码方案，基础档案的编码设置必须遵循分类编码方案中的级次和各级编码长度来设定。

学习目标

知识目标

1.明确基础设置的重要性。

2.了解财务信息化需要进行哪些基础档案的设置。

3.掌握各项基础档案的设置方法。

4.掌握各种基础档案编码级次的设置要求。

技能目标

1.能够根据实际要求设置部门编码、名称、负责人和部门属性。

2.能够根据实际要求设置职员编号、名称、所属部门和职员属性。

3.能够根据实际要求设置外币及汇率、会计科目、凭证类别和项目目录。

4.能够根据实际要求设置收付结算方式。

素养目标

了解企业机构组成及相互之间的关系，明确分工职责，建立团队意识、责任意识。

思维导图

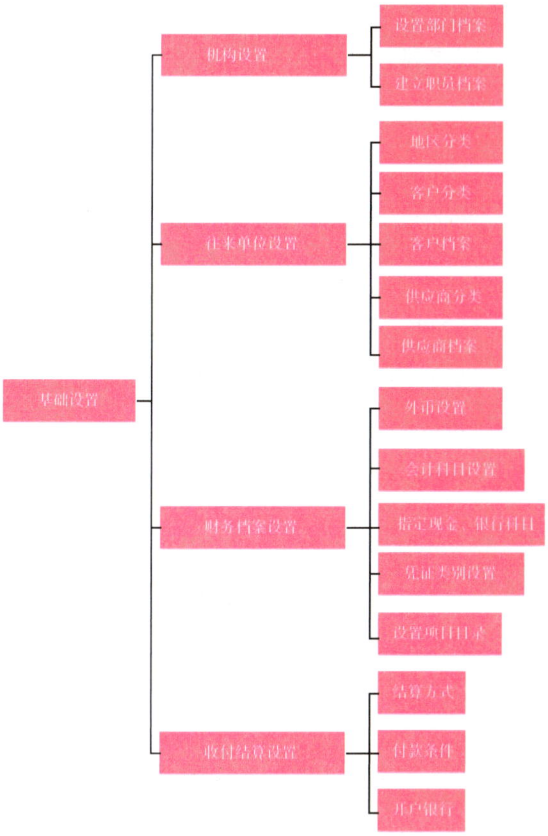

任务 1　机构设置

任务导入

河北开元科技有限公司账套主管王娟要进行机构设置，为后续账务系统处理日常业务做准备。

任务描述

引入项目2账套的数据。以账套主管“01王娟”的身份进行机构设置。现有关具体资料如下：

1. 部门档案（表 3–1）

表 3–1　部门档案

部门编码	部门名称	部门负责人	部门属性
1	企管部	杨铭	管理部门
2	财务部	王娟	管理部门
3	采购部	张海	采购部门

续表

部门编码	部门名称	部门负责人	部门属性
4	生产部	高强	生产部门
5	销售部	郑源	销售部门

2. 职员档案（表3-2）

表3-2　职员档案

编号	职员姓名	所属部门	职员属性	编号	职员姓名	所属部门	职员属性
101	张向东	企管部	总经理	301	张海	采购部	部门经理
102	杨铭	企管部	部门经理	302	刘志远	采购部	采购员
103	任志刚	企管部	行政干事	401	高强	生产部	部门经理
201	王娟	财务部	财务主管	402	周凯	生产部	研发人员
202	李欣雨	财务部	会计	501	郑源	销售部	部门经理
203	赵君	财务部	会计	502	白静	销售部	销售人员
204	何芳	财务部	出纳	503	宋超	销售部	销售人员

知识准备

机构设置主要包括部门档案和职员档案设置。

1. 部门档案

在会计核算中，往往需要按部门进行分类和汇总，下一级将自动向隶属关系的上一级进行汇总。部门档案主要是设置会计科目中要进行部门核算的部门，以及要进行个人核算的往来个人所属的部门。

2. 职员档案

“职员”是指企业的各个职能部门中，参与企业业务活动且需要对其进行核算和管理的人员，如经理、采购员、销售员等。职员档案主要用于录入本单位职员个人的信息资料，设置职员档案可以方便地进行往来核算和管理等操作。职员档案包括职员编号、名称、所属部门及职员属性等。

任务实施

1. 设置部门档案

设置部门档案、职员档案

操作步骤：

Step1　以账套主管“01王娟”的身份登录畅捷通T3（图3-1）。

Step2　选择“基础设置”→“机构设置”→“部门档案”命令，打开“部门档案”窗口（图3-2）。

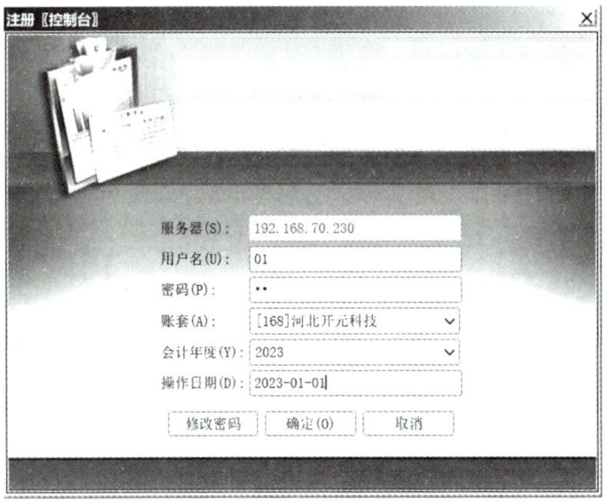

图3-1

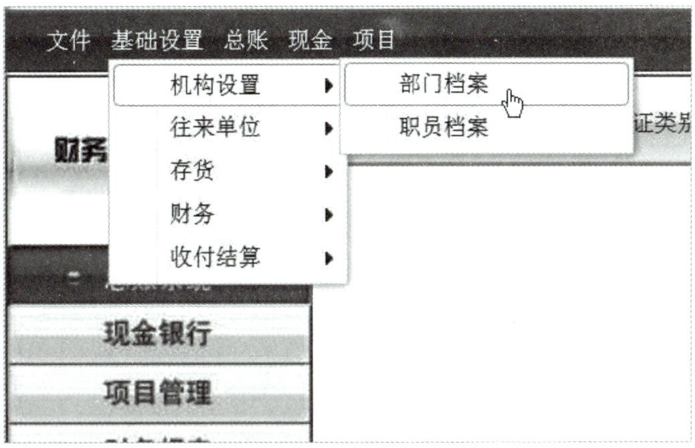

图3-2

Step3　单击“增加”按钮，“部门编码”输入“1”，“部门名称”输入“企管部”，“部门属性”输入“管理部门”，单击“保存”按钮，并以此方法增加其他部门（图3-3）。

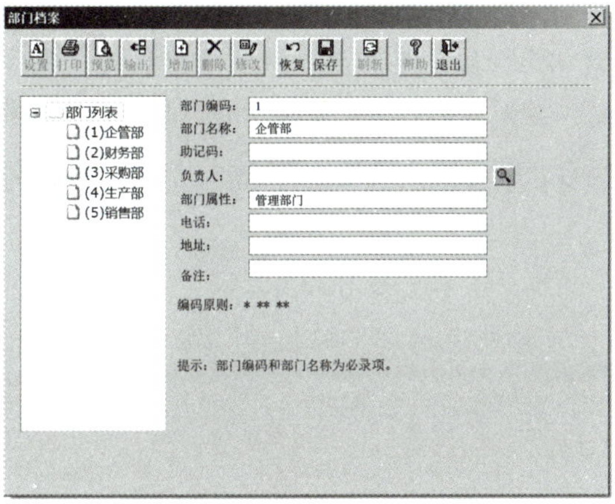

图3-3

操作指导

部门编码的设置必须遵循分类编码方案中的级次和各级编码长度的设定。

在建立职员档案之前，不能选择输入负责人信息。待职员档案建立完成后，才能通过“修改”功能补充输入负责人信息。

部门一旦已经使用，就不能被修改或删除。

2. 建立职员档案

Step1　选择“基础设置”→“机构设置”→“职员档案”命令，进入职员档案设置界面（图3-4）。

Step2　单击“增加”按钮，窗口中出现一空白行，用户可根据自己企业的实际情况，在相应栏目中输入内容。本行输入完成后，按 Enter 键保存并进入下一行（图3-5）。

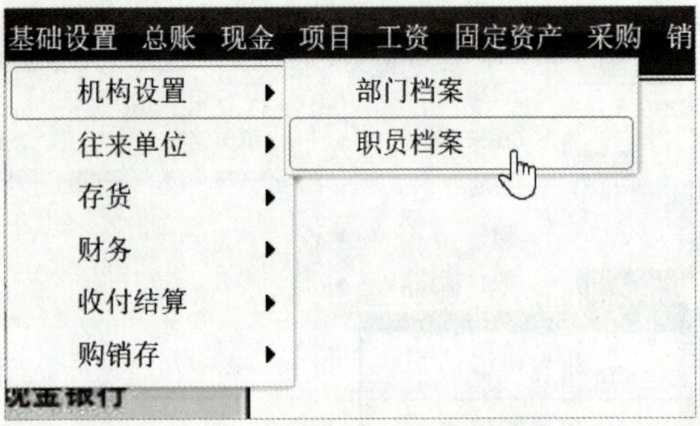

图3-4

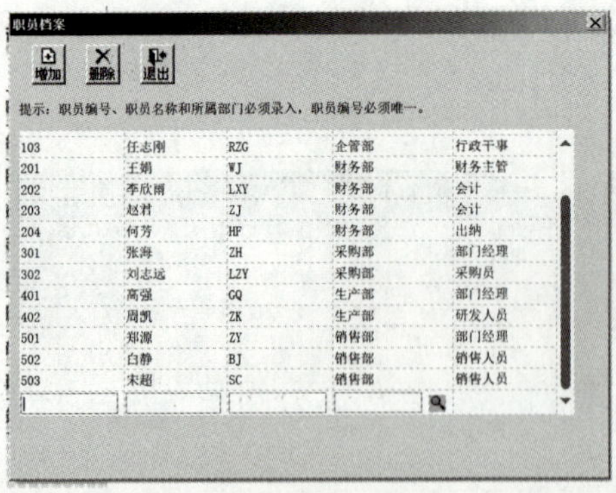

图3-5

Step3 按表3-2继续输入其他职员的档案。

操作指导

所属部门可以参照录入，但只能选定末级部门。将光标定位到要修改的职员上，双击所要修改的内容，即可进入修改状态修改。单击选中要删除的职员，然后单击“删除”按钮，系统提示“确实要删除职员档案——××吗？”，单击“是”按钮即可删除此职员。

全部职员档案录入完成后，必须单击“增加”按钮，或按 Enter 键增加新的空白行，才能保留最后一个职员档案。

职员编号必须录入且必须唯一。职员姓名必须录入，可以重复。

职员档案建立完成后，可重新进入“部门档案”窗口，通过修改功能增加部门负责人信息。

任务检验

【单选题】1. 下列选项中，增加部门档案的操作流程正确的是（　　）。

A.“基础设置”→“总账”→“部门档案”

B.“基础设置”→“机构设置”→“部门档案”

C.“总账”→“机构设置”→“部门档案”

D.“总账”→“选项”→“部门档案”

【单选题】2. 在职员档案建立过程中，要求输入唯一值的是（　　）。

A.职员编号　　B.职员姓名　　C.所属部门　　D.职员属性

任务评价

任务点		自我评价	教师评价	总结反思
机构设置	设置部门档案			
	建立职员档案			

任务2　往来单位设置

设置往来单位

任务导入

河北开元科技有限公司账套主管王娟要进行往来单位设置，为后续账务系统处理日常业务做准备。

任务描述

以账套主管“01王娟”的身份进行往来单位设置。现具体相关业务资料如下：

1. 地区分类（表3–3）

表3–3 地区分类

地区分类编码	地区分类名称
01	东北区
02	华北区
03	华东区
04	华南区
05	西北区
06	西南区

2. 客户分类（表3–4）

表3–4　客户分类

客户分类编码	客户分类名称
1	代理商
101	一级代理商
102	二级代理商
2	零售商

3. 客户档案（表3–5）

表3–5　客户档案

客户编号	客户名称	客户简称	所属分类码	所属地区码	邮编	开户银行	银行账号	分管部门	专营业务员	发展日期
1	河北星宇公司	河北星宇	101	02	050051	农行	62280103596200886	销售部	郑源	2022–09–06
2	北京卓越科技公司	北京卓越	2	02	100018	工行	62220405089643276	销售部	白静	2022–10–15
3	上海通达公司	上海通达	102	03	201500	建行	43670603257846508	销售部	宋超	2022–12–04

4. 供应商分类（表 3–6）

表 3–6　供应商分类

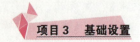

分类编码	分类名称
01	硬件供应商
02	软件供应商

5. 供应商档案（表 3–7）

表 3–7　供应商档案

供应商编号	供应商名称	简称	所属分类码	所属地区码	邮编	开户银行	银行账号	分管部门	专营业务员	发展日期
1	北京新科公司	北京新科	01	02	100016	中行	54530509661430692	采购部	张海	2022–10–08
2	河北华强软件公司	河北华强	02	02	050031	农行	62280306784600316	采购部	张海	2022–11–19
3	上海鸿德公司	上海鸿德	01	03	200322	工行	62220867080087915	采购部	刘志远	2022–12–25

知识准备

1. 客户分类

当企业的往来客户较多时，可以按照某种分类标准对客户进行分类管理，以便分类汇总统计。

2. 客户档案

客户是企业的重要资源。手工方式下，客户的详细信息掌握在相应的业务员手中，一旦业务员工作变动，就会遗失大量客户信息，给企业带来损失。建立计算机管理系统时，需要全面整理客户资料并录入系统，以便有效地管理客户、服务客户。

客户档案必须建立在最末级客户分类之下。

3. 供应商分类

当企业的往来供应商较多时，可以按照某种分类标准对供应商进行分类管理，以便分类汇总统计。

4. 供应商档案

供应商档案与客户档案极为相似。供应商档案也包含了与业务处理环节相关的大量信息。供应商档案必须建立在最末级供应商分类之下。

5. 地区分类

如果需要对客户或供应商按地区进行统计，就应该建立地区分类体系。

任务实施

1. 地区分类

操作步骤：

Step1　选择“基础设置”→“往来单位”→“地区分类”命令，进入地区分类设置界面（图3-6）。

Step2　单击“增加”按钮，“类别编码”输入“01”，“类别名称”输入“东北区”，单击“保存”按钮，保存此次增加的地区分类。按相同的方法继续增加其他地区的分类信息（图3-7）。

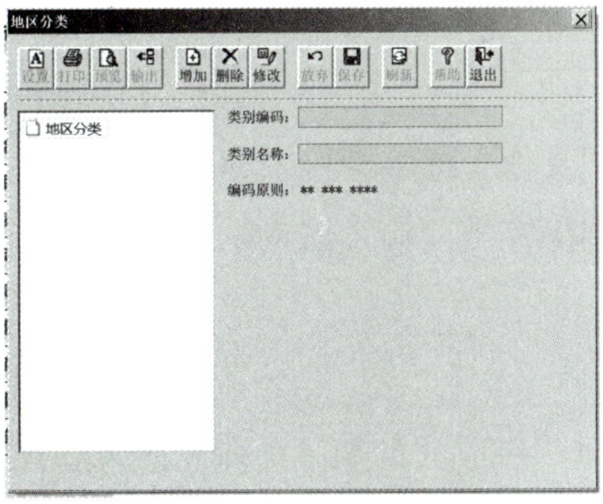

图3-6

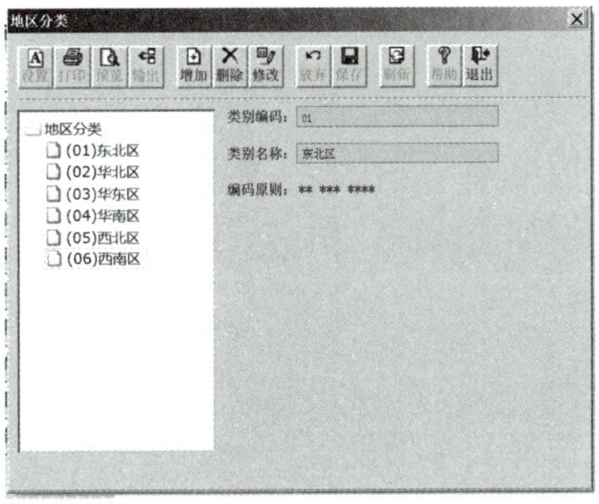

图3-7

2. 客户分类

操作步骤：

Step1　选择“基础设置”→“往来单位”→“客户分类”命令，进入客户分类设置界面（图3-8）。

Step2　单击“增加”按钮，按要求输入“类别编码”和“类别名称”，单击“保存”按钮，保存此次增加的客户分类。如果想继续增加，再次单击“增加”按钮即可（图3-9）。

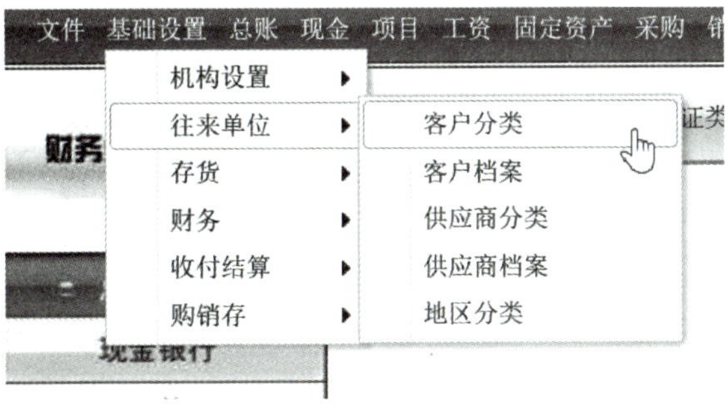

图3-8

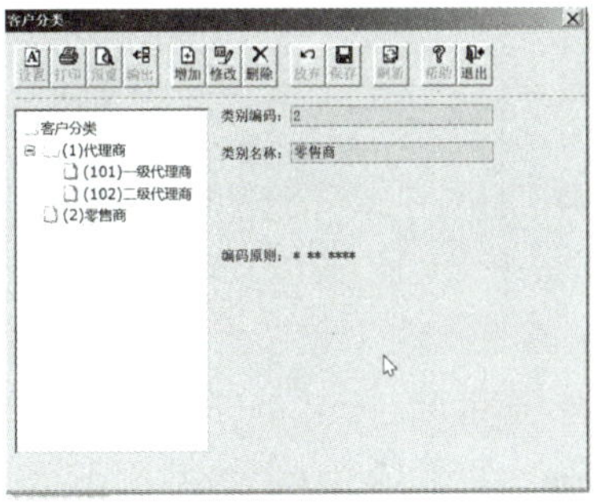

图3-9

3. 客户档案

操作步骤：

Step1　选择“基础设置”→“往来单位”→“客户档案”命令，进入客户档案设置界面（图3-10）。

Step2　在左边的树型列表中选择一个末级的客户分类，然后单击“增加”按钮，进入增加状态（图3–11）。

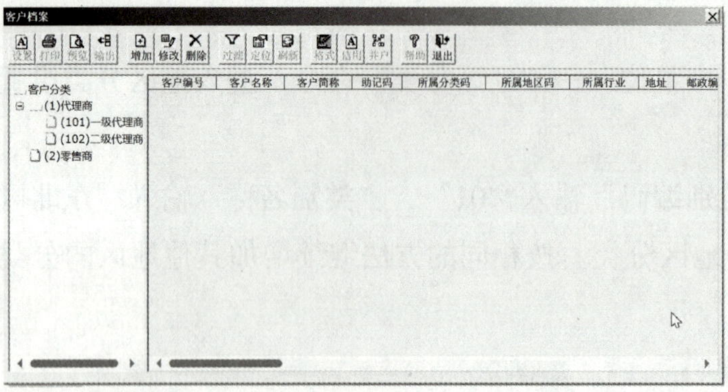

图3–10

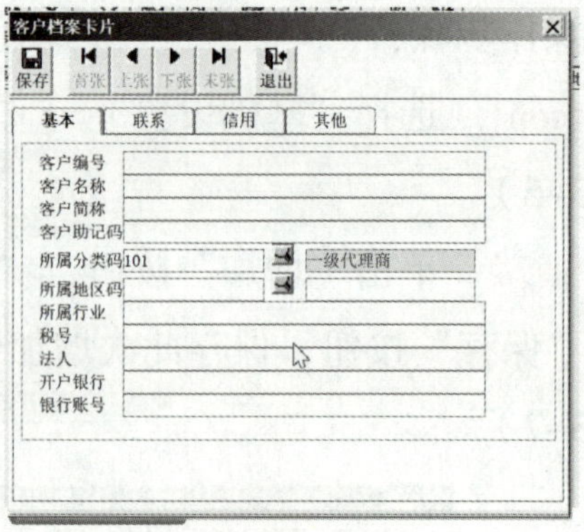

图3–11

Step3　依次在“基本”“联系”“信用”“其他”标签中输入相关信息。

Step4　增加完成后，单击“保存”按钮，则保存当前输入信息。

4. 供应商分类

操作步骤：

Step1　选择“基础设置”→“往来单位”→“供应商分类”命令，进入供应商分类设置界面（图3–12）。

Step2　单击“增加”按钮，按要求输入“类别编码”和“类别名称”，再单击“保存”按钮，保存此次增加的供应商分类。如果想继续增加，再次单击“增加”按钮即可（图3–13）。

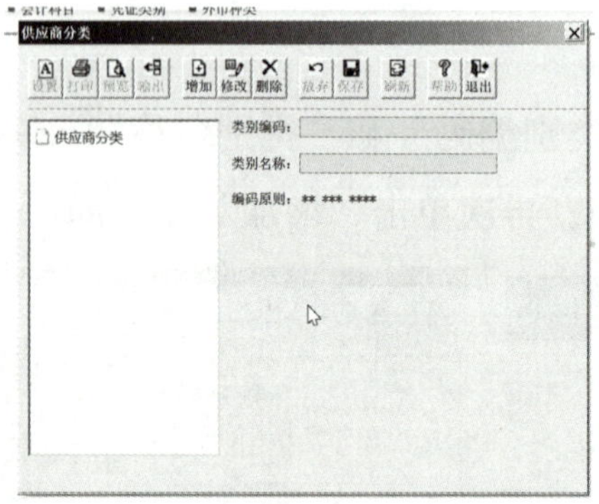

图3–12

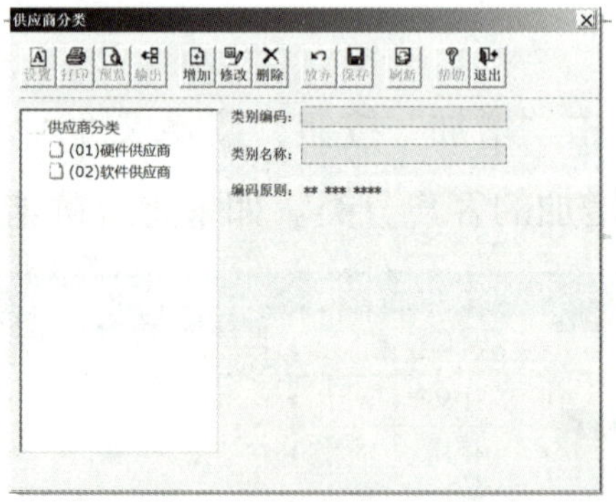

图3–13

5. 供应商档案

操作步骤：

Step1　选择“基础设置”→“往来单位”→“供应商档案”命令，进入供应商档案设置界面。

Step2　在左边的树型列表中选择一个末级的供应商分类，然后单击“增加”按钮，进入增加状态（图3–14）。

Step3　依次在“基本”“联系”“信用”“其他”标签中输入相关信息。

Step4　增加完成后，单击“保存”按钮，则保存当前输入信息（图3-15）。

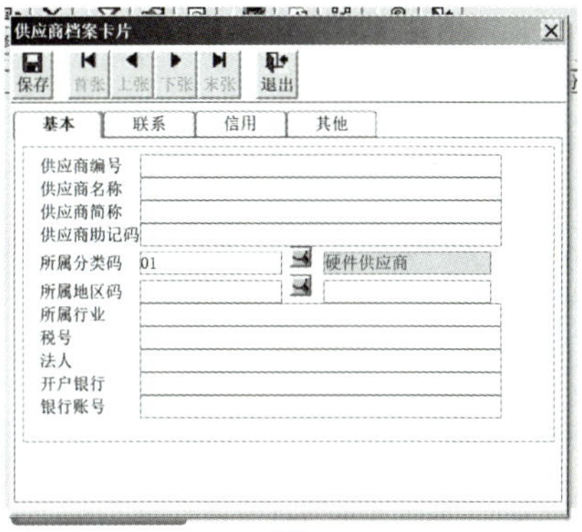

图3-14

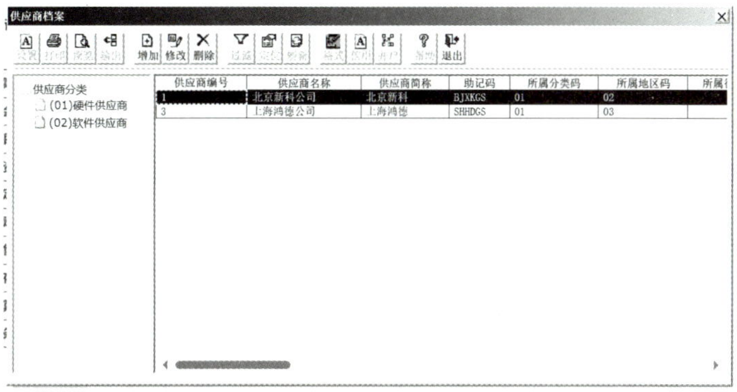

图3-15

操作指导

如果在建立账套时并未选择对客户及供应商进行分类，则就不能进行客户及供应商分类的设置。如果仍要进行分类，则应以账套主管的身份登录“系统管理”，在“账套”中选择“修改”命令，重新选中对客户及供应商进行分类的选项。

客户和供应商的分类必须逐级增加。客户和供应商分类编码必须唯一，分类名称可以是汉字或英文字母，不能为空。

除了一级客户、供应商分类之外，新增的客户或供应商分类的分类编码必须有上级分类编码。新增的客户和供应商分类的分类编码必须与编码原则中设定的编码级次结构相符。

客户和供应商档案必须建立在最末级的客户分类和供应商分类下。

录入各项后，如不单击“保存”按钮即表示放弃此次增加。

任务检验

【单选题】1. 建立客户档案有（　　）的作用。

A.提供决策依据　　B.维护客户关系　　C.提供原始依据　　D.提供参考资料

【单选题】2. 客户管理的主要内容有（　　）。

A.客户的基础资料　　B.客户特征　　C.客户的业务状况　　D.交易现状

任务评价

任务点		自我评价	教师评价	总结反思
往来单位设置	客户设置			
	供应商设置			

任务 3 财务档案设置

任务导入

河北开元科技有限公司账套主管王娟要进行财务档案设置，为后续账务系统处理日常业务做准备。

任务描述

以账套主管“01王娟”的身份进行财务档案设置。有关具体资料如下：

1. 外币设置

币符：USD，币名：美元，固定汇率，2023年1月初记账汇率：6.872 5。

2. 会计科目设置

2022年12月会计科目体系及余额表如表3–8所示。

表 3–8 2022 年 12 月会计科目体系及余额表

科目名称	辅助核算/账页格式	币别/计量单位	方向	期初余额/元	操作
库存现金（1001）	日记账	—	借	2 217.50	修改
银行存款（1002）	—	—	借	501 798.98	—
工行人民币户（100201）	银行账、日记账	—	借	501 798.98	新增
中行美元户（100202）	银行账、日记账 / 外币金额式	外币核算 / 美元	借	0.00	新增
应收票据（1121）	客户往来	—	借	0.00	修改
应收账款（1122）	客户往来	—	借	580 000.00	修改
预付账款（1123）	供应商往来	—	借	0.00	修改
其他应收款（1221）	—	—	借	7 500.00	—
备用金（122101）	部门核算	—	借	4 500.00	新增
应收个人款（122102）	个人往来	—	借	3 000.00	新增
在途物资（1402）	—	—	借	210 000.00	—
原材料（1403）	—	—	借	59 100.00	—
甲材料（140301）	数量核算 / 数量金额式	—	借	36 000.00	新增
	—	套	借	120.00	—
乙材料（140302）	数量核算 / 数量金额式	—	借	10 500.00	新增
	—	套	借	50.00	—
丙材料（140303）	数量核算 / 数量金额式	—	借	12 600.00	新增
	—	套	借	45.00	—

续表

科目名称	辅助核算/账页格式	币别/计量单位	方向	期初余额/元	操作
库存商品（1405）	—	—	借	870 500.00	—
智能手表（140501）	数量核算 / 数量金额式	—	借	430 000.00	新增
	—	件	借	500.00	—
儿童手表（140502）	数量核算 / 数量金额式	—	借	227 500.00	新增
	—	件	借	350.00	—
智能音响（140503）	数量核算 / 数量金额式	—	借	81 000.00	新增
	—	件	借	180.00	—
智能手环（140504）	数量核算 / 数量金额式	—	借	48 000.00	新增
	—	件	借	150.00	—
蓝牙耳机（140505）	数量核算 / 数量金额式	—	借	84 000.00	新增
	—	件	借	210.00	—
固定资产（1601）	—	—	借	2 860 680.00	—
累计折旧（1602）	—	—	贷	212 512.64	—
固定资产清理（1606）	—	—	借	0.00	—
无形资产（1701）	—	—	借	1 058 500.00	—
累计摊销（1702）	—	—	贷	5 878.06	—
短期借款（2001）	—	—	贷	500 000.00	—
应付票据（2201）	供应商往来	—	贷	0.00	修改
应付账款（2202）	供应商往来	—	贷	522 300.00	修改
预收账款（2203）	客户往来	—	贷	0.00	修改
应付职工薪酬（2211）	—	—	贷	65 860.00	—
应付职工工资（221101）	—	—	贷	52 300.00	—
应付奖金、津贴和补贴（221102）	—	—	—	—	—
应付福利费（221103）	—	—	贷	13 560.00	—
应付社会保险费（221104）	—	—	贷	0.00	—
应交税费（2221）	—	—	贷	23 400.00	—
应交增值税（222101）	—	—	贷	0.00	—
进项税额（22210101）	—	—	贷	0.00	—
销项税额（22210106）	—	—	贷	0.00	—
未交增值税（222102）	—	—	贷	23 400.00	—
应交所得税（222106）	—	—	贷	0.00	—
应交城市维护建设税（222108）	—	—	贷	0.00	—
应交个人所得税（222112）	—	—	贷	0.00	—

续表

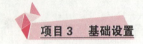

科目名称	辅助核算/账页格式	币别/计量单位	方向	期初余额/元	操作
教育费附加（222113）	—	—	贷	0.00	—
应付利息（2231）	—	—	贷	0.00	—
其他应付款（2241）	—	—	贷	12 500.00	—
实收资本（3001）	—	—	贷	4 000 000.00	—
资本公积（3002）	—	—	贷	0.00	—
盈余公积（3101）	—	—	贷	800 000.00	—
法定盈余公积（310101）	—	—	贷	800 000.00	—
本年利润（3103）	—	—	贷	0.00	—
利润分配（3104）	—	—	贷	132 845.78	—
其他转入（310401）	—	—	贷	0.00	—
提取法定盈余公积（310402）	—	—	贷	0.00	—
应付利润（310410）	—	—	贷	0.00	—
未分配利润（310415）	—	—	贷	132 845.78	—
生产成本（4001）	项目核算	—	借	125 000.00	修改
直接材料（400101）	项目核算	—	借	71 550.00	新增
直接人工（400102）	项目核算	—	借	31 500.00	新增
制造费用（400103）	项目核算	—	借	21 950.00	新增
生产成本转出（400104）	项目核算	—	借	0.00	新增
制造费用（4101）	—	—	借	0.00	—
工资费用（410101）	—	—	借	0.00	新增
折旧费用（410102）	—	—	借	0.00	新增
其他费用（410103）	—	—	借	0.00	新增
研发支出（4301）	—	—	借	0.00	—
费用化支出（430101）	—	—	借	0.00	新增
资本化支出（430102）	—	—	借	0.00	新增
主营业务收入（5001）	—	—	贷	0.00	—
智能手表（500101）	数量核算 / 数量金额式	件	贷	0.00	新增
儿童手表（500102）	数量核算 / 数量金额式	件	贷	0.00	新增
智能音响（500103）	数量核算 / 数量金额式	件	贷	0.00	新增
智能手环（500104）	数量核算 / 数量金额式	件	贷	0.00	新增
蓝牙耳机（500105）	数量核算 / 数量金额式	件	贷	0.00	新增
其他业务收入（5051）	—	—	贷	0.00	—
营业外收入（5301）	—	—	贷	0.00	—

续表

科目名称	辅助核算/账页格式	币别/计量单位	方向	期初余额/元	操作
主营业务成本（5401）	—	—	借	0.00	—
智能手表（540101）	数量核算 / 数量金额式	件	借	0.00	新增
儿童手表（540102）	数量核算 / 数量金额式	件	借	0.00	新增
智能音响（540103）	数量核算 / 数量金额式	件	借	0.00	新增
智能手环（540104）	数量核算 / 数量金额式	件	借	0.00	新增
蓝牙耳机（540105）	数量核算 / 数量金额式	件	借	0.00	新增
其他业务成本（5402）	—	—	借	0.00	—
税金及附加（5403）	—	—	借	0.00	—
销售费用（5601）	—	—	借	0.00	—
商品维修费（560101）	—	—	借	0.00	—
广告费（560102）	—	—	借	0.00	—
业务宣传费（560103）	—	—	借	0.00	—
业务招待费（560106）	—	—	借	0.00	—
员工工资（560107）	—	—	借	0.00	—
折旧（560108）	—	—	借	0.00	新增
差旅费（560109）	—	—	借	0.00	新增
其他费用（560110）	—	—	借	0.00	新增
管理费用（5602）	—	—	借	0.00	—
开办费（560201）	部门核算	—	借	0.00	修改
业务招待费（560202）	部门核算	—	借	0.00	修改
通信费（560205）	部门核算	—	借	0.00	修改
水电费（560206）	部门核算	—	借	0.00	修改
员工工资（560209）	部门核算	—	借	0.00	修改
折旧（560210）	部门核算	—	借	0.00	修改
办公费用（560212）	部门核算	—	借	0.00	新增
其他费用（560213）	部门核算	—	借	0.00	新增
财务费用（5603）	—	—	借	0.00	—
利息费用（560301）	—	—	借	0.00	—
手续费用（560302）	—	—	借	0.00	—
营业外支出（5711）	—	—	借	0.00	—
坏账损失（571101）	—	—	借	0.00	—
所得税费用（5801）	—	—	借	0.00	—

3. 指定现金、银行科目

略。

4. 设置凭证类别（表 3-9）

表 3-9　凭证类别设置

类别字	类别名称	限制类型	限制科目
记	记账凭证	无限制	

5. 定义项目类别（表 3-10）

表 3-10　定义项目类别

<table>
<tr><td>1</td><td>项目大类</td><td colspan="4">项目大类名称：新产品研发
项目：普通项目
项目级次：默认
栏目栏次：默认</td></tr>
<tr><td>2</td><td>核算科目</td><td colspan="4">4001 生产成本
400101 直接材料
400102 直接人工
400103 制造费用
400104 生产成本转出</td></tr>
<tr><td>3</td><td>项目分类</td><td colspan="4">1. 监控摄像机
2. 运动手表</td></tr>
<tr><td rowspan="4">4</td><td rowspan="4">项目目录</td><td>项目编号</td><td>项目名称</td><td>是否结算</td><td>所属分类</td></tr>
<tr><td>101</td><td>星光版 V700</td><td>否</td><td>1</td></tr>
<tr><td>102</td><td>星光版 V800</td><td>否</td><td>1</td></tr>
<tr><td>201</td><td>高端版 A500</td><td>否</td><td>2</td></tr>
</table>

说明：是否结算：否。

知识准备

财务档案设置包括外币及汇率、会计科目、凭证类别和项目目录等内容，依然是运用畅捷通T3总账系统处理日常业务顺利进行的基础保障工作。设置时应注意遵循企业管理的需要。

企业在业务往来中，如果涉及外币核算，应做好外币和汇率的设置。对于使用固定汇率（即使用月初或年初汇率）作为记账汇率的用户，在填制每月的凭证前，应预先在此录入该月的记账汇率，否则在填制该月外币凭证时，将会出现汇率为零的错误。对于使用变动汇率（即使用当日汇率）作为记账汇率的用户，在填制该天的凭证前，应预先在此录入该天的记账汇率。

在现代企业的信息化管理进程中，会计科目是填制会计凭证、登记会计账簿、编制会计报表的基础，是对会计对象具体内容分门别类进行核算的前提。会计科目的设置必须满足会计报表编制的要求，必须保持科目间的协调性和体系的完整性。

企业还要根据自身管理和核算的需要对记账凭证进行分类设置，选择了某一种凭证分类后，还应根据凭证分类的特点进行相应限制条件的设置。

项目是系统提供的辅助核算之一，也是应用最为灵活的一种辅助核算。项目可以是工程，可以是订单，也可以是产品，总之，可以把需要单独计算成本或收入的对象都视为项目。系统允许企业定义多个种类的项目核算，可以将具有相同特性的一类项目定义成一个项目大类。一个项目大类可以核算多个项目，为了便于管理，还可以对这些项目进行分类管理。

任务实施

1. 外币设置

外币设置

操作步骤：

Step1　在畅捷通 T3 中选择“基础设置”→“财务”→“外币种类”命令，进入“外币设置”窗口。

Step2　“币符”设置为“USD”，“币名”设置为“美元”，采用“固定汇率”，其他项目默认，单击“确认”按钮（图3–16）。

Step3　输入2023年1月的记账汇率6.872 50，单击“退出”按钮，完成外币设置（图3–17）。

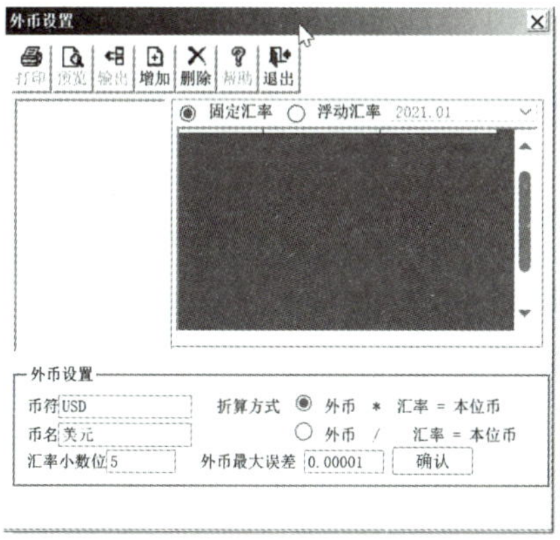

图3–16

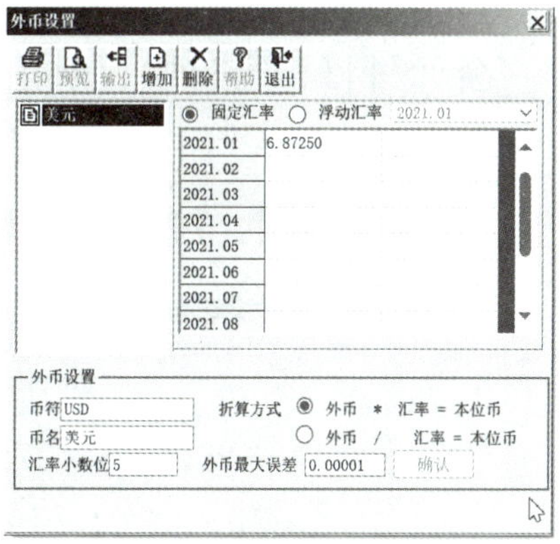

图3–17

操作指导

折算方式：用户可以根据外币的使用情况选定汇率的折算方式。

固定汇率与浮动汇率：选“固定汇率”即可录入各月的月初汇率，选“浮动汇率”即可录入所选月份的各日汇率。

记账汇率：在平时制单时，系统自动显示此汇率，如果用户使用固定汇率（月初汇率），则记账汇率必须输入，否则制单时汇率为0。

调整汇率：即月末汇率。在期末计算汇兑损益时用，平时可不输入，等期末时再输入，这主要用于计算汇兑损益。本汇率不作其他用途。

已经使用的外币不能删除。

2. 会计科目设置

（1）增加会计科目。

操作步骤：

Step1 在畅捷通 T3 窗口中选择“基础设置”→“财务”→“会计科目”命令，进入“会计科目”窗口。点击“增加”按钮。打开“新增科目”对话框（图3–18）。

会计科目设置

Step2 “科目编码”输入“100201”，“科目中文名称”输入“工行人民币户”，勾选“日记账”和“银行账”复选框。单击“确定”按钮，完成科目新增。用此方法继续增加其他的会计科目。

（2）修改会计科目。

①将“库存现金”科目设置“日记账”属性。

操作步骤：

Step1 在“会计科目”窗口中，双击“1001库存现金”科目，打开“修改科目”对话框。

Step2 单击“修改”按钮，勾选“日记账”复选框，单击“确定”按钮（图3–19）。

②将“应收票据”科目设置为客户往来。

Step1 在“会计科目”窗口中，双击“1121应收票据”科目，打开“修改科目”对话框。

Step2 单击“修改”按钮，勾选“客户往来”复选框，单击“确定”按钮。

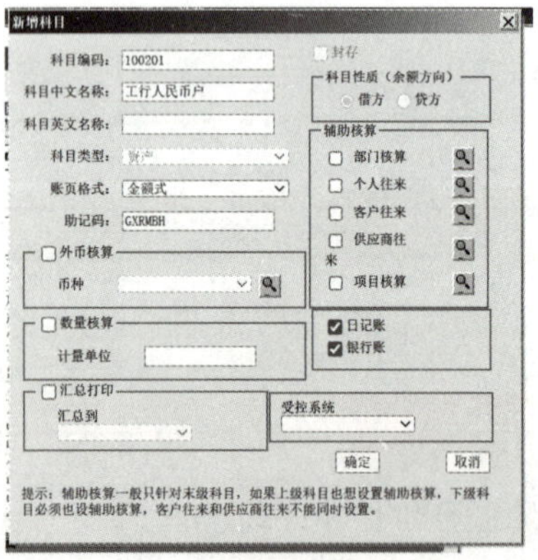

图3–18

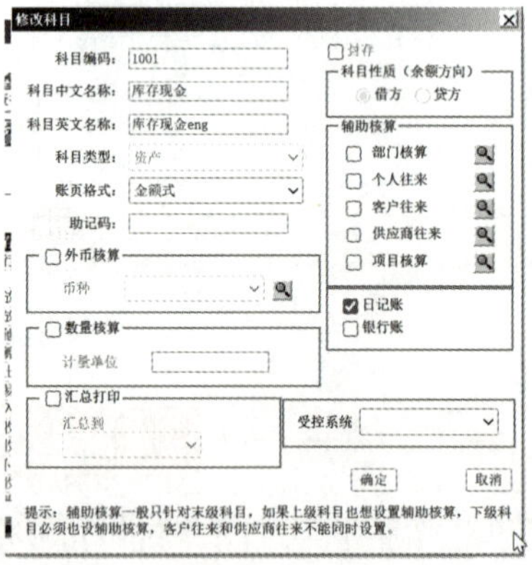

图3–19

（3）利用“成批复制”功能增加会计科目。

例如，完成库存商品下明细科目的增加后，可以利用成批复制功能增加主营业务收入下的明细科目。

Step1 在“会计科目”窗口中，选择“编辑”→“成批复制”命令，打开“成批复制”对话框。

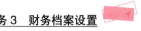

Step2　输入复制源科目编码“1405”和目标科目编码“6001”，勾选“数量核算”复选框。

操作指导

在增加会计科目时，系统默认其类型与上级科目保持一致，已经使用过的末级科目不能再增加下级科目。

已有数据的会计科目，应先将该科目及其下属科目余额清零后再做修改。

在删除会计科目时，非末级科目不能删除。

3. 指定现金、银行科目

操作步骤：

Step1　在“会计科目”窗口中，选择“编辑”→“指定科目”命令，打开“指定科目”对话框。

Step2　选中“现金总账科目”单选按钮，从“待选科目”列表框中选择“1001库存现金”科目，单击“>”按钮，将库存现金科目添加到“已选科目”列表中（图3-20）。

Step3　同样，将银行存款科目设置为银行总账科目。

Step4　单击“确认”按钮，完成操作。

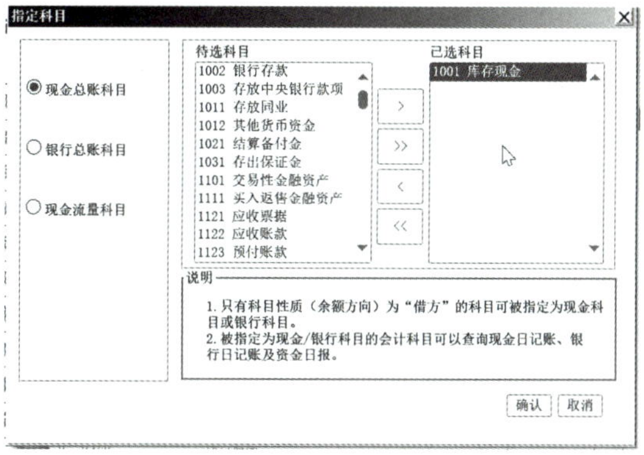

图3-20

操作指导

指定科目，即指定出纳专管科目，只有指定科目，才能执行出纳签字，才能查询日记账。

4. 设置凭证类别

操作步骤：

Step1　在畅捷通 T3 窗口中，选择“基础设置”→“财务”→“凭证类别”命令，打开“凭证类别预置”对话框。

指定科目

Step2 选中“记账凭证”单选按钮（图3–21）。

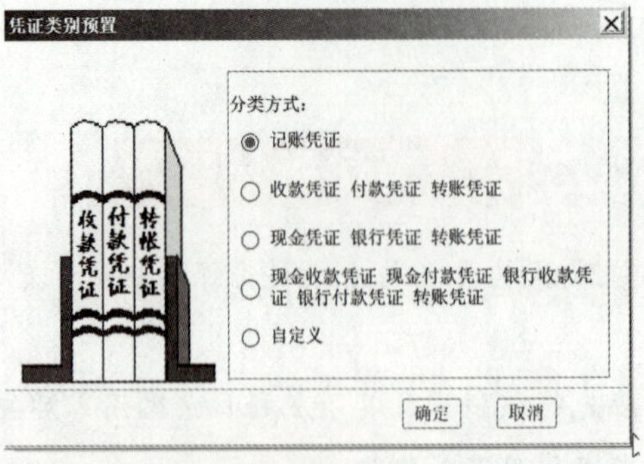

图3–21

Step3 单击“确定”按钮，打开“凭证类别”窗口，退出即可。

设置项目目录

5. 设置项目目录

（1）定义项目大类。

操作步骤：

Step1 在畅捷通 T3 窗口中，选择“基础设置”→“财务”→“项目目录”命令，打开“项目档案”窗口（图3–22）。

Step2 单击“增加”按钮，打开“项目大类定义_增加”对话框。输入“新项目大类名称”为“新产品研发”，选择新增项目大类的属性为“普通项目”（图3–23）。

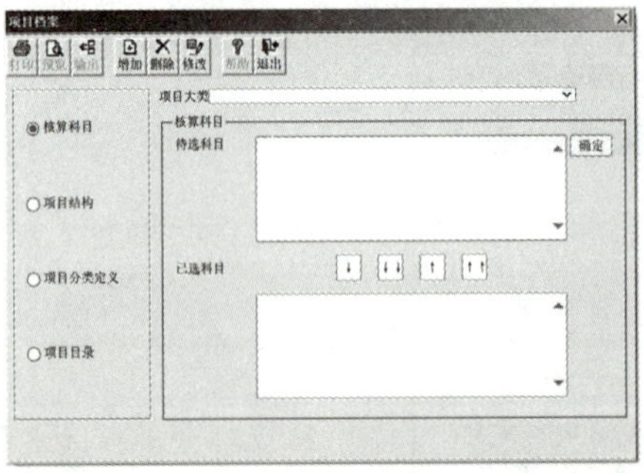

图3–22

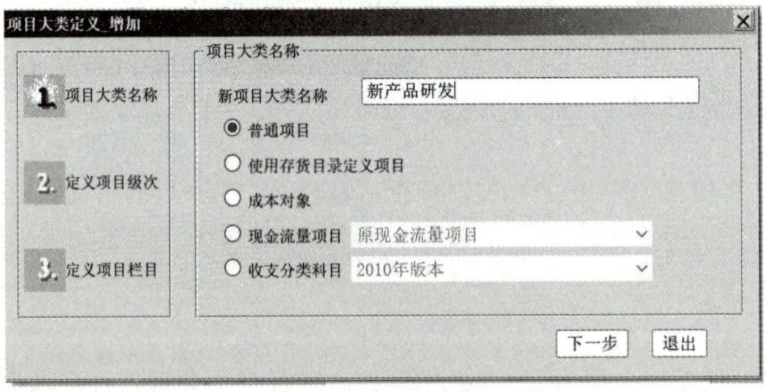

图3–23

Step3 单击“下一步”按钮，输入要定义的项目级次。本案例采用系统默认值。

Step4 单击“下一步”按钮，输入要修改的项目栏目。本案例采用系统默认值。

Step5 单击“完成”按钮，返回“项目档案”窗口。

（2）指定核算科目。

操作步骤：

Step1 在“项目档案”窗口中，选中“核算科目”单选按钮。

Step2 在“项目大类”下拉列表中选择“新产品研发”。

Step3 将“待选科目”栏中的“4001生产成本”及其子科目通过“↓↓”按钮，添加到“已选科目”栏中，单击“确定”按钮保存（图3–24）。

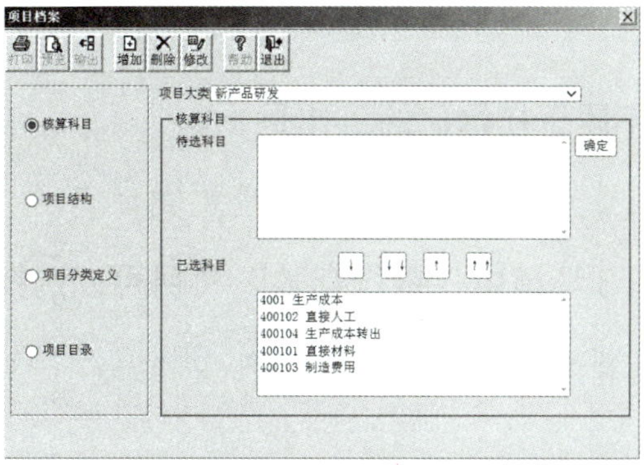

图3–24

（3）定义项目分类。

操作步骤：

Step1 在“项目档案”窗口中，选中“项目分类定义”单选按钮。

Step2 单击“增加”按钮，“分类编码”输入“1”，“分类名称”输入“监控摄像机”（图3–25）。

Step3 单击“确定”按钮。按同样的操作方法增加另一项目分类。

（4）定义项目目录。

操作步骤：

Step1 在“项目档案”窗口中，选中“项目目录”单选按钮。

Step2 单击“维护”按钮，依次输入项目编号、项目名称、所属分类码，完成项目目录定义（图3–26）。

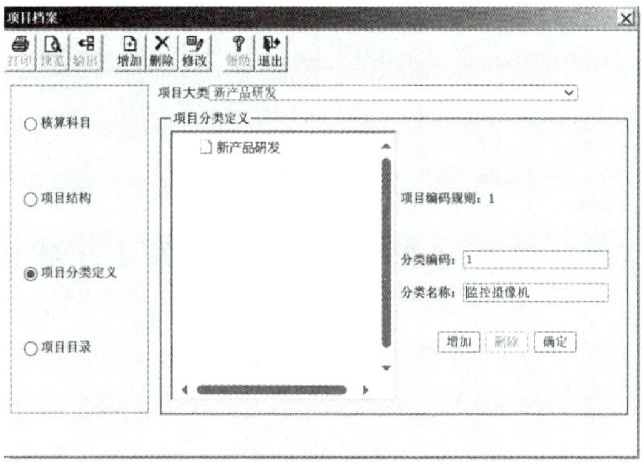

图3–25

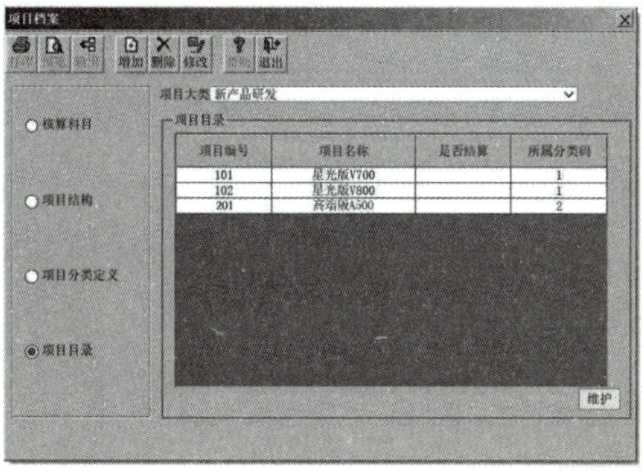

图3–26

操作指导

指定核算科目操作的前提是，指定的科目（如本项目中的4001及其子科目）必须设置为“项目辅助核算”。

一个项目大类可以指定多个科目，但一个科目只能指定一个项目大类。

任务检验

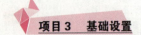

【单选题】1. 以下工作不属于初始化的工作是（　　）。

A.设置会计科目　B.设置结算方式　C.设置凭证类别　D.编制会计报表

【多选题】2. 在畅捷通 T3 环境中“银行存款”科目可以选择（　　）。

A.日记账　B.银行账　C.外币核算　D.客户往来

任务评价

任务点		自我评价	教师评价	总结反思
财务档案设置	外币设置			
	指定现金、银行科目			
	会计科目设置			
	设置凭证类别			
	设置项目目录			

任务 4　收付结算设置

任务导入

河北开元科技有限公司账套主管王娟要进行收付结算设置，为后续账务系统处理日常业务做准备。

任务描述

以账套主管“01王娟”的身份进行收付结算设置。现有关具体资料如下：

1. 结算方式一览表（表 3-11）

表 3-11　结算方式一览表

结算方式编码	结算方式名称	票据管理
1	现金结算	否
2	支票	否

续表

结算方式编码	结算方式名称	票据管理
201	现金支票	是√
202	转账支票	是√
3	银行汇票	否
4	商业汇票	否
401	商业承兑汇票	否
402	银行承兑汇票	否
5	电子支付	否
501	网银	否
502	支付宝	否
503	微信	否

2. 付款条件一览表（表 3–12）

表 3–12　付款条件一览表

编码	信用天数/天	优惠天数1/天	优惠率1/%	优惠天数2/天	优惠率2/%	优惠天数3/天	优惠率3/%
01	60	10	5	20	2	30	1
02	90	15	5	25	2	45	1

3. 开户银行

01工行天山大街支行（人民币户），账号：13058001267465578。

02中行黄河大道支行（美元户），账号：62220306007865216。

设置结算方式

任务实施

1. 结算方式

操作步骤：

Step1　在畅捷通T3窗口中选择“基础设置”→“收付结算”→“结算方式”命令，弹出“结算方式”对话框。

Step2　在“类别编码”栏输入“1”，在“类别名称”栏输入“现金结算”。单击“保存”按钮（图3–27）。

Step3　根据上述操作方法继续增加其他结算方式。

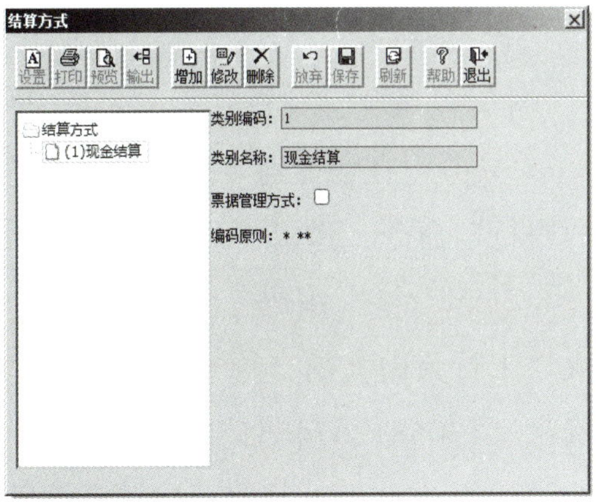

图3–27

操作指导

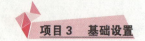

类别编码：编码必须符合编码原则。用户必须按照结算方式编码级次的先后顺序录入，录入值必须唯一。

类别名称：用户根据企业的实际情况，必须录入所用结算方式的名称，录入值必须唯一。

票据管理方式：可以根据实际情况选择是否需要。

2. 付款条件

操作步骤：

Step1　在畅捷通 T3 窗口中选择“基础设置”→“收付结算”→“付款条件”命令，弹出“付款条件”对话框。

Step2　在“付款条件编码”栏中输入“01”，“信用天数”栏中输入“60”，“优惠天数1”栏中输入“10”，“优惠率1”栏中输入“5”，“优惠天数2”栏中输入“20”，“优惠率2”栏中输入“2”，“优惠天数3”栏中输入“30”，“优惠率3”栏中输入“1”。单击“增加 ”按钮保存设置（图3-28、图3-29）。

设置付款条件

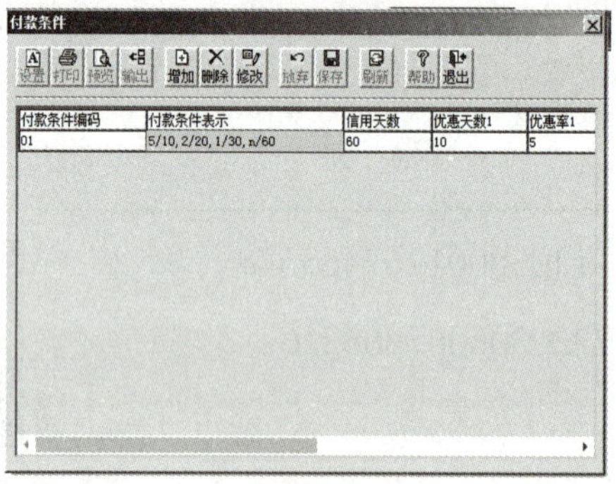

图3-28

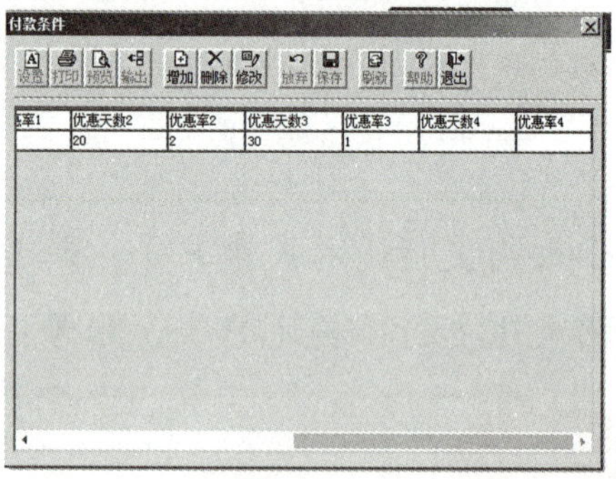

图3-29

Step3　按上述方法依次录入其他付款条件的内容。

3. 开户银行

操作步骤：

Step1　在畅捷通 T3 窗口中单击“收付结算”→“开户银行”命令，弹出“开户银行”对话框。

Step2　在“编码”栏输入“01”，“开户银行”栏输入“工行天山大街支行（人民币户）”，“银行账号”栏输入“1305812674655”，单击“增加”按钮保存设置。按同样的 方法录入其他开户银行信息（图3-30）。

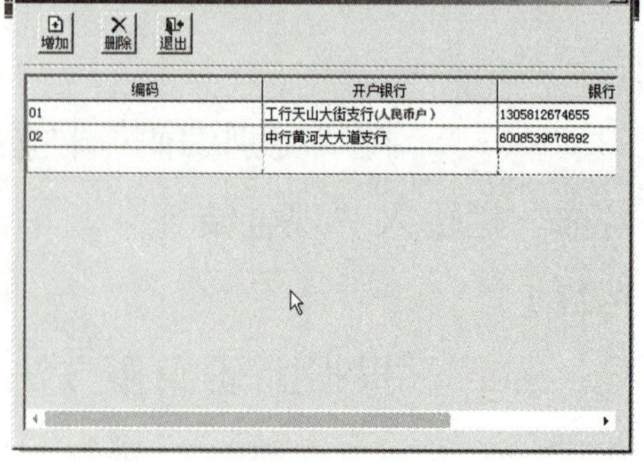

图3-30

操作指导

如果选中“暂封标志”，则说明这个账号暂时不能使用。

设置本企业开户银行的主要目的是开具销售专用发票时使用，如不设置本企业开户银行，则不能开具销售专用发票。

任务检验

【单选题】1. 设置结算方式的内容不包括（　　）。

A.类别编码　B.类别名称　C.结算方式有效期　D.票据管理方式

【多选题】2. 付款条件设置内容主要包括（　　）。

A.付款条件编码　B.付款条件名称　C.信用天数　D.优惠天数

任务评价

任务点		自我评价	教师评价	总结反思
收付结算设置	结算方式			
	付款条件			
	开户银行			

职业能力训练

训练要求：

以“001刘明”的身份登录信息门户，进行北京天宇科技有限公司基础档案设置。

训练资料：

1. 部门信息（表 3–13）

表 3–13　部门信息

部门编码	部门名称	负责人
1	企管办	李振
2	财务部	刘明
3	采购部	孙阳
4	销售部	—
401	销售一部	赵玉
402	销售二部	江涛
5	生产部	王娟

2. 职员信息（表 3-14）

表 3-14 职员信息

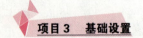

职员编号	职员姓名	所属部门	职员属性	职员编号	职员姓名	所属部门	职员属性
101	李振	企管办	总经理	301	孙阳	采购部	部门经理
201	刘明	财务部	部门经理	401	赵玉	销售一部	部门经理
202	王杰	财务部	会计	402	江涛	销售二部	部门经理
203	李强	财务部	会计	501	王娟	生产部	仓库主管
204	张峰	财务部	出纳	502	李伟	生产部	生产工人
205	学生姓名	财务部	会计	503	张涵	生产部	生产工人

3. 地区分类（表 3-15）

表 3-15 地区分类

地区分类编码	地区分类名称	地区分类编码	地区分类名称
01	北方地区	03	中南地区
02	华东地区	04	西部地区

4. 客户分类（表 3-16）

表 3-16 客户分类

客户分类编码	客户分类名称
1	批发商
2	代理商
3	零散客户

5. 客户档案（表 3-17）

表 3-17 客户档案

客户编号	客户名称	客户简称	所属分类码	所属地区码	税号	开户银行	账号	分管部门	专营业务员
001	北方软件学院	北方软件	1	01	9112030BM432658Q83	工行石家庄分行	62220506098543258	销售一部	赵玉
002	迅达公司	迅达	3	04	911605ANW736896465	工行兰州分行	62230675089600352	销售二部	江涛
003	北京海淀图书城	海淀图书城	2	01	91110405MAC34WQ468	工行北京分行	62250765083600368	销售二部	江涛

6. 供应商分类

本企业只有几个主要供应商，长期稳定，不需要分类管理。

7. 供应商档案（表 3–18）

表 3–18　供应商档案

编号	供应商名称	供应商简称	所属分类码	所属地区码	税号	开户银行	账号	分管部门	分管业务员
001	开创股份公司	开创	0	01	91110506CAD56WQ359	工行北京分行	62220580076500479	采购部	孙阳
002	中脉有限公司	中脉	0	01	91110608EGB25AC659	工行北京分行	62220876084201267	采购部	孙阳

8. 外币设置

本企业采用固定汇率核算外币，外币只涉及美元一种。美元币符假定为USD，本年3月初汇率为6.94。

9. 会计科目

本企业常用会计科目及期初余额（表3–19）如下所示：

表 3–19　会计科目及期初余额

科目	辅助核算	方向	币别/计量	累计借方发生额/元	累计贷方发生额/元	期初余额/元	备注
库存现金 (1001)	日记账	借		18 889.65	18 860.65	16 700.00	修改
银行存款 (1002)	银行账、日记账	借		769 251.88	578 290.60	1 530 044.00	修改
人民币户 (100201)	银行账、日记账	借		769 251.88	578 290.60	1 530 044.00	新增
美元户 (100202)	银行账、日记账、外币金额式、外币核算	借	美元				新增
应收票据 (1121)	客户往来	借				20 000.00	修改
应收账款（1122）)	客户往来	借		60 000	20 000	217 602.86	修改
预付账款 (1123)	供应商往来	借				1 642.00	修改
其他应收款 (1221)		借		4 200.00	3 410.27	4 500.00	
备用金 (122101)	部门核算	借					新增
应收个人款 (122102)	个人往来	借		4 200.00	3 410.27	4 500.00	新增
材料采购 (1401)		借					
原材料 (1403)		借		23 450.00	17 754.00	12 500.00	
A 材料 (140301)	数量核算、数量金额式	借		10 500.00	10 479.00	4 200.00	新增
			个	5 000	4 990	2 000	
B 材料 (140302)	数量核算、数量金额式	借		10 950.00	5 475.00	7 300.00	新增
			件	600	300	400.00	

续表

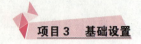

科目	辅助核算	方向	币别/计量	累计借方发生额/元	累计贷方发生额/元	期初余额/元	备注
C 材料 (140303)	数量核算、数量金额式	借		2 000.00	1 800.00	1 000.00	
			千克	100	90	50	新增
库存商品 (1405)				140 142.54	116 758.00	26 878.00	
甲产品 (140501)	数量核算、数量金额式	借		63 300.00	52 750.00	10 550.00	新增
			台	300	250	50	
乙产品 (140502)	数量核算、数量金额式	借		51 936.00	47 608.00	7 790.00	新增
			台	600	550	90	
丙产品 (140503)	数量核算、数量金额式	借		24 906.54	16 400	8 538.00	新增
			台	193	380	200	
委托加工物资 (1408)		借					
固定资产 (1601)		借		70 744.79	58 500.00	250 000.00	
累计折旧 (1602)		贷		3 251.29	39 511.89	36 260.60	
短期借款（2001）		贷			200 000.00	220 000.00	
应付票据（2201）	供应商往来	贷				10 000.00	修改
应付账款（2202）	供应商往来	贷		150 577.26	60 000.00	356 950.00	修改
预收账款（2203）	客户往来	贷					修改
应付职工薪酬（2211）		贷			3 400.00	9 134.26	
应付职工工资（221101）		贷			3 400.00	9 134.26	新增
应付奖金、津贴和补贴（221102）		贷					新增
应付福利费（221103）		贷					新增
应付社会保险费（221104）		贷					新增
应交税费（2221）		贷		187 803.68	171 803.68	103 022.31	
应交增值税（222101）		贷		36 781.37	36 781.37		新增
进项税额（22210101）		贷		20 781.37		−20 781.37	新增
销项税额 (22210102)		贷			36 781.37	36 781.37	新增
转出未交增值税（22210104）				16 000.00		−16 000.00	新增
未交增值税（222105）		贷			16 000.00	16 000.00	新增

续表

科目	辅助核算	方向	币别/计量	累计借方发生额/元	累计贷方发生额/元	期初余额/元	备注
应交房产税（222109）				151 022.31	119 022.31	87 022.31	新增
应付利息 (2231)		贷					
借款利息 (223101)		贷					新增
实收资本 (3001)		贷				1 340 600.00	
本年利润 (3103)		贷		1 306 231.52	1 446 253.52	140 022.00	
利润分配 (3104)		贷				–119 022.31	
未分配利润 (310415)		贷				–119 022.31	新增
生产成本 (4001)	项目核算	借				17 100.00	修改
直接材料（400101）	项目核算	借				10 000.00	新增
直接人工（400102）	项目核算	借				4 000.00	新增
制造费用（400103）	项目核算	借				2 000.00	新增
其他 (400104)	项目核算	借				1 100.00	新增
生产成本转出（400105）	项目核算	借					新增
制造费用（4101）		借					
工资 (410101)		借					新增
折旧费（410102）		借					新增
其他 (410103)		借					新增
主营业务收入（5001）		贷		1 423 253.52	1 423 253.52		
甲产品（500101）	数量核算、数量金额式	贷	台	503 691.74	503 691.74		新增
乙产品（500102）	数量核算、数量金额式	贷	台	607 041.18	607 041.18		新增
丙产品（500103）	数量核算、数量金额式	贷	台	312 520.60	312 520.60		新增
其他业务收入（5051）		贷		23 000.00	23 000.00		
主营业务成本（5401）		借		1 034 567.98	1 034 567.98		
甲产品（540101）	数量核算、数量金额式	借	台	507 283.69	507 283.69		新增
乙产品（540102）	数量核算、数量金额式	借	台	344 855.38	344 855.38		新增
丙产品（540103）	数量核算、数量金额式	借	台	182 428.91	182 428.91		新增
税金及附加（5403）		借		8 213.23	8 213.23		
其他业务成本（5402）		借		17 890	17 890		

续表

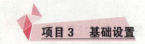

科目	辅助核算	方向	币别/计量	累计借方发生额/元	累计贷方发生额/元	期初余额/元	备注
销售费用（5601）		借		44 606.00	44 606.00		
工资（560101）		借		32 300.00	32 300.00		修改
办公费 (560102)		借		2 318.00	2 318.00		修改
差旅费 (560103)		借		4 516.00	4 516.00		修改
招待费 (560104)		借		5 472.00	5 472.00		修改
折旧费 (560105)		借					修改
管理费用（5602）		借		195 515.41	195 515.41		
工资（560201）	部门核算	借		82 342.78	82 342.78		修改
办公费 (560202)	部门核算	借		60 393.01	60 393.01		修改
差旅费 (560203)	部门核算	借		5 643.62	5 643.62		修改
招待费 (560204)	部门核算	借		3 293.00	3 293.00		修改
折旧费 (560205)	部门核算	借		24 000.00	24 000.00		修改
其他 (560206)	部门核算	借		19 843.00	19 843.00		修改
财务费用（5603）		借		5 438.90	5 438.90		
利息费用（560301）		借		5 438.90	5 438.90		新增
手续费用（560302）		借					新增

利用增加、修改等功能完成对会计科目的编辑。

10. 指定会计科目

将“库存现金”科目指定为现金总账科目。

将“银行存款”科目指定为银行总账科目。

11. 凭证类别设置

记账凭证，无限制。

12. 项目核算设置

（1）项目大类定义。

项目大类名称：产品核算。

（2）核算科目定义（表3-20）。

表 3-20　核算科目定义

项目大类名称	产品核算
核算科目	4001 生产成本 400101 直接材料 400102 直接人工 400103 制造费用 400104 其他 400105 生产成本转出

（3）项目分类定义（表3-21）。

表 3-21　项目分类定义

分类编码	1
分类名称	产成品

（4）项目目录定义（表3-22）。

表 3-22　项目目录定义

项目编号	项目名称	是否结算	所属分类
01	甲产品	否	1
02	乙产品	否	1
03	丙产品	否	1

13. 结算方式（表 3-23）

表 3-23　结算方式

结算方式编码	结算方式名称	票据管理
1	现金结算	否
2	支票结算	否
201	现金支票	是
202	转账支票	是
3	银行汇票	否
4	商业汇票	否
401	商业承兑汇票	否
402	银行承兑汇票	否
5	电子支付	否
6	托收承付	否
7	汇兑	否
8	其他	否

14. 付款条件（表 3-24）

表 3-24　付款条件

编码	信用天数	优惠天数1	优惠率1	优惠天数2	优惠率2	优惠天数3	优惠率3
01	30	5	2	—	—	—	—
02	60	5	4	15	2	30	1
03	90	5	4	20	2	45	1

15. 开户银行

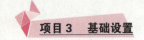

编码：01；名称：工商银行中关村分理处；账号：62220307076284676。

包罗万象

中国红色银行的奠基者——高捷成

高捷成，福建省龙溪海澄县（今漳州龙海市）人，冀南银行总行行长，晋冀鲁豫边区金融事业的奠基人，他与冀南银行有着解不开的缘分。

一封家书

1937年，高捷成从银庄悄无声息地带走了2万银元，留下了一份家书，写信时间为1937年4月10日，距离日本侵略者发动七七事变约还有三个月。信中提到了自己拿走钱款的事情，知道此事一定给家人和钱庄带来了麻烦，所以心有愧疚，“时刻记念在心”，但他又无怨无悔，表示“国家得救，民族得存，清债还利，当不短分文”，显然对国家和民族的前途充满信心。

家族银庄里的“红色出纳”

高捷成从小到大成绩优秀，在校期间深受进步思想影响，曾参加过许多爱国运动。在上海滩时局动荡时，高捷成目睹了同志们伤亡因没有药品治疗的痛苦，他想到百川银庄里每日贮存的银元可以支持革命，于是利用钱庄出纳的身份，冒着被监禁、判刑的危险，先后从家族钱庄拿走了1万多元款项，秘密接济王占春的游击队。由于高捷成是钱庄老板的至亲，备受信任，加上钱庄业务繁多，因此他悄悄用钱款资助革命一事并未被察觉。得益于高捷成的资助，漳州的游击队、赤卫队迅速发展，为几年后红军顺利攻克漳州奠定了良好的基础。

筹得款物百余万　别亲离子赴苏区

红军驻漳期间，高捷成经王占春推荐，负责筹款和理财对账工作；在罗荣桓、李富春的领导下，高捷成协助红军在40多天中筹集到了140多万元的物资；他突出的专业能力之后被毛泽民肯定，毛泽民邀高捷成到中央苏区从事革命根据地的财政事业，参与经济计划的筹定工作。高捷成欣然领命，参加了中国工农红军，弃商从戎，委托表弟转交给父母一封信，告诉父母：“我要和你们离别了，或者是永远离别了……希望家庭也无须挂念于我。”告诉妻子：“我能献身党国，势须离家绝伦，汝可自作主张，勿以我念。”1932年5月底，别离了年轻的妻子和出生仅数月的儿子，高捷成跟随林伯渠和红一军团奔赴瑞金。

首创全军会计制度　艰苦创办冀南银行

1932年5月，他抵达瑞金加入了中国共产党，进入红军大学学习，毕业后，在经济领域崭露头角，首创全军会计制度，多次受到嘉奖。

红军第五次反“围剿”失败后，高捷成随中央红军第一方面军离开瑞金，经二万五千里长征，抵达陕北革命根据地延安。“七七事变”后，抗日战争全面爆发。高捷成随一二九师挺进晋东南，并以太行山为依托，逐步向冀鲁豫平原进发，开辟敌后抗日根据地，在冀东南建立了抗日民主政权——冀南行政主任公署。1938年，边区严重灾荒，日军侵扰，资金亟待解决，为满足军需民用和战争形势的要求，解放区决定创建冀南银行。

太行山里的特殊武器：冀南币

担负货币发行任务的冀南银行，处在日寇、国民党顽固派的分割、封锁和包围之中，没有钞票用纸、油墨、机器等印刷器材，更缺少技术人员，货币印制面临巨大困难。虽然时间紧迫，任务繁重，但高捷成带领着冀南银行的工作人员不断摸索、改进，终于在山中的印刷点，陆续设计和印制出了符合标准的冀南币（也叫冀南钞、冀南票、冀钞等），第一批冀南币提前问世。

为保文件，血洒太行

由于山区交通不便，高捷成这个“马背上的银行”行长时常面临着生命危险。1940—1943年，日寇对根据地经常发动大规模“扫荡”，高捷成立志要保证这个关系到根据地“穿衣吃饭”的银行的安全。

在河北省内邱县白鹿角村借宿时，高捷成遭遇叛徒告密，被敌人包围。在回去找警卫员时，腹部受枪。危急关头，高捷成强调自己的背包里都是重要文件，一定不能落入敌手，命令通信员周正云赶快带着文件突围离开。周正云带着文件，忍痛离去，翻过山头脱险。高捷成却被冲上来的敌人用刺刀刺死，壮烈牺牲，年仅34岁。

听到高捷成牺牲的噩耗，全区各界悲愤万分。时任军区政委邓小平同志立即致电冀南银行，痛惜地说道：“捷成同志牺牲了，这是一个很大的损失！”

“英勇牺牲的烈士们千古无上荣光”，极其壮烈的一生，这就是我党金融事业的奠基者——高捷成。

——以上资料来源于杂志《炎黄春秋》

项目 4
总账管理

项目导入

总账系统的任务是在建立会计科目体系的基础上，通过填制凭证反映企业发生的各项经济业务，对凭证进行审核、记账，输出各种账簿。总账系统按照处理流程划分，主要分为初始设置、凭证管理、账簿管理、辅助核算管理和期末处理等。

学习目标

知识目标

1.了解总账系统的基本功能。

2.了解总账管理系统初始设置的意义，熟悉设置流程。

3.掌握总账系统日常业务处理的流程和具体内容。

4.掌握期末业务处理的流程和具体内容。

技能目标

1.掌握设置总账选项和录入期初余额等总账系统的初始设置。

2.结合具体业务熟练掌握总账系统日常业务处理中凭证管理、出纳管理和账簿管理的基本操作。

3.掌握期末处理的操作方法。

素养目标

1.体会财务部门的岗位设置需遵循不相容岗位分离的原则，明确职责权限，形成相互制衡机制。

2.建立团队意识和责任意识，养成实事求是、客观公正的职业道德。

思维导图

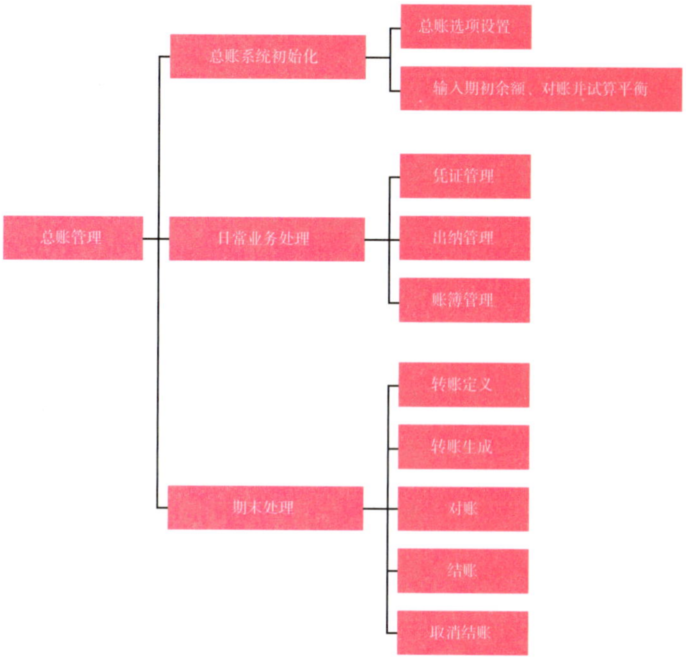

任务 1　总账系统初始化

任务导入

河北开元科技有限公司账套主管王娟要进行总账系统初始化设置，将总账系统变为适合本单位核算需要的专用系统。

任务描述

引入项目3的数据，以账套主管“01王娟”的身份登录系统完成总账初始设置。现有关具体资料如下：

1. 设置总账选项（表 4–1）

表 4–1　总账选项设置

选项	控制对象	选项设置
凭证	制单控制	制单序时控制 支票控制 资金及往来赤字控制 不允许修改、作废他人填制的凭证 可以使用其他系统受控科目

续表

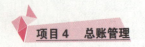

选项	控制对象	选项设置
凭证	凭证控制	打印凭证页脚姓名 出纳凭证必须经由出纳签字
	凭证编号方式	凭证编号方式采用系统编号
	外币核算	外币核算采用固定汇率
	预算控制	进行预算控制
账簿	打印位数宽度	账簿打印位数、每页打印行数按软件的标准设定
	明细账打印方式	明细账打印按年排页
会计日历		会计日历为 1 月 1 日—12 月 31 日
其他	排序方式	部门、个人、项目按编码方式排序
	小数位	数量、单价均为 2 位小数

2. 输入期初余额，对账并试算平衡（期初余额数据见项目 3 中的任务 3）

（1）总账、明细账（无辅助核算）期初余额如表3–8所示。

（2）辅助账期初明细资料如表4–2~表4–6所示。

表 4–2　会计科目：1122 应收账款

余额：借 580 000.00 元

日期	凭证号数	客户	摘要	方向	金额/元	业务员	票号	票据日期
2022–10–24	记 –112	河北星宇	销售货款	借	400 000.00	郑源	P112	2022–10–24
2022 –11 –10	记 –15	北京卓越	销售货款	借	180 000.00	白静	Z105	2022–11–10

表 4–3　会计科目：122101 其他应收款——备用金

余额：借 4 500.00 元

部门编码	部门名称	摘要	方向	期初余额/元
1	企管部	备用金	借	4 500.00

表 4–4　会计科目：122102 其他应收款——应收个人款

余额：借 3 000.00 元

日期	凭证号数	部门名称	个人名称	摘 要	方向	期初余额/元
2022–12–20	记 –125	销售部	白静	出差借款	借	3 000.00

表 4–5　会计科目：2202 应付账款

余额：贷 522 300.00 元

日期	凭证号	供应商	摘 要	方向	金额/元	业务员	票号	票据日期
2022–12–19	记 –108	北京新科	采购材料	贷	522 300.00	张海	Z114	2022–12–19

表 4-6　会计科目：4001 生产成本

余额：借 125 000.00 元

科目名称	监控摄像机星光版V700/元	运动手表高端版A500/元	合计/元
直接材料	51 000.00	20 550.00	71 550.00
直接人工	24 060.00	7 440.00	31 500.00
制造费用	16 800.00	5 150.00	21 950.00
合计	91 860.00	33 140.00	125 000.00

知识准备

总账初始设置是根据本企业的具体需要，建立账务应用环境，将总账系统变成适合本单位核算需要的专用系统。其主要工作包括各项业务参数的设置、基础档案以及明细账权限的设定和期初余额的录入等，由账套主管设置。

任务实施

总账选项设置

1. 总账选项设置

操作步骤：

Step1　选择“总账”→“设置”→“选项”命令，打开“总账选项”对话框（图4-1）。

Step2　打开“总账选项”对话框后，切换到“凭证”选项卡，按要求勾选“支票控制”和“出纳凭证必须经由出纳签字”等复选框，其他各项按默认参数设置（图4-2）。

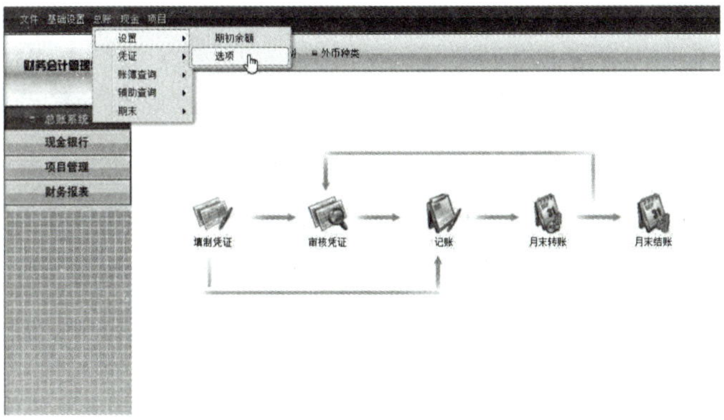

图4-1

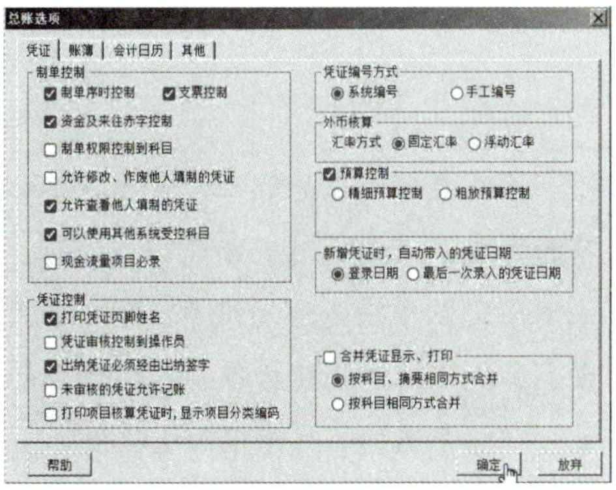

图4-2

Step3　依次切换到“账簿”“会计日历”选项卡，各选项按默认参数设置（图4-3、图4-4）。

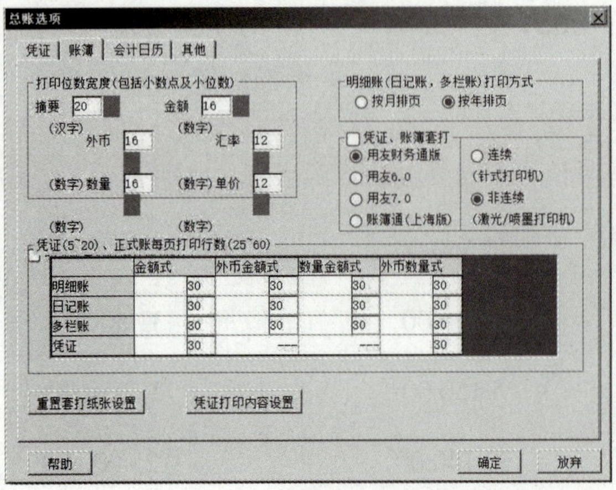

图4-3

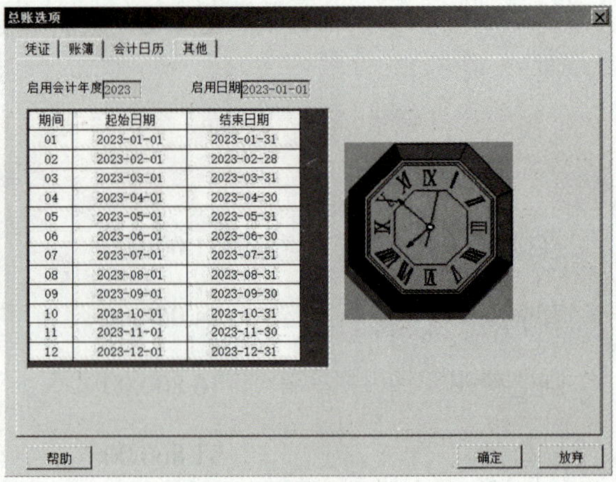

图4-4

Step4 切换到“其他”选项卡，部门、个人、项目、排列方式均选择按编码排序，数量小数位、单价小数位均为2（图4–5）。

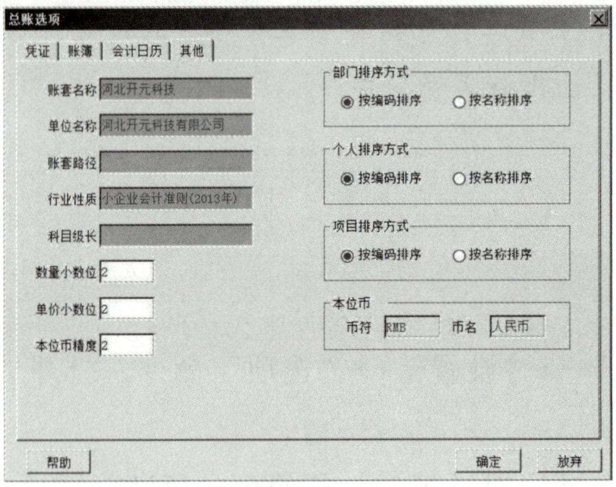

图4–5

Step5 设置完成后，单击“确定”按钮保存，返回。

系统在建立新的账套后，由于具体情况需要或业务变更，发生一些账套信息与核算内容不符的情况，可以通过此功能进行凭证、账簿等选项的调整和查看。如制单是否序时，汇率方式采用固定汇率还是浮动汇率，明细账每页打印行数等。参数的不同组合决定了企业应用系统的方式和流程，因此理解各项参数的意义，明确参数对于系统应用的影响是至关重要的。

“总账选项”对话框的选项说明：

（1）“凭证”选项卡（图4–2）。

①制单控制。制单控制主要设置在填制凭证时，系统应对哪些操作进行控制？

操作指导

制单序时控制：系统规定制单的凭证编号应按时间顺序排列，即制单序时，如有特殊需要可将其改为不按序时制单。若选择了此项，则在制单时凭证号必须按日期顺序排列。

资金及往来赤字控制：若选择了此项，则在制单时，当现金、银行科目的最新余额出现负数时，系统将予以提示。

可以使用其他系统受控科目：若某科目为其他系统的受控科目（如客户往来科目为应收系统的受控科目），一般来说，为了防止重复制单，应只允许其受控系统来使用该科目进行制单，总账系统是不能使用此科目进行制单的，但如果用户希望在总账系统中也能使用这些科目填制凭证，则应选择此项。

允许修改作废他人填制的凭证：若选择了此项，在制单时可修改作废别人填制的凭证，否则不能修改。

支票控制：若选择此项，在制单时录入了未在支票登记簿中登记的支票号，系统将提供登记支票登记簿的功能。

制单权限控制到科目：若选择此项，在制单时，操作员只能用具有相应制单权限的科目制单。

现金流量项目必录：若选择此项，当前是现金流量科目时，则必须录入现金流量项目。

允许查看他人填制的凭证：默认为勾选状态。不勾选时非账套主管只可以查看到本人填制的凭证。

②凭证控制。打印凭证页脚姓名：在打印凭证时，是否自动打印制单人、出纳、审核人、记账人的姓名。

凭证审核控制到操作员：有些时候，希望对审核权限作进一步细化，如只允许某操作员审核本部门的操作员填制的凭证，而不能审核其他部门操作员填制的凭证，则应选择此选项。可通过系统菜单“设置”→“明细权限”去设置操作员审核权限。

出纳凭证必须经由出纳签字：若选择了此项，则含有现金、银行科目的凭证必须由出纳人员通过“出纳签字”功能对其核对签字后才能记账。

未审核的凭证允许记账：若选择了此项，则未经过审核的凭证可以进行记账。

③凭证编号方式。系统在“填制凭证”功能中一般按照凭证类别按月自动编制凭证编号，即“系统编号”，但有的企业需要系统允许在制单时手工录入凭证编号，即“手工编号”。若选择了“手工编号”，则凭证中可能出现“断号”现象，如不希望凭证中出现断号，可执行“填制凭证”中的“凭证整理”功能，系统将自动清除断号。

④外币核算。如果企业有外币业务，则应选择相应的汇率方式——固定汇率、浮动汇率。“固定汇率”即在制单时，一个月只按一个固定的汇率折算本位币金额。“浮动汇率”即在制单时，按当日汇率折算本位币金额。

（2）“账簿”选项卡（图4-3）。包括“打印位数宽度”“明细账（日记账、多栏账）打印方式”“凭证、账簿套打”“明细账查询权限控制到科目”“凭证、正式账每页打印行数”等设置。

（3）“会计日历”选项卡（图4–4）。可查看各会计期间的起始日期与结束日期，以及启用会计年度和启用日期。

①总账系统的启用日期不能在系统的启用日期之前。

②已录入汇率后不能修改总账启用日期。

③总账中已录入期初余额则不能修改总账启用日期。

④总账中已制单的月份不能修改总账的启用日期，其他系统中已制单的月份不能修改总账的启用日期。

⑤第二年进入系统，不能修改总账的启用日期。

（4）“其他”选项卡（图4–5）。

数量小数位：系统允许设置的数量小数位范围为2~6位。

单价小数位：系统允许设置的单价小数位范围为2~8位。

本位币精度：若数据精确到整数，则在制单中由汇率、外币计算本位币时，系统自动四舍五入为整数。

部门排序方式：在查询部门账或参照部门目录时，是按部门编码排序还是按部门名称排序，可根据需要在这里设置。

个人排序方式：在查询个人账或参照个人目录时，是按个人编码排序还是按个人名称排序，可根据需要在这里设置。

项目排序方式：在查询项目账或参照项目目录时，是按项目编码排序还是按项目名称排序，可根据需要在这里设置。

2. 输入期初余额、对账并试算平衡

输入总账期初余额

操作步骤：

Step1 选择“总账”→“设置”→“期初余额”命令（图4–6）。

Step2 在“期初余额录入”窗口输入末级科目（底色为白色）期初余额，上级科目（底色为黄色）的余额将自动汇总计算（图4–7）。

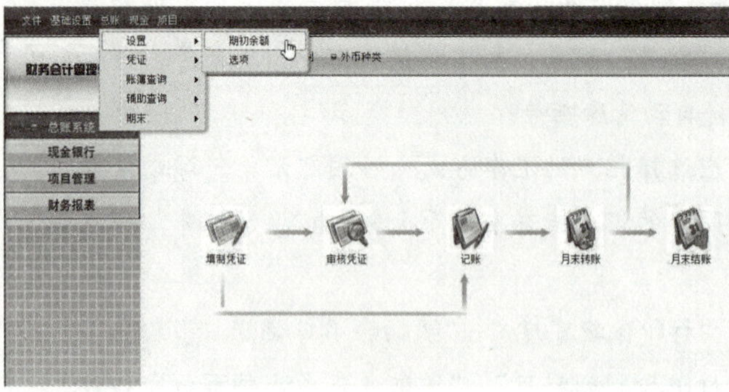

图4–6

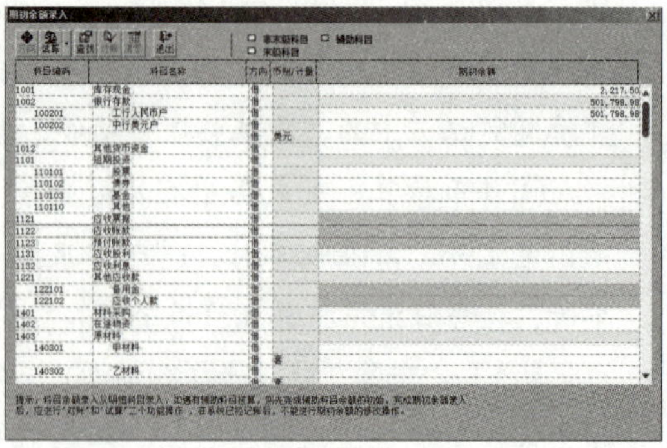

图4–7

Step3 设置了辅助核算的科目（底色为蓝色），期初余额的录入要双击“期初余额”

栏，屏幕显示期初辅助核算录入窗口。单击“增加”按钮，屏幕增加一条新的期初明细，可按顺序输入各项内容（图4-8）。完成后单击“退出”按钮，辅助账余额汇总数将自动带到总账。

Step4　试算。在“期初余额录入”窗口单击“试算”按钮，打开“期初试算平衡表”对话框（图4-9）。

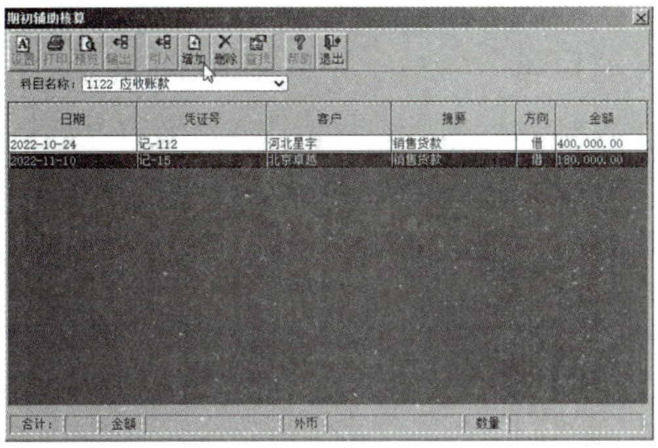

图4-8

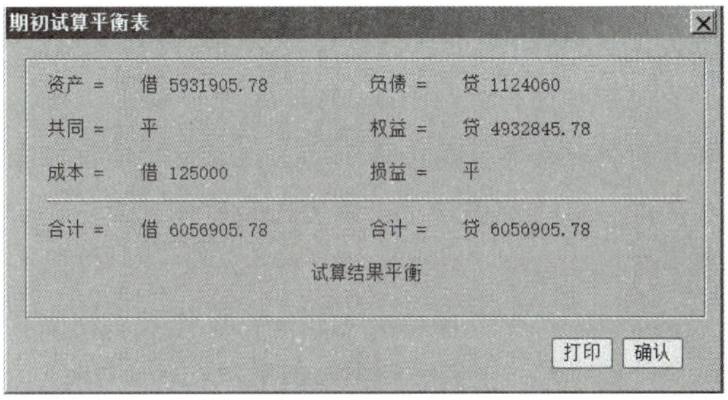

图4-9

若期初余额不平衡，系统会出现红字警告信息，这时要修改期初余额直到平衡。若期初余额试算结果平衡，单击“确认”按钮，即可进入日常业务。

操作指导

年初建账和年中建账的企业需要准备的期初数据是不同的。年初建账，只需要整理会计科目的年初余额就可以了；年中某月建账，除了整理会计科目的月初余额外，还需要整理出各科目的年初至建账月份前的累计借贷发生额，设置了辅助核算的科目还要准备辅助账的期初数据。在录入辅助核算期初余额之前，必须先设置各辅助核算目录。

在初始数据输入窗口中，系统以不同的颜色来标示不同的数据。

白色区域：表示可以直接录入的账务数据资料，是最明细级普通科目的账务数据。

黄色区域：表示为非最明细级科目的账务数据，这里的数据是系统根据最明细级科目的财务数据自动汇总计算出来的。

蓝色区域：表示此明细科目设置了辅助核算，此处的数据不能直接输入，要根据辅助账的期初资料生成。

在初始数据输入窗口中，所录入的内容主要包括：期初余额、累计借方、累计贷方和年初余额四项。

期初余额：初始化当期的期初科目余额；

累计借方：年中建账时，某一科目自年初起至初始设置时止借方累计发生额；

累计贷方：年中建账时，某一科目自年初起至初始设置时止贷方累计发生额；

年初余额：年中建账时，该数据根据以下公式自动计算得出。

借方年初余额＝期初余额－本年累计借方发生额＋本年累计贷方发生额

贷方年初余额＝期初余额＋本年累计贷方发生额－本年累计借方发生额

由于初次使用，对系统不太熟悉，在进行期初设置时的一些不经意的修改，可能会导致总账与辅助总账、总账与明细账核对有误，系统提供对期初余额进行对账的功能，核对方法为总账上下级、明细账与总账之间对账，总账与辅助账之间对账。可以及时做到账账核对，并可尽快修正错误的账务数据。

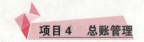

辅助核算科目期初余额的修改、删除：双击辅助核算科目的期初余额，屏幕显示辅助核算科目期初余额录入窗口。如果需要修改某个数据，将光标移到要进行修改的数据上，直接输入正确数据即可，如果想放弃修改，按“Esc”键即可。要删除某一期初明细时，将光标移到要删除的期初明细上，单击“删除”按钮，经确认后即可。

调整科目的余额方向：每个科目的余额方向由科目性质确定，占用类科目余额方向为借，来源类科目余额方向为贷。单击“方向”按钮可修改科目的余额方向（即科目性质）。只能调整一级科目的余额方向，且该科目及其下级科目尚未录入期初余额。当一级科目方向调整后，其下级科目也随一级科目相应调整方向。

查找：在期初余额录入窗口和辅助核算科目期初余额录入窗口点击“查找”按钮，可对各级会计科目期初余额和辅助期初明细进行查找定位。

若期初余额试算不平衡，将不能记账，但可以填制凭证。若已经使用本系统记过账，则不能再录入、修改期初余额，也不能执行“结转上年余额”的功能。

任务检验

【单选题】1. 如果在总账系统选择（　　），则制单时当现金、银行科目的最新余额出现负数时，系统将予以提示。

A.序时控制　　B.支票控制　　C.银行控制　　D.资金及往来赤字控制

【单选题】2. 期初余额录入是将手工会计资料录入计算机的过程之一，余额和累计发生额的录入要从（　　）科目开始。

A.一级　　B.二级　　C.三级　　D.最末级

【单选题】3. 总账系统的参数不包括（　　）。

A.凭证　　B.账簿　　C.余额　　D.会计日历

【多选题】4. 在总账管理系统录入会计科目期初余额时，需要通过辅助账方式输入的有（　　）。

A.数量核算科目　　B.项目核算科目

C.往来核算科目　　D.外币核算科目

【多选题】5. 如果年中某月开始建账，需要输入的内容有（　　）。

A.年初余额

B.启用月份的月初余额

C.年初到该月的各月借贷方发生额

D.年初到该月的借贷方累计发生额

任务评价

任务点		自我评价	教师评价	总结反思
总账选项设置				
期初余额	无辅助核算科目			
	辅助核算科目			

任务2 日常业务处理

任务2.1 凭证管理

任务导入

引入已试算结果平衡的168账套数据，财务人员进行总账系统凭证管理。

任务描述

以“02赵君”的身份登录畅捷通T3软件，进行定义常用摘要、填制凭证等操作，以“04何芳”的身份进行出纳签字，以“01王娟”的身份进行凭证审核和记账。现有关具体资料如下：

1. 定义常用摘要

以“02赵君”的身份定义常用摘要：001提取现金；002购买办公用品。

2. 填制凭证

2023年1月的经济业务如下，以“02赵君”的身份填制凭证：

（1）3日，财务部何芳从银行提取现金10 000元（附单据1张，现金支票号2345）。

借：库存现金（1001）　　10 000.00

　　贷：银行存款——工行人民币户（100201）　　10 000.00

（2）3日，销售部宋超支付产品广告费价税合计25 000元，对方开具增值税普通发票，财务部开出转账支票一张（附单据2张，转账支票号1234）。

借：销售费用——广告费（560102）　　25 000.00

　　贷：银行存款——工行人民币户（100201）　　25 000.00

（3）5日，企管部任志刚从财务部领用转账支票一张，支付企管部电话费1 020元（附单据2张，转账支票号1235）。

借：管理费用——通信费（560205）　　1 020.00

　　贷：银行存款——工行人民币户（100201）　　1 020.00

（4）6日，销售部宋超向上海通达公司销售儿童手表200件，单价880元，开具增值税专用发票，价款176 000元，销项税额22 880元，价税款共计198 880元尚未收到（附单据2张）。

借：应收账款（1122）　　198 880.00

　　贷：主营业务收入——儿童手表（500102）　　176 000.00

　　　　应交税费——应交增值税（销项税额）（22210106）　　22 880.00

（5）9日，销售部白静出差归来，报销差旅费2 800元，交回现金200元（附单据5张）。

借：销售费用——差旅费（560109）　　2 800.00

　　库存现金（1001）　　200.00

　　贷：其他应收款——应收个人款（122102）　　3 000.00

（6）10日，收到光明集团投资资金100 000美元，汇率1∶6.872 5，款项已存入银行（附单据2张，转账支票号1022）。

借：银行存款——中行美元户（100202）　　687 250.00

　　贷：实收资本（3001）　　687 250.00

（7）11日，生产部为研发监控摄像机星光版V700领取甲材料50套，乙材料20套，丙材料10套（附单据1张）。

借：生产成本——直接材料（400101）　　22 000.00

　　贷：原材料——甲材料（140301）　　15 000.00

　　　　　　　——乙材料（140302）　　4 200.00

　　　　　　　——丙材料（140303）　　2 800.00

（8）13日，企管部购买办公用品价税合计670元，取得增值税普通发票一张，以现金支付（附单据1张）。

借：销售费用——其他费用（560110）　　670.00

　　贷：库存现金（1001）　　670.00

（9）13日，财务部何芳开具转账支票一张，用于发放工资52 300元（附单据2张，转账支票号1236）。

借：应付职工薪酬——应付职工工资（221101）　　52 300.00

　　贷：银行存款——工行人民币户（100201）　　52 300.00

（10）16日，收到河北星宇公司网银转账的前欠货款400 000元，业务经办人为销售部郑源（附单据1张）。

借：银行存款——工行人民币户（100201）　　400 000.00

　　贷：应收账款（1122）　　400 000.00

（11）16日，企管部任志刚购买计算器1台，价税合计120元，取得增值税普通发票一张，现金支付（附单据1张）。

借：管理费用——办公费用（560212）　　120.00

　　贷：库存现金（1001）　　120.00

（12）17日，采购部刘志远从上海鸿德公司购入甲材料60套，单价310元，货税款21 018元暂欠，对方开具增值税专用发票，商品已验收入库（附单据2张）。

借：原材料——甲材料（140301）　　18 600.00

　　应交税费——应交增值税（进项税额）（22210101）　　2 418.00

　　贷：应付账款（2202）　　21 018.00

（13）20日，销售部白静向北京卓越科技公司销售商品一批：智能手表200件，单价1 100元；智能音响80件，单价750元；智能手环60件，单价580元；蓝牙耳机100件，单价680元，开具增值税专用发票，价税款共计432 564元，尚未收款（附单据2张）。

借：应收账款（1122）　　432 564.00

　　贷：主管业务收入——智能手表（500101）　　220 000.00

　　　　　　　　　　——智能音响（500103）　　60 000.00

　　　　　　　　　　——智能手环（500104）　　34 800.00

　　　　　　　　　　——蓝牙耳机（500105）　　68 000.00

　　　　应交税费——应交增值税（销项税额）（22210106）　　49 764.00

（14）24日，采购部张海归还前欠北京新科公司货款522 300元，以银行汇票支付，票据号为5526（附单据2张）。

借：应付账款（2202）　　522 300.00

　　贷：银行存款——工行人民币户（100201）　　522 300.00

（15）25日，财务部何芳以转账支票支付企管部电费2 373元，取得增值税专用发票一张（附单据2张，转账支票号1238）。

借：管理费用——水电费（560206）　　2 100.00

　　应交税费——应交增值税（进项税额）　　273.00

　　贷：银行存款——工行人民币户（100201）　　2 373.00

（16）25日，企管部杨铭报销业务招待费850元，以现金支付（附单据1张）。

借：管理费用——业务招待费（560202）　　850.00

　　贷：库存现金（1001）　　850.00

3. 设置常用凭证

以"02赵君"的身份设置常用凭证。

编号：001，摘要：提取现金，结算方式：现金支票，附单据数：1，启用：是。

借：库存现金（1001）

贷：银行存款/工行人民币户（100201）

4. 调用常用凭证

略。

5. 修改凭证

经查，16日，企管部任志刚购买计算器1台120元，应为160元，以"02赵君"的身份修改凭证。

6. 删除凭证

以"02赵君"的身份对上题修改的"企管部任志刚购买计算器"的凭证进行删除。

7. 查询凭证

以"02赵君"的身份查询2023年1月第6号凭证，查询1月9—13日填制的所有凭证。

8. 出纳签字

以出纳"04何芳"的身份登录，对所有涉及现金和银行存款科目的凭证进行出纳签字。

9. 审核凭证

以"01王娟"的身份登录，对全部凭证进行审核。

10. 记账

以"01王娟"的身份登录，确认将所有凭证审核无误，进行记账。

11. 冲销凭证

以"02赵君"的身份登录，对填制凭证（8）"企管部购买办公用品670元"所做凭证做一红字冲销凭证，再填制一张正确的凭证，然后以"04何芳"的身份对这两张凭证进行出纳签字，最后以"01王娟"的身份对其审核、记账。

12. 取消记账

以"01王娟"的身份登录，练习"取消记账"操作。

13. 重新记账

以"01王娟"的身份登录，重新将所有凭证记账。

知识准备

总账日常业务处理主要包括根据所发生的经济业务设置常用摘要，填制记账凭证，设置并调用常用凭证，审核记账凭证，并对错误凭证进行修改及删除处理，执行出纳签字，将审核后的凭证进行记账，已经记账的凭证就不能进行修改和删除了，可根据错误凭证生成红字冲销凭证，然后对其审核并进行记账。

任务实施

1. 定义常用摘要

定义常用摘要

以“02赵君”的身份登录。

操作步骤：

Step1　选择“总账”→“凭证”→“常用摘要”命令，进入“常用摘要”窗口（图4–10）。

Step2　输入摘要编码001，摘要内容“提取现金”，单击“增加”按钮，再输入“002”“购买办公用品”（图4–11）。

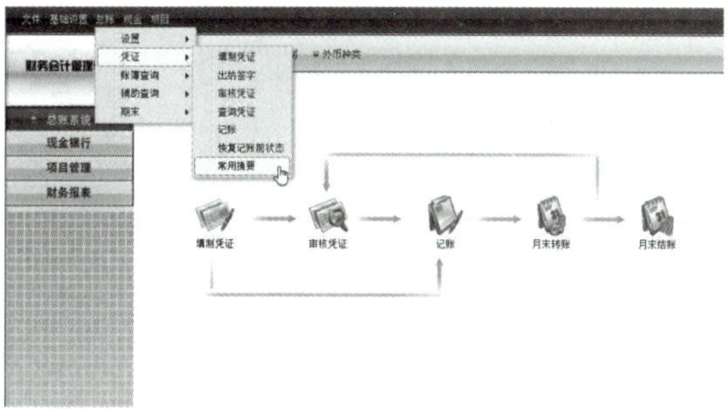

图4–10

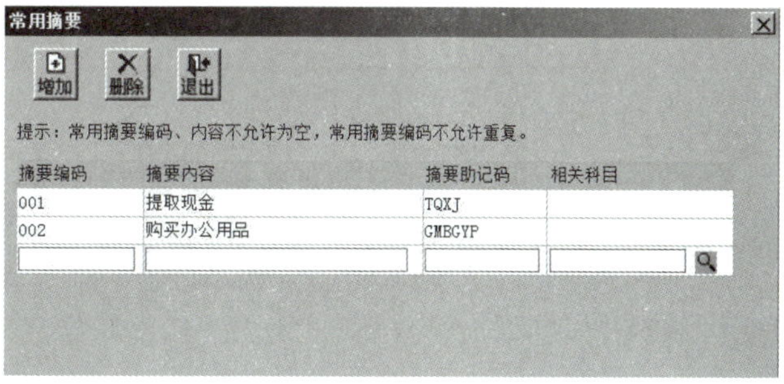

图4–11

2. 填制凭证

填制凭证

以“02赵君”的身份登录。

（1）业务1：辅助核算——银行科目。

操作步骤：

Step1　选择“总账”→“凭证”→“填制凭证”命令，打开“填制凭证”窗口，系统自动生成一张空白记账凭证。

Step2　输入制单日期“2023–01–03”；输入附单据数1。

Step3　双击摘要栏，双击选择预先设置的常用摘要“提取现金”。

Step4　选择科目名称1001，借方金额10 000，按 Enter 健。摘要自动带到下一行，输入贷方银行科目100201，弹出“辅助项”对话框（图4–12）。

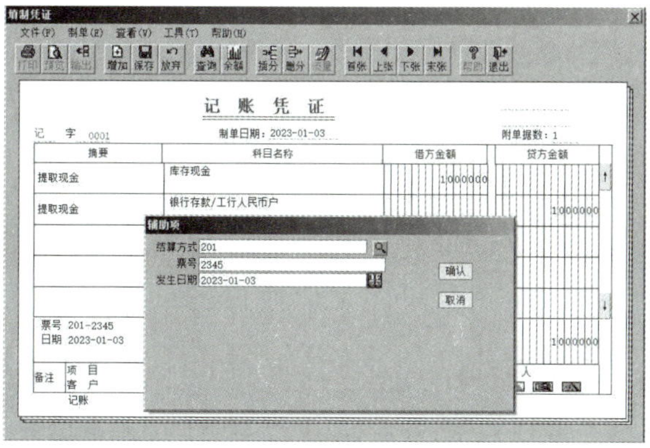

图4–12

Step5　输入结算方式201，票号2345，发生日期“2023–01–03”。单击“确认”按钮，则弹出“……此支票尚未登记，是否登记？”信息提示框（图4–13）。

Step6　单击“确定”按钮，弹出“票号登记”对话框。输入领用日期“2023–01–03”，领用部门“财务部”，姓名“何芳”，限额“10 000”，用途“备用”（图4–14）。

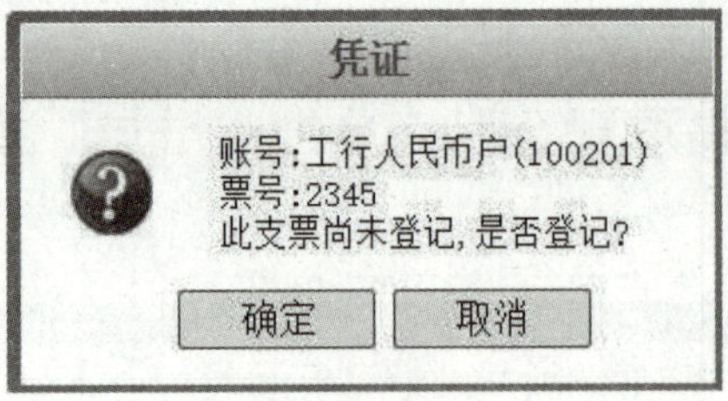

图4–13

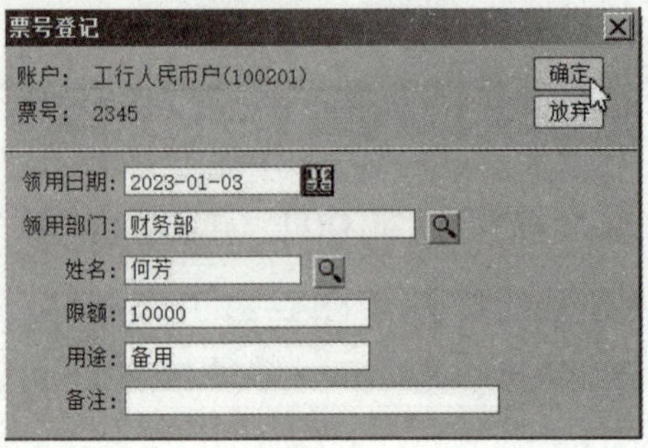

图4–14

Step7　单击“确定”按钮，再输入贷方金额“10 000”或按“＝”键将凭证借贷方金额的差额到当前金额栏位置。单击“保存”按钮，弹出信息提示框“保存成功”，之后单击“确定”按钮。

（2）业务2：在“填制凭证”窗口单击“增加”按钮，录入下一张记账凭证，操作步骤基本同业务1（略）（图4–15）。

（3）业务3：辅助核算——部门核算。

操作步骤：

Step1　在填制凭证过程中，输完部门核算科目560205，弹出“辅助项”对话框。

Step2　选择输入部门为“企管部”，单击“确认”按钮（图4–16）。

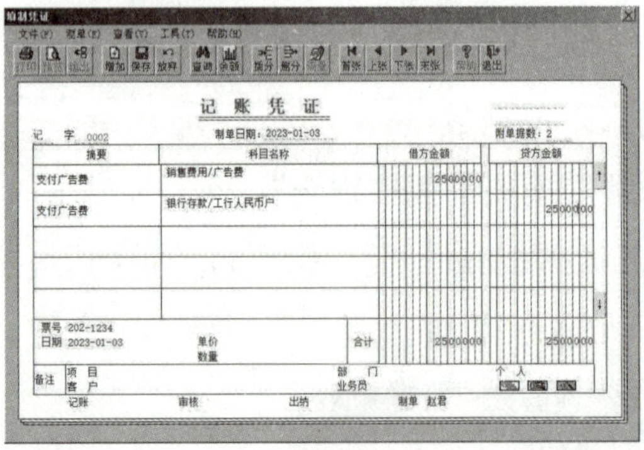

图4–15

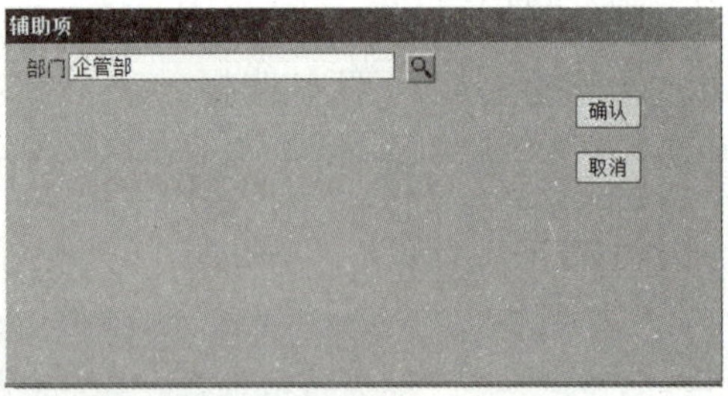

图4–16

（4）业务4：辅助核算——客户往来和数量核算科目。

操作步骤：

Step1　在填制凭证过程中，输完客户往来科目1122，弹出“辅助项”对话框。

Step2　选择输入客户“上海通达”，业务员“宋超”，发生日期“2023–01–06”，单击“确认”按钮（图4–17）。

Step3　输完数量核算科目500102，弹出“辅助项 ”对话框，输入“单价”和“数量”，单击“确认”按钮（图4-18）。

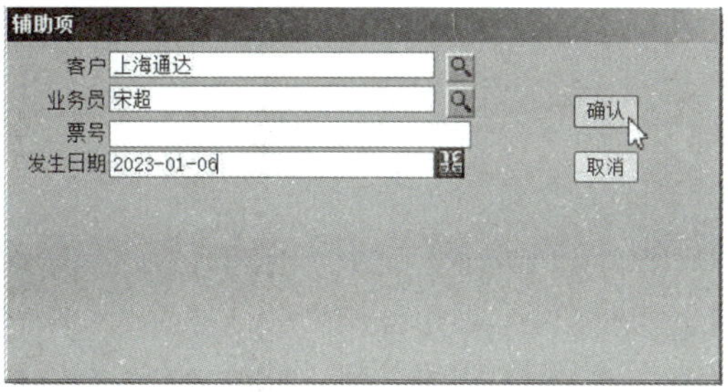

图4-17

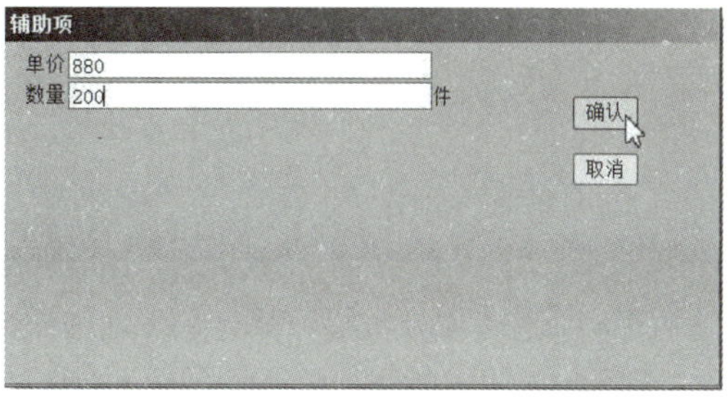

图4-18

（5）业务5：辅助核算——个人往来。

操作步骤：

Step1　在填制凭证过程中，输完个人往来科目122102，弹出“辅助项”对话框。

Step2　选择输入部门“销售部”，个人“白静”，发生日期“2023-01-09”（图4-19），单击“确认”按钮。

（6）业务6：辅助核算——外币核算科目。

操作步骤：

Step1　在填制凭证过程中，输完外币核算科目100202，系统自动显示外币汇率6.872 5，输入外币金额100 000（美元），系统自动算出并显示本币金额687 250（元）（图4-20）。

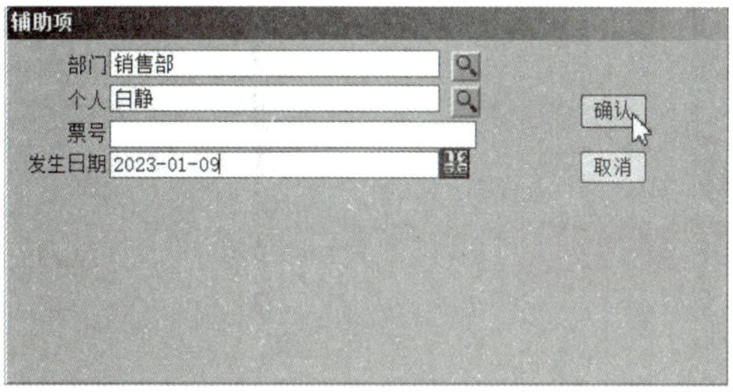

图4-19

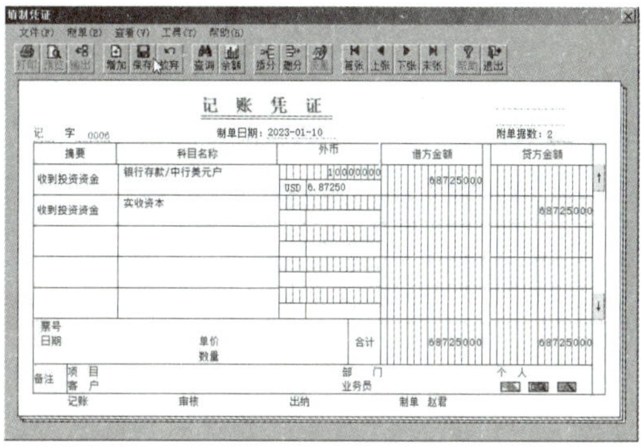

图4-20

Step2　全部输入完毕，单击“保存”按钮，保存凭证。

（7）业务7：辅助核算科目——项目核算和数量核算科目。

操作步骤：

Step1　在填制凭证过程中，输完项目核算科目400101，弹出“辅助项”对话框。

Step2　选择输入项目名称“星光版V700”，然后单击“确认”按钮（图4-21）。

Step3　输完数量核算科目140301，弹出“辅助项”对话框。

Step4　输入数量50，然后单击“确认”按钮（图4-22）。然后输入金额15 000（元），单价会自动生成。

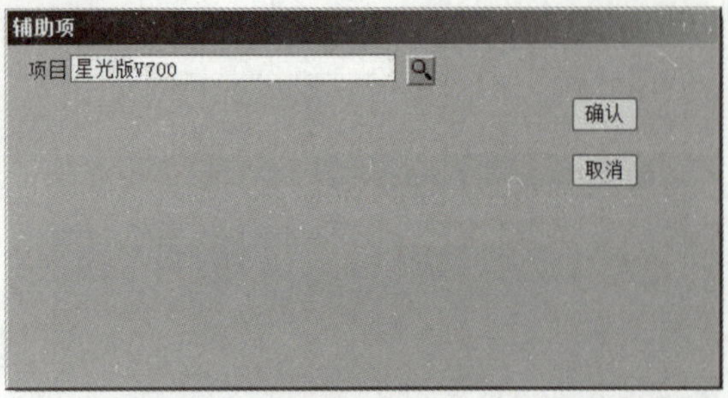

图4-21

图4-22

Step5 同理输入140302和140303，保存凭证。

（8）业务8：操作步骤同业务3（略）。

（9）业务9：操作步骤同业务1（略）。

（10）业务10：操作步骤略。

（11）业务11：操作步骤同业务3（略）。

（12）业务12：辅助核算——供应商往来。

操作步骤：

Step1 在填制凭证过程中（图4-23），输完供应商往来科目2202，弹出“辅助项”对话框。

Step2 选择输入供应商“上海鸿德公司”，发生日期“2023-01-17”。

Step3 单击“确认”按钮，保存凭证。

业务（13）、（14）、（15）、（16）操作步骤略。

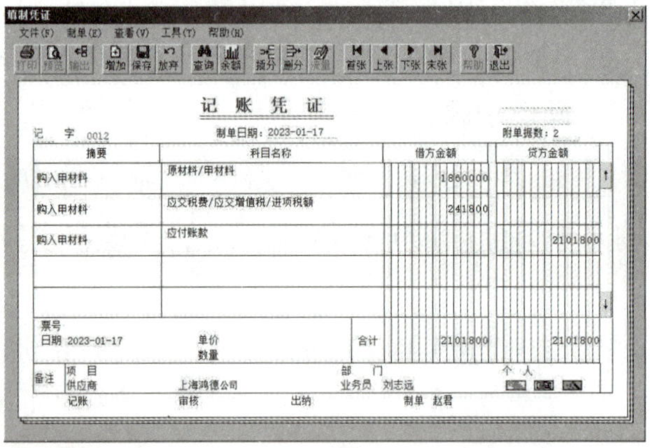

图4-23

操作指导

记账凭证是登记账簿的依据，在实行计算机处理账务后，电子账簿的准确与完整完全依赖记账凭证，因而使用者要确保记账凭证输入准确完整。在实际工作中，用户可直接在计算机上根据审核无误准予报销的原始凭证填制记账凭证（即前台处理），也可以先由人工制单而后集中输入（即后台处理）。用户采用哪种方式应根据本单位实际情况，一般来说业务量不多，或基础较好，或使用网络版的用户可采用前台处理方式，而在使用人机并行的阶段，则比较适合采用后台处理方式。

凭证编号：一般情况下，由系统分类按月自动编制，即每类凭证每月都从0001号开始。对于网络用户，如果是几个人同时制单，在凭证的右上角系统提示了一个参考凭证号，真正的凭证编号只有在凭证已填制并经保存完毕后才给出，如果只有一个人制单或使用单用户版制单时，凭证右上角的凭证号即是正在填制的凭证的编号。系统同时自动管理凭证页号，当某号凭证不止一页时，系统自动采用分数编号法。

如果在启用账套时或在“账簿选项”中，设置凭证编号方式为“手工编号”，则用户可在此处手工录入凭证编号。选择了“手工编号”，则凭证中可能出现“断号”现象，如不希望凭证中出现断号，可执行“填制凭证”中的“凭证整理”功能，系统将自动清除断号。

制单日期：系统自动取进入账务前输入的业务日期为记账凭证填制的日期，如果日期不对，可进行修改。制单日期不能滞后于当前系统日期。

采用序时控制时，凭证日期应大于等于总账启用日期，即凭证日期不能在总账启用日期之前。并且应按时间顺序填制凭证，即每月内的凭证日期不能倒流，用户也可解除这种限制，即在“账簿选项”中，将其中的账套参数“制单序时控制”取消。

摘要：输入本笔分录的业务说明，摘要要求简洁明了。不同行的摘要可以相同也可以不同，但不能为空。每行摘要将随相应的会计科目在明细账、日记账中出现。对于一些常用的摘要，可在主菜单“凭证”中的“常用摘要”里预先定义好，再在“填制凭证”中的摘要处调用。

科目：科目必须输入末级科目，可以输入科目编码、中文科目名称、英文科目名称或助记码。当输入的科目名称有重名现象时，系统会自动提示重名科目供选择。输入科目时可在科目区中通过单击按钮参照录入。

辅助信息：根据科目属性输入相应的辅助信息，如部门、个人、项目、客户、供应商、数量、自定义项等。在这里录入的辅助信息将在凭证下方的备注中显示。当需要对所录入的辅助项进行修改时，可双击所要修改的项目，系统显示辅助信息录入窗口，可进行修改。

客户及供应商名称：对于同一个往来单位来说，名称要前后一致，比如不能有时用“用友公司”，有时又用“用友集团公司”，像这样名称前后不一致，系统则将其当作两个单位。

外币：用户可修改、填入外币值，若该科目也核算数量，则系统自动根据数量×单价计算外币。

汇率：系统将自动显示在“外币及汇率”所录的汇率，若在“账簿选项”中将“汇率方式”选项设为固定汇率，则显示当月的月初汇率；若“汇率方式”选项设为浮动汇率，则显示当日的浮动汇率；若当日未录入当日汇率，则显示已录入汇率的日子中最近一日的汇率。用户也可直接将光标移到汇率处进行输入或修改。若不录入外币，只录入汇率和金额，系统可反算出外币数；若不录入汇率，只录入外币和金额，系统可反算出汇率。若外币、汇率或金额输入有误，可以将光标移到错误数据处，直接在上面修改即可。

若科目为银行科目，那么屏幕提示用户输入“结算方式”“票号”及“发生日期”。

对于要使用“支票登记簿”功能的用户，若希望在制单时也可进行支票登记，则应在“凭证选项”中设置“支票控制”选项，那么在制单时，如果所输入的结算方式应使用支票登记簿，在输入支票号后，系统则会自动勾销支票登记簿中未报销的支票，并将报销日期填上制单日期，所以在支票领用时，最好在支票登记簿中予以登记，以便系统能自动勾销未报销的支票。若支票登记簿中未登记该支票，系统将显示支票录入窗，供用户将该支票内容登记到支票登记簿中，同时填上报销日期。

金额：即该笔分录的借方或贷方本币发生额，金额不能为0，但可以是红字，红字金额以负数形式输入。在英文输入模式下，可按“=”键取凭证借贷方金额的差额到当前金额栏位置。如果方向不符，可按Space键调整金额方向。按下快捷键“Ctrl+L”可显示/隐藏数据位线（除千分线外）。

当凭证全部录入完毕后，单击“保存”按钮保存这张凭证，单击“放弃”按钮放弃当前增加的凭证。也可单击“增加”按钮，继续填制下一张凭证。凭证一旦保存，其凭证类别、凭证编号将不能再修改。

若想放弃当前未完成的分录的输入，可单击“删行”按钮删除当前分录即可。

3. 设置常用凭证

以“02赵君”的身份登录。

操作步骤：

Step1 选择“总账”→“凭证”→“常用凭证”命令，打开“常用凭证”窗口。点击“增加”按钮，分别设置“编码、说明、凭证类别、分类、附单据数与启用”。

Step2 单击“详细”按钮进入付款凭证，再点击“增加”按钮设置摘要和借、贷方科目。输完贷方银行科目100201，弹出“辅助信息”对话框。选择输入结算方式“现金支票”，单击“确定”按钮。

4. 调用常用凭证

以“02赵君”的身份登录。

操作步骤：

Step1 选择“总账”→“凭证”→“填制凭证”命令，打开“填制凭证”窗口，然后选择“制单”→“调用常用凭证”命令。

Step2 进入“常用凭证”窗口，选择“001”，单击“选入”按钮。

Step3 再输入日期、借贷方金额，保存凭证即可。

操作指导

若在“凭证选项”中设置了“不允许修改、作废他人填制的凭证”，则不能修改他人填制的凭证。

如果某笔涉及银行科目的分录已录入支票信息，并对该支票做过报销处理，修改该分录，将不影响“支票登记簿”中的内容。

如果要修改凭证的辅助信息，首先选中辅助核算科目行，然后将光标置于备注栏辅助项，双击所要修改的项目，弹出“辅助项”对话框，然后在对话框中修改相关信息。

外部系统传过来的凭证不能在总账系统中进行修改，只能在生成该凭证的系统中进行修改。

5. 修改凭证

操作步骤：以制单人“02赵君”的身份登录，找到16日购买计算器120元的该张凭证，直接将借贷方金额修改为160元，单击“保存”按钮，保存凭证即可。

6. 删除凭证

修改和删除凭证

以制单人“02赵君”的身份登录。

操作步骤：

Step1 在“填制凭证”窗口中，先找到要删除的凭证“记字0011”。

Step2　选择“制单”→“作废/恢复”命令（图4–24）。

Step3　凭证的左上角显示“作废”字样，表示该凭证已作废（图4–25）。

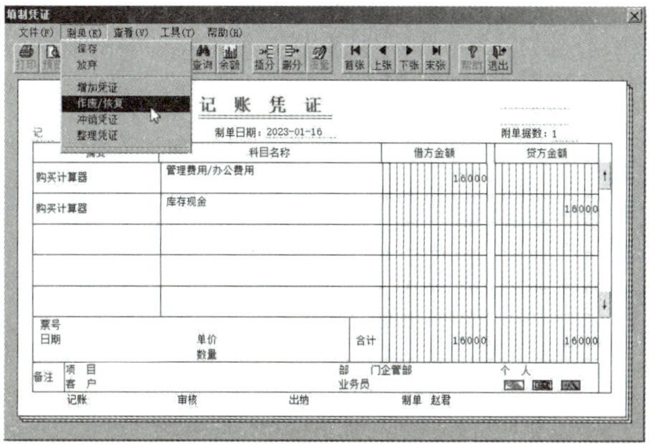

图4–24

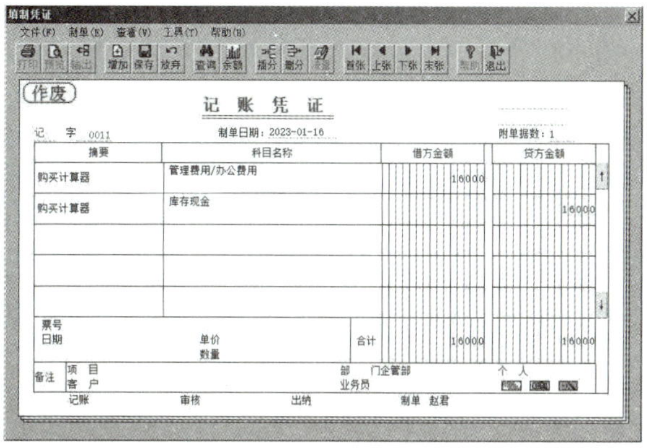

图4–25

Step4　选择“制单”→“整理凭证”命令（图4–26）。

Step5　打开“选择凭证期间”对话框，选择要整理的月份（图4–27）。

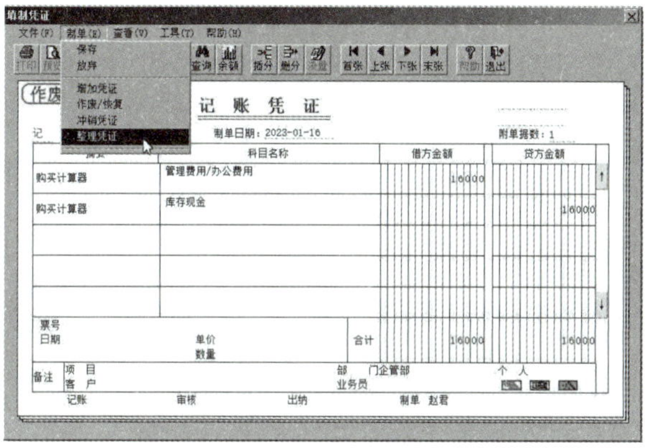

图4–26

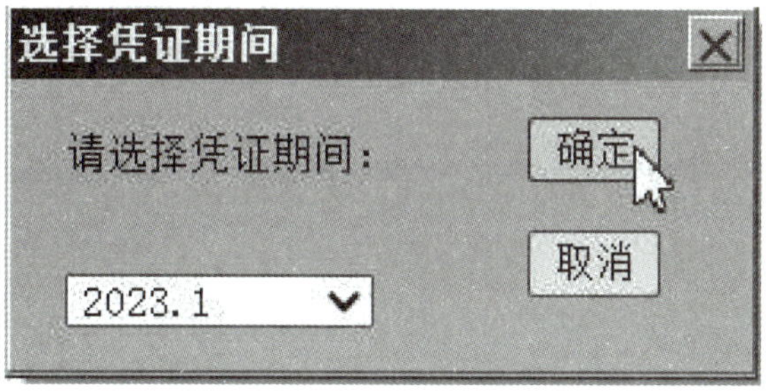

图4–27

Step6　单击“确定”按钮，打开“作废凭证表”对话框（图4–28）。

Step7　双击选择要删除的作废凭证。

Step8　单击“确定”按钮，系统将弹出“凭证整理完毕”的提示框，单击“确定”按钮。

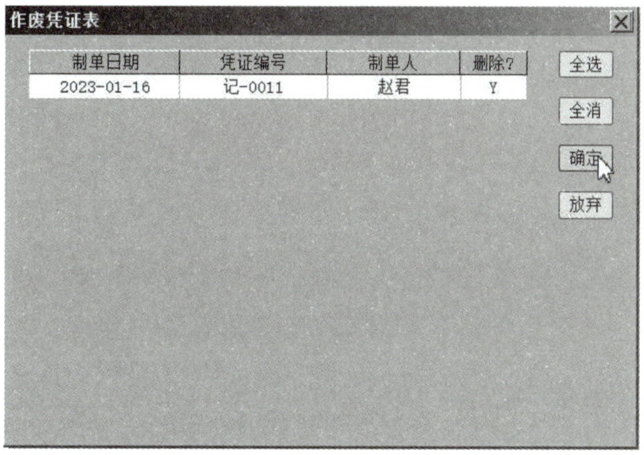

图4–28

操作指导

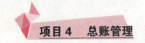

作废凭证：在凭证左上角显示“作废”字样，但仍保留凭证内容及凭证编号。作废凭证不能修改，不能审核。在记账时，作废凭证相当于一张空凭证，不对其作数据处理。在账簿查询时，也查不到作废凭证的数据。若当前凭证已作废，选择“编辑”→“作废/恢复”命令，可取消作废标志，并将当前凭证恢复为有效凭证。

删除凭证：如果不想保留有些作废凭证，可以通过凭证整理功能将这些凭证彻底删除。若本月已有凭证已记账，那么本月最后一张已记账凭证之前的凭证将不能作凭证整理，只能对其后面的未记账凭证作凭证整理。若想作凭证整理，请先到“恢复记账前状态”功能中恢复本月月初的记账前状态，再做凭证整理。

7. 查询凭证

以制单人“02赵君”的身份登录。操作步骤：

Step1　选择“总账”→“凭证”→“查询凭证”命令，打开“查询凭证”对话框。

Step2　输入查询条件：月份“2023.01”，凭证号“6”→“6”（图4–29）。单击“确认”按钮，即可查询到2023年1月第6#凭证。

Step3　打开“查询凭证”对话框，输入查询条件：日期“2023–01–09”—“2023–01–13”，单击“确认”按钮，即可查询到1月9—13日填制的所有凭证（图4–30）。

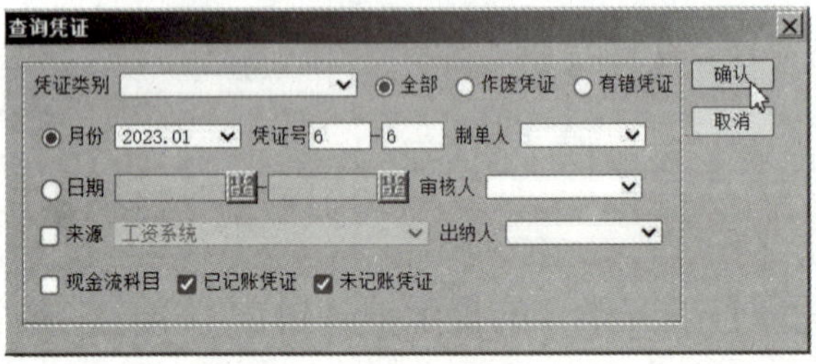

图4–29

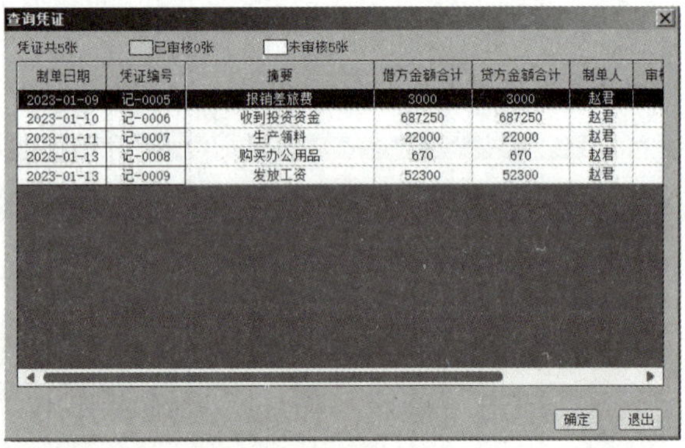

图4–30

操作指导

查询凭证：用于查询未记账及已记账凭证。

在菜单栏选择“凭证”→“查询凭证”命令，打开“查询凭证”对话框。凭证号范围中可输入五位数字。若勾选“已记账凭证”，则可在已记账凭证中查询；若勾选“未记账凭证”，则可在未记账凭证中查询。也可以同时勾选“已记账凭证”和“未记账凭证”，查询所有的凭证。“现金流量科目”，判断凭证是否为现金流量科目凭证，勾选后仅查询符合条件的凭证。

8. 出纳签字

以出纳“04何芳”的身份登录。

操作步骤：

Step1　选择“总账”→“凭证”→“出纳签字”命令（图4-31），打开“出纳签字”对话框。

Step2　输入查询条件：选中“全部”单选按钮，选择月份“2023.01”（图4-32）。

出纳签证

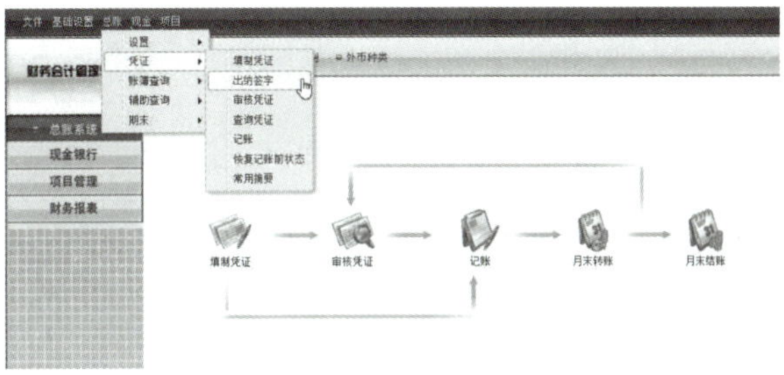

图4-31

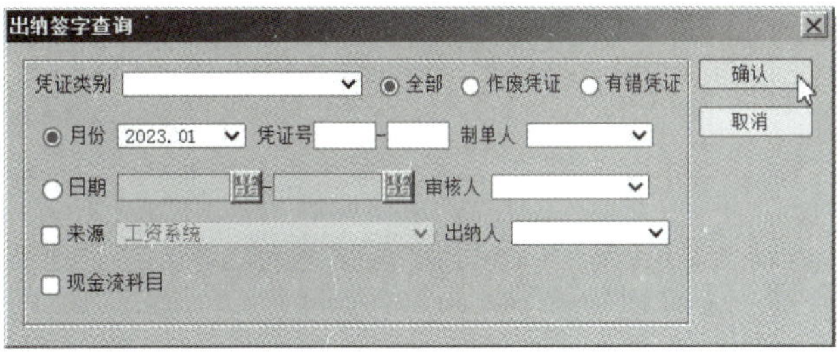

图4-32

Step3　单击“确认”按钮，进入“出纳签字”的凭证列表窗口（图4-33）。

Step4　双击某一要签字的凭证或者单击“确定”按钮，进入“出纳签字”窗口。

Step5　选择“出纳”→“签字”命令（图4-34），弹出“出纳签字成功”提示，单击“确定”按钮，凭证底部的“出纳”处即签上出纳人姓名。

Step6　单击“下张”按钮，可对其他凭证签字，最后单击“退出”按钮。

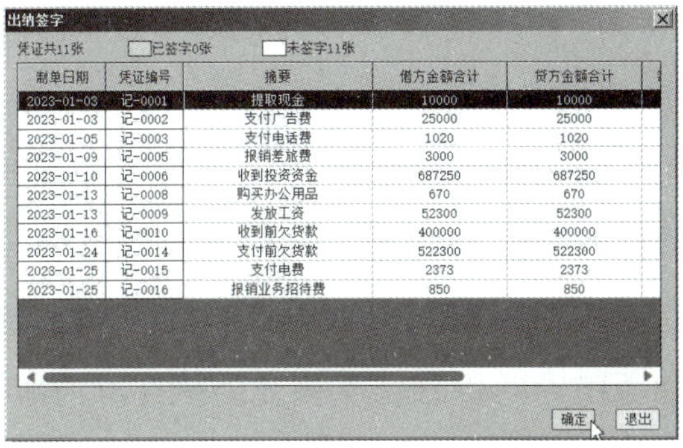

图4-33

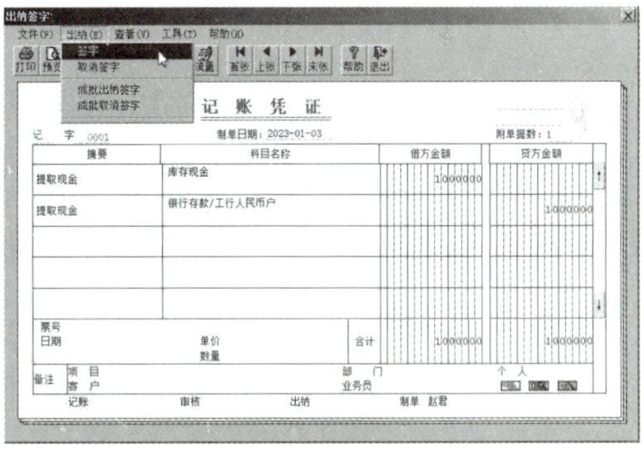

图4-34

为了提高效率，也可对所有凭证进行成批出纳签字和成批取消签字。进入“出纳签字”的签字窗口，选择“出纳”→“成批出纳签字”命令（图4-35），系统自动对当前范围内的所有未签字凭证执行出纳签字；选择“出纳”→“成批取消签字”命令，系统自动对当前范围内的所有已签字凭证执行取消签字。

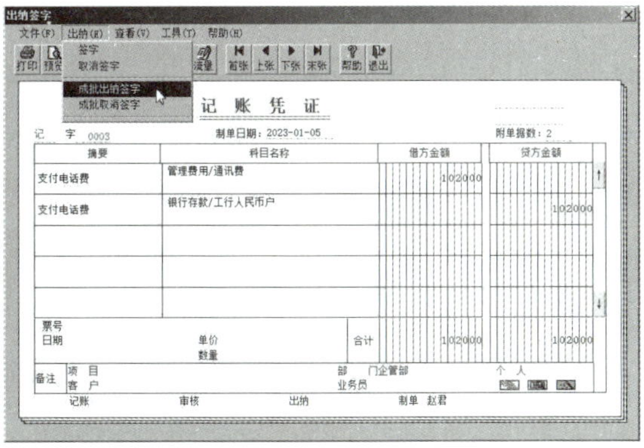

图4-35

操作指导

企业可根据实际需要决定是否要对出纳凭证进行出纳签字管理，若不需要，可在“选项”中不勾选“出纳凭证必须经由出纳签字”，则不执行出纳签字功能。

涉及指定为现金科目和银行存款科目的凭证才需要出纳签字。

出纳签字只能由有签字权限的人进行。凭证填制人和出纳签字人可以为不同的人，也可以为同一个人。取消签字只能由出纳本人进行。

凭证一经签字，就不能被修改、删除，只有取消签字后才可以修改或删除。

9. 审核凭证

审核凭证

以“01王娟”的身份重新登录。

操作步骤：

Step1　选择“总账”→“凭证”→“审核凭证”命令，打开“凭证审核查询”对话框。

Step2　输入查询条件，选择全部凭证，然后单击“确认”按钮，进入“审核凭证”的凭证列表窗口。

Step3　双击要审核的凭证，或者单击“确定”按钮，进入“凭证审核”的审核凭证窗口。

Step4　检查要审核的凭证，确认无误后，单击“审核”按钮或选择“审核”→“审核凭证”命令（图4-36），弹出“审核成功”提示，单击“确定”按钮，凭证底部的“审核”处即签上审核人姓名。

Step5　单击“下张”按钮，对其他凭证审核，最后单击“退出”按钮。

为了提高效率，也可对多张凭证进行成批审核和成批取消审核。单击“查询”按钮，输入查询条件后单击“确定”按钮，屏幕显示符合条件的凭证；选择“审核”→“成批审核凭证”命令（图4-37），系统自动对当前范围内的所有未审核凭证执行审核；选择“审核”→“成批取消审核”命令，系统自动对当前范围内的所有已审核凭证执行取消审核。

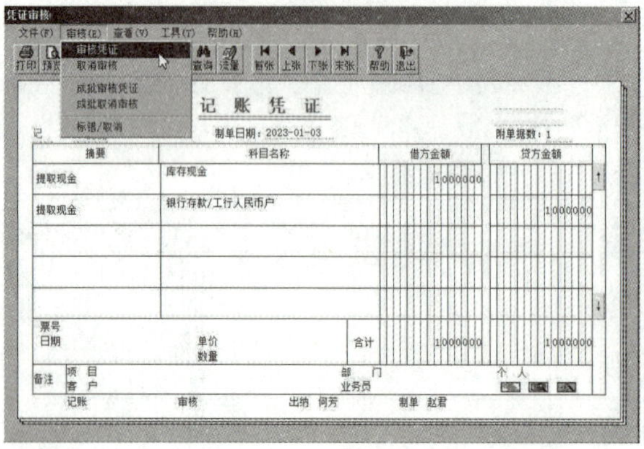

图4-36

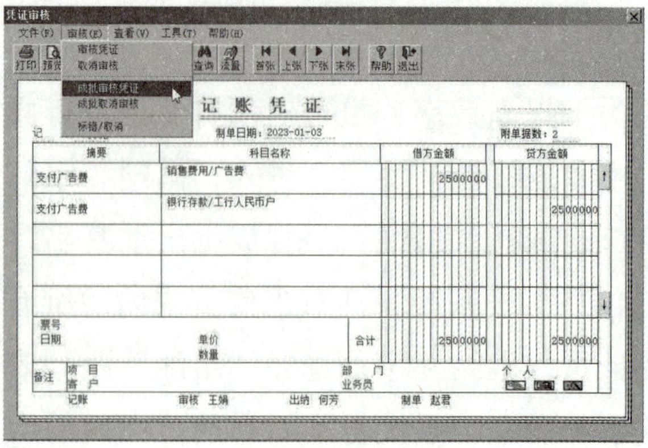

图4-37

操作指导

只有具备审核权的人才能使用本功能。审核人和制单人不能是同一个人。取消审核签字只能由审核人进行。凭证一经审核，就不能被修改、删除，只有取消审核签字后才可以进行修改或删除。

作废凭证不能被审核，也不能被标错。已标错的凭证不能被审核，若想审核，需先取消标错。

10. 记账

以“01王娟”的身份登录。操作步骤：

记账及恢复记账前状态

Step1　选择“总账”→“凭证”→“记账”命令，进入“记账”窗口。

Step2　选择要进行记账的凭证范围。单击“全选”按钮，选择所有凭证，然后单击“下一步”按钮（图4–38）。

Step3　显示记账报告。如果需要打印记账报告，可单击“打印”按钮；如果不打印记账报告，则单击“下一步”按钮（图4–39）。

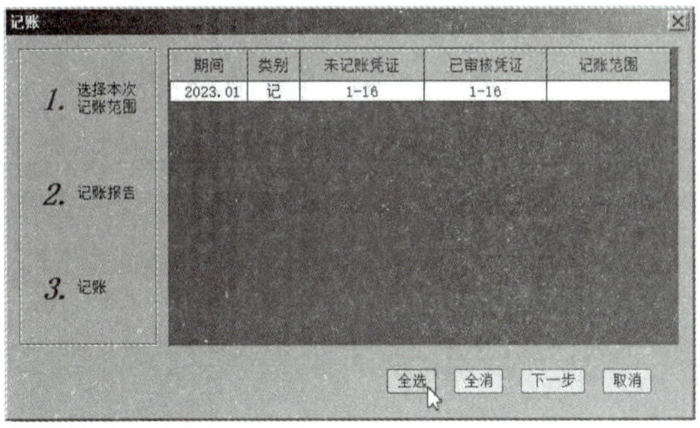

图4–38

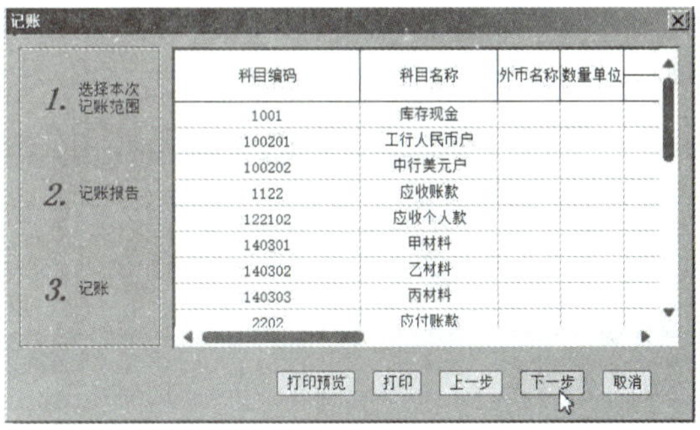

图4–39

Step4　记账。单击“记账”按钮，打开“期初试算平衡表”对话框（图4–40），单击“确认”按钮，系统开始登录有关的总账和明细账、辅助账。登记完后，弹出“记账完成”信息提示框，单击“确定”按钮，记账完毕。

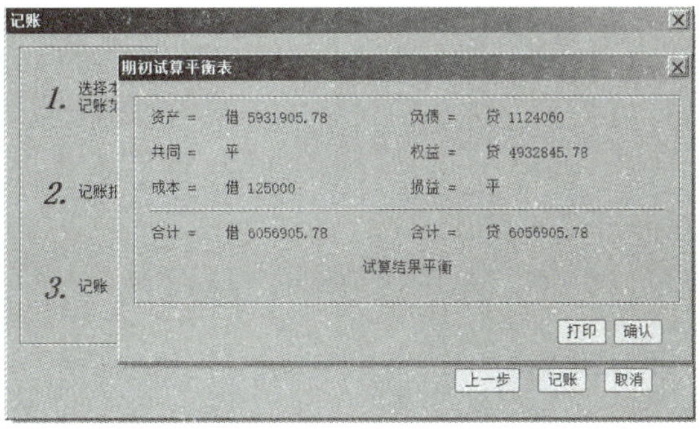

图4–40

操作指导

记账：记账凭证经审核后，即可用来登记总账和明细账、日记账、部门账、往来账、项目账以及备查账等。本系统记账采用向导方式，使记账过程更加明确。

记账过程一旦断电或其他原因造成中断后，系统将自动调用“恢复记账前状态”恢复数据，然后再重新记账。如果在设置过程中不想再继续记账，可单击“取消”按钮，取消本次记账工作。但在记账过程中，不得中断退出。在第一次记账时，若期初余额试算不平衡，系统将不允许记账。所选范围内的凭证如有不平衡凭证，系统将列出错误凭证，并重选记账范围；所选范围内的凭证如有未审核凭证，系统提示是否只记已审核凭证或重选记账范围。

11. 冲销凭证

冲销凭证

以“02赵君”的身份登录。

操作步骤：

Step1　选择“总账”→“凭证”→“填制凭证”命令，进入“填制凭证”窗口，选择“制单”→“冲销凭证”命令，打开“冲销凭证”对话框。

Step2　输入条件：选择月份为“2023.01”、凭证类别为“记 记账凭证”，输入凭证号“8”（图4–41）。

Step3　单击“确定”按钮，系统自动生成一张红字冲销凭证（图4–42）。

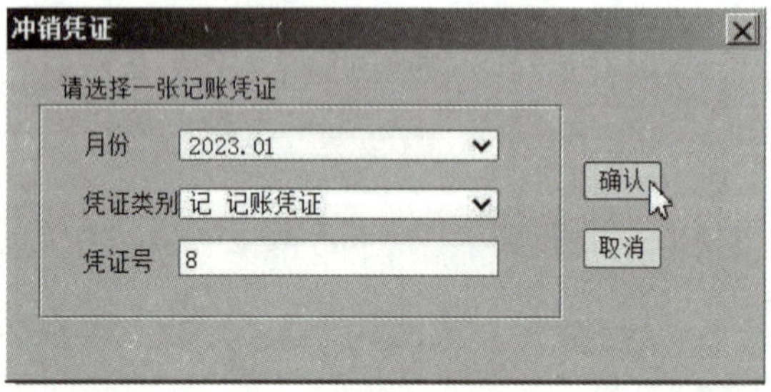

图4–41

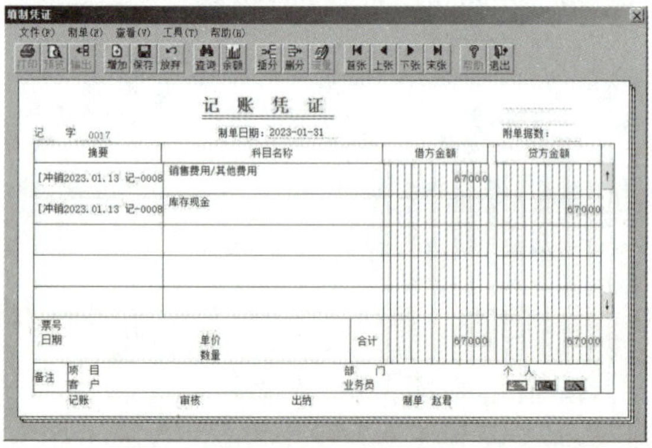

图4–42

Step4　重新填制一张正确的凭证（图4–43）。

Step5　换成“04何芳”登录，对该两张凭证进行出纳签字。

Step6　再换成“01王娟”登录，对该两张凭证进行审核、记账。

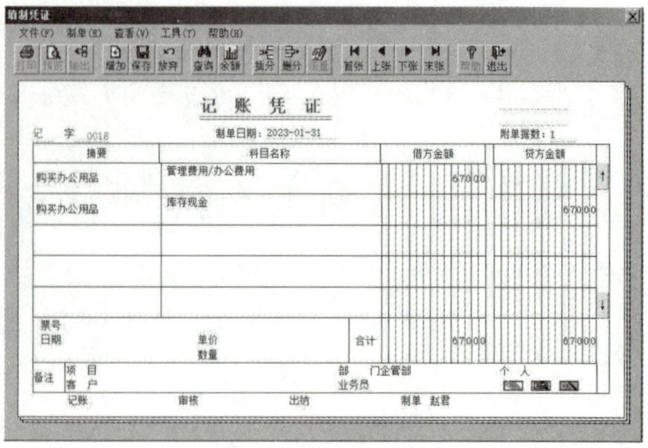

图4–43

操作指导

在第一次记账时，若期初余额试算不平衡，系统将不允许记账。

若记账后发现凭证错误可由系统自动生成红字冲销凭证，然后对该凭证进行审核、记账。再重新编制一张正确的凭证，再对其进行审核、记账。

12. 取消记账

以“01王娟 ”的身份登录。

操作步骤：

Step1　选择“总账”→“凭证”→“恢复记账前状态”命令（图4–44），打开“恢复记账前状态”对话框。

Step2　选中“2023年1月初状态”单选按钮，单击“确定”按钮（图4–45），弹出“数据恢复成功”信息提示框，单击“确定”按钮，取消记账完毕。

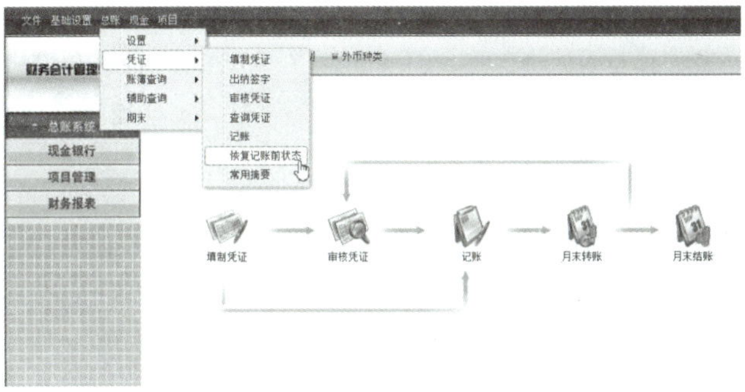

图4–44

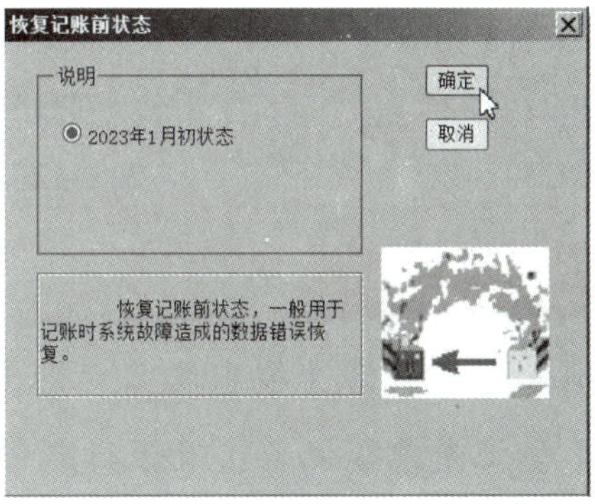

图4–45

13. 重新记账

以“01王娟”的身份重新将所有凭证记账。

2.2 出纳管理

任务导入

引入已完成凭证管理的168账套的数据，以出纳“04何芳”的身份进行日记账、资金日报表的查询以及银行对账，以了解资金流动情况，保障资金安全。

任务描述

以出纳“04何芳”的身份完成如下任务：

1. 查询 2023 年 1 月的库存现金日记账

略。

2. 查询 2023 年 1 月 8 日的资金日报表

略。

3. 银行对账

银行账的启用日期为2023/01/01，“工行人民币户100201”科目，企业日记账调整前余额为504 598.98元，银行对账单调整前余额为524 598.98元，存在一笔未达账项，是2022年12月29日，银行已收企业未收款借方金额20 000元。月末银行给企业提供对账单（表4–7），进行对账。

表 4–7　银行对账单

元

日期	结算方式及票据号	借方金额	贷方金额
2023–1–04	201–2345		10 000.00
2023–1–05	202–1234		25 000.00
2023–1–13	202–1236		52 300.00
2023–1–16	501	400 000.00	
2023–1–24	3–5526		522 300.00
2023–1–27	202–1238		2 373.00

知识准备

出纳管理的内容主要包括日记账管理（提供对现金日记账和银行日记账查询功能）、票据管理（登记支票登记簿）及银行账管理（银行对账单、银行对账余额表查询等）。

任务实施

1. 查询现金日记账

以出纳“04何芳”的身份查询2023年1月的库存现金日记账。

操作步骤：

Step1　选择“现金”→“现金管理”→“日记账”→“现金日记账”命令（图4–46），打开“现金日记账查询”对话框。

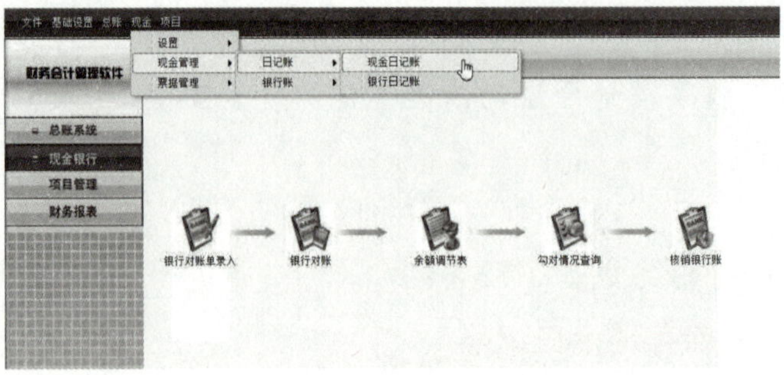

图4–46

Step2 选择科目“1001库存现金”，默认月份“2023.1”，然后单击“确认”按钮，进入“现金日记账”窗口（图4-47、图4-48）。

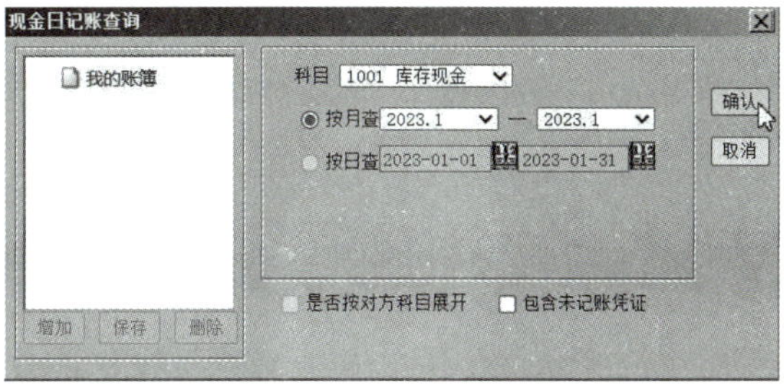

图4-47

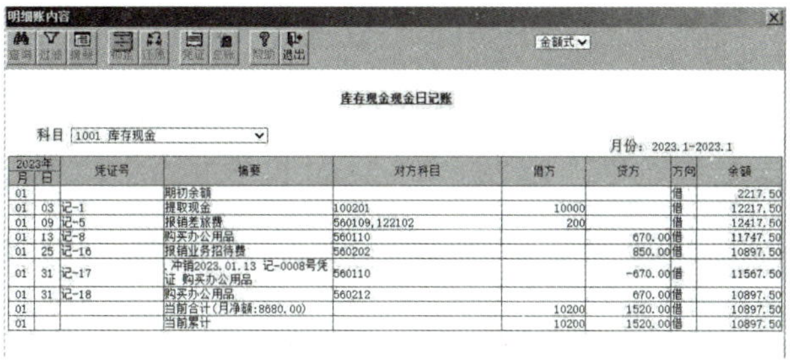

图4-48

2. 查看2023年1月8日的资金日报表

操作步骤：

Step1 选择“现金”→“现金管理”→“日记账”→“资金日报表”命令，打开“资金日报表查询条件”对话框。

Step2 输入查询日期“2023.01.08”，勾选“有余额无发生也显示”复选框。

Step3 单击“确认”按钮，进入“资金日报表”窗口。

操作指导

日记账管理提供对现金日记账、银行日记账和资金日报表的查询功能。

在现金日记账和银行日记账查询条件窗口，系统提供按月和按日查询两种方式，可选择要查询的会计月份或日期。如果查看包含未记账凭证的日记账，可勾选“包含未记账凭证”复选框。如果按对方科目展开查询，则勾选“按对方科目展开”复选框，同时在按对方科目展开时可指定对方科目的展开形式是科目编码还是科目名称，当按科目名称展开时，还可指定展开到一级科目或末级科目；按对方科目展开时，只能按科目名称展开。也可将查询条件保存为“我的账簿”，以后直接调用“我的账簿”即可。

用本功能时，现金、银行存款科目设置时必须选择“日记账”，同时在“会计科目”功能下的“指定科目”中预先指定。

3. 银行对账

（1）输入银行对账期初数据。

操作步骤：

Step1 选择“现金”→“设置”→“银行期初录入”命令（图4-49），打开“银行科目选择”对话框。

Step2 选择科目“100201工行人民币户”，单击“确定”按钮，进入“银行对账期初”窗口。

Step3 确定启用日期“2023–01–01”。

Step4 输入企业日记账的调整前余额504 598.98；输入银行对账单的调整前余额524 598.98。

Step5 期初有一笔未达账项，单击“对账单期初未达项”按钮加以调整（图4–50）。

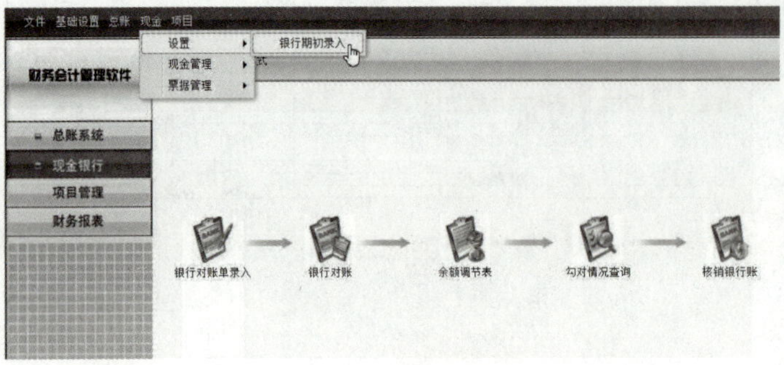

图4–49

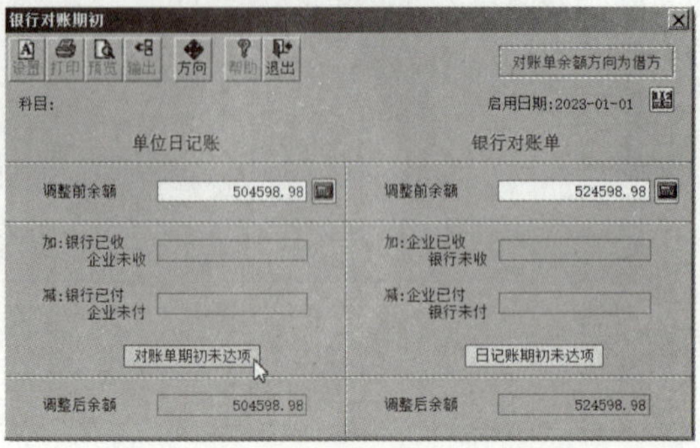

图4–50

Step6 进入“银行方期初”窗口，单击“增加”按钮，输入日期“2022–12–29”和借方金额20 000，然后单击“保存”按钮（图4–51）。调整后双方余额相等，为524 598.98。

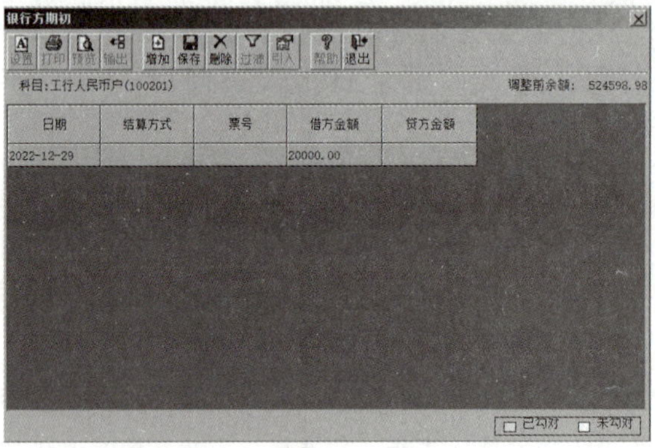

图4–51

（2）录入银行对账单。

操作步骤：

Step1 选择“现金”→“现金管理”→“银行账”→“银行对账单录入”命令，打开“银行科目选择”对话框（图4–52）。

Step2 选择科目“100201工行人民币户”，月份“2023.01—2023.01”，单击“确定”按钮，打开“银行对账单”窗口。

Step3 单击“增加”按钮，输入银行对账单数据，单击“保存”按钮（图4–53）。

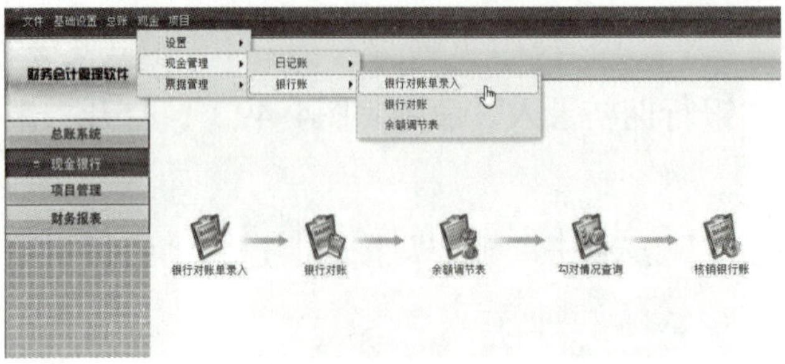

图4–52

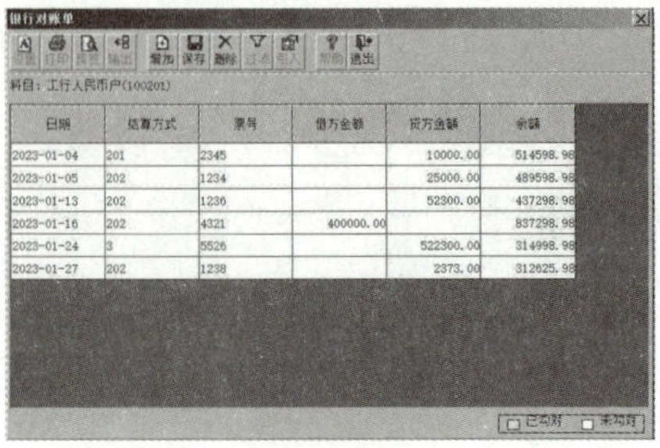

图4–53

（3）银行对账。

①自动对账。

操作步骤：

Step1　选择“现金”→“现金管理”→“银行账”→“银行对账”命令（图4-54），打开“银行科目选择”对话框。

Step2　选择科目“100201（工行人民币户）”，月份“2023.01—2023.01”，勾选“显示已达账”，单击“确定”按钮，打开“银行对账”窗口（图4-55）。

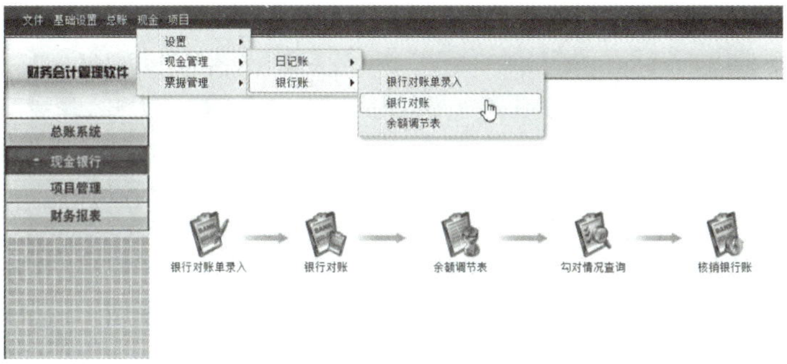

图4-54

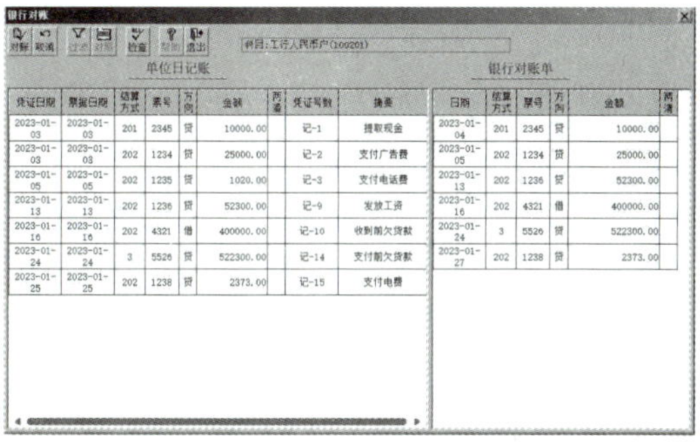

图4-55

Step3　单击“对账”按钮，打开“自动对账”条件对话框。

Step4　输入截止日期“2023-01-31”，其他的对账条件使用系统的默认设置（图4-56）。

Step5　单击“确定”按钮，显示自动对账结果（图4-57）。

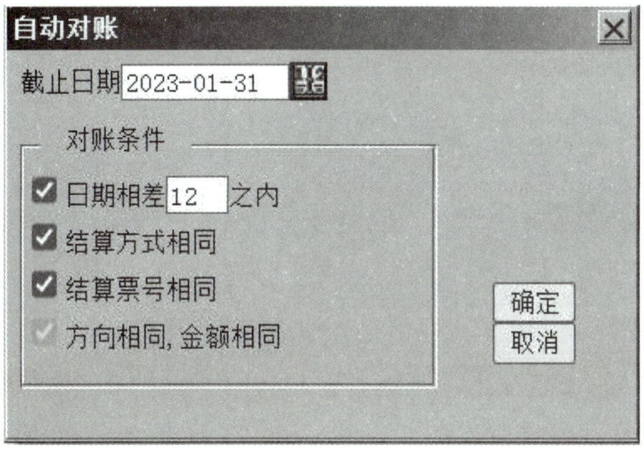

图4-56

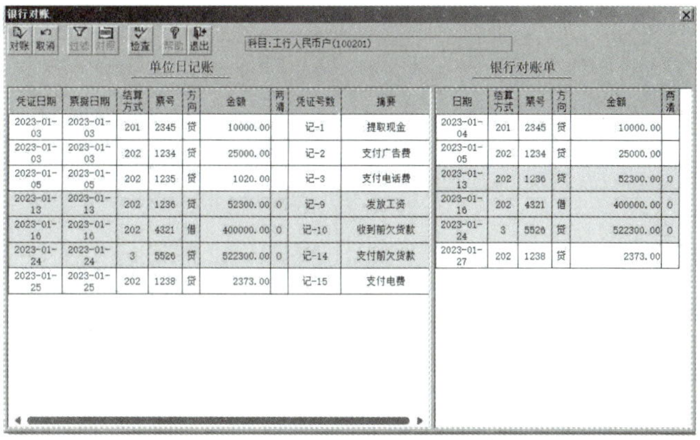

图4-57

②手工对账。

操作步骤：

Step1　在银行对账窗口中，对于一些应勾而未勾对上的账项，可分别双击“两清”栏，直接进行手工调整。手工调整的标记为“Y”，以区别于自动对账标记。

Step2　对账完毕后，单击“检查”按钮，弹出“对账平衡检查”对话框检查结果平衡，然后单击“确认”按钮（图4-58）。

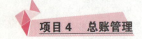

（4）查询银行存款余额调节表。

操作步骤：

Step1 选择“现金”→“现金管理”→“银行账”→“余额调节表查询”命令，打开“银行存款余额调节表”窗口。屏幕显示单位账账面余额、对账单账面余额及调整后存款余额（图4–59）。

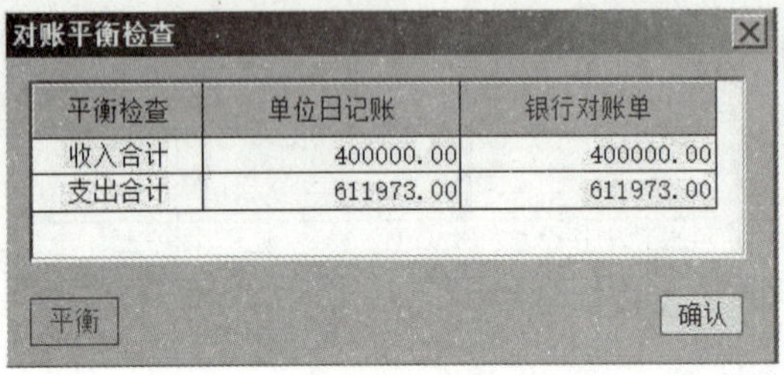

图4–58

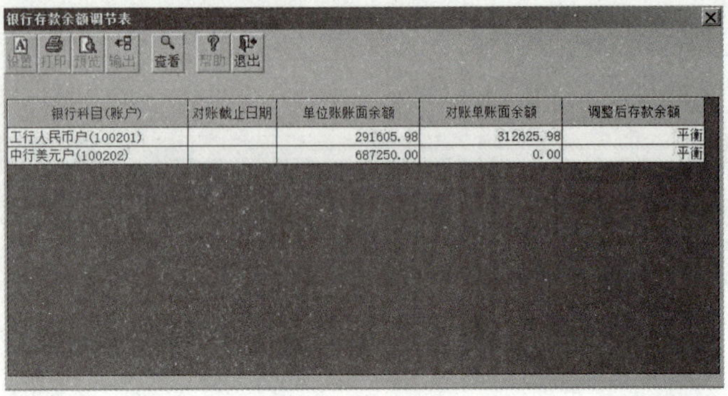

图4–59

Step2 选中某行后单击“查看”按钮或双击某行，可查看该账户详细的“银行存款余额调节表”（图4–60）。

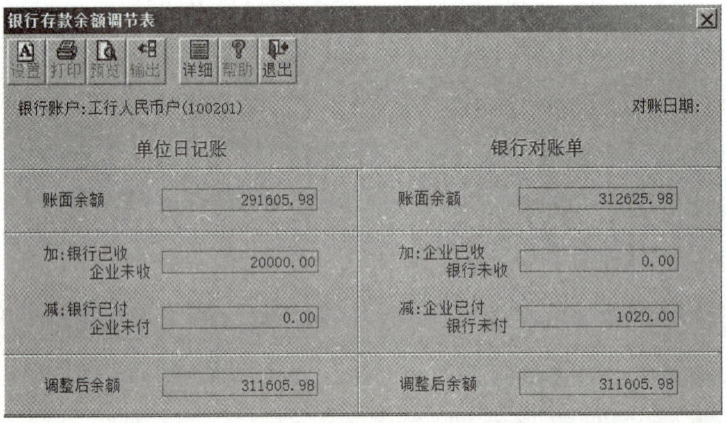

图4–60

操作指导

在对银行账进行两清勾对后，计算机自动整理未达账和已达账，调用此功能可查询打印银行存款余额调节表，以检查对账是否正确。

银行对账是出纳管理的一项很重要的工作，此项工作通常是在期末进行。银行对账的目的是准确掌握银行存款的余额。主要包括录入银行对账期初数据、录入银行对账单、执行银行对账、查询余额调节表和银行对账两清情况，最后核销银行账。

为了保证银行对账的正确性，在使用“银行对账”功能进行对账之前，必须先将日记账、银行对账单未达账项录入系统中。通常许多用户在使用账务处理系统时，先不使用银行对账模块，比如某企业2010年1月开始使用账务处理系统，而银行对账功能则是在5月开始使用，那么银行对账则应该设置启用日期（启用日期应为使用银行对账功能前最近一次手工对账的截止日期），在此录入最近一次对账时，企业银行日记账与银行对账单的调整前余额、启用日期之前的企业日记账及银行对账单的未达账项等所有未达账录入正确后启用此功能，再开始登记5月凭证，在5月份的凭证记完账后，进入“银行对账单”，录入5月的银行对账单，然后开始对账。

银行对账采用自动对账与手工对账相结合的方式。自动对账是计算机根据对账依据自动进行核对、勾销，对账依据根据需要选择，方向、金额相同是必选条件，其他可选条件为票号相同、结算方式相同、日期在多少天之内。对于已核对上的银行业务，系统将自动在银行存款日记账和银行对账单双方标上两清标志“○”，视为已达账项，对于在两清栏未标注两清符号的记录，系统则视其为未达账项。

由于自动对账是以银行存款日记账和银行对账单双方对账依据完全相同为条件，所以为了保证自动对账的正确和彻底，使用者必须保证对账数据的规范合理，比如：银行存款日记账和银行对账单的票号要统一位长，如果对账双方不能统一规范，各自为政，系统则无法识别。

手工对账是对自动对账的补充，使用完自动对账后，可能还有一些特殊的已达账项没有对出来，而被视为未达账项，为了保证对账更彻底正确，可用手工对账来进行调整。

2.3 账簿管理

任务导入

引入已完成出纳管理任务的168账套的数据，以账套主管“01王娟”的身份查询账簿数据，及时了解企业的财务状况和经营情况，为企业的管理提供数据支持。

任务描述

以账套主管“01王娟”身份登录，完成以下查询任务：

账簿查询

1.查询2023−01余额表。

2.查询应收账款总账。

3.查询原材料→甲材料数量金额明细账。

4.定义并查询管理费用多栏账。

5.查询销售部白静的个人往来清理情况。

6.查询企管部的部门收支分析表。

往来账查询

7.查询供应商“北京新科公司”的明细账。

8.进行客户往来账龄分析。

项目账查询

9.查询“星光版V700”的项目明细账。

10.进行项目统计分析。

知识准备

企业发生的经济业务经过制单、审核、记账等程序后，就形成了正式的会计账簿。账簿管理包括账簿的查询和打印。在总账管理系统中，账簿分为基础会计核算账簿和辅助核算账簿。

基础会计核算账簿包括总账、余额表、明细账、序时账、多栏账、日记账等，辅助核算账簿包括客户往来辅助账、供应商往来辅助账、个人往来辅助账和部门辅助账等。

任务实施

以“01王娟”的身份登录总账系统。

1. 查询余额表

操作步骤：

Step1　选择“总账”→“账簿查询”→“余额表”命令，打开“发生金额查询条件”对话框。

Step2　选择查询条件，单击“确定”按钮，进入“发生金额及余额表”窗口（图4-61）。

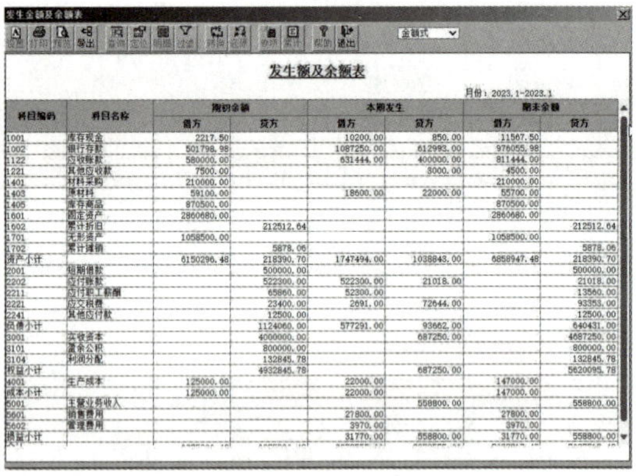
发生金额及余额表

导出　退出　金额式

发生额及余额表

月份：2023.1-2023.1

科目编码	科目名称	期初余额		本期发生		期末余额	
		借方	贷方	借方	贷方	借方	贷方
1001	库存现金	2217.50		10200.00	850.00	11567.50	
1002	银行存款	501798.98		1087250.00	612993.00	976055.98	
1122	应收账款	580000.00		631444.00	400000.00	811444.00	
1221	其他应收款	7500.00			3000.00	4500.00	
1401	材料采购	210000.00				210000.00	
1403	原材料	59100.00		18600.00	22000.00	55700.00	
1405	库存商品	870500.00				870500.00	
1601	固定资产	2860680.00				2860680.00	
1602	累计折旧		212512.64				212512.64
1701	无形资产	1058500.00				1058500.00	
1702	累计摊销		5878.06				5878.06
资产小计		6150296.48	218390.70	1747494.00	1038843.00	6858947.48	218390.70
2001	短期借款		500000.00				500000.00
2202	应付账款		522300.00	522300.00	21018.00		21018.00
2211	应付职工薪酬		65860.00	52300.00			13560.00
2221	应交税费		23400.00	2691.00	72644.00		93353.00
2241	其他应付款		12500.00				12500.00
负债小计			1124060.00	577291.00	93662.00		640431.00
3001	实收资本		4000000.00		687250.00		4687250.00
3101	盈余公积		800000.00				800000.00
3104	利润分配		132845.78				132845.78
权益小计			4932845.78		687250.00		5620095.78
4001	生产成本	125000.00		22000.00		147000.00	
成本小计		125000.00		22000.00		147000.00	
6001	主营业务收入				558800.00		558800.00
6601	销售费用			27800.00		27800.00	
6602	管理费用			3970.00		3970.00	
损益小计				31770.00	558800.00	31770.00	558800.00

图4-61

操作指导

余额表用于查询统计各级科目的本期发生额、累计发生额和余额等。传统的总账，是以总账科目分页设账，而余额表则可输出某月或某几个月的所有总账科目或明细科目的期初余额、本期发生额、累计发生额、期末余额，在实行计算机记账后，建议用户用余额表代替总账。

在总账窗口，单击工具栏中的“明细”按钮，可联查该总账对应的明细账，再单击“凭证”按钮，或双击某业务行，可联查到对应的凭证。

可输出总账科目、明细科目的某一时期内的本期发生额、累计发生额和余额。

可输出某科目范围的某一时期内的本期发生额、累计发生额和余额。

该功能不仅可以查询统计人民币金额账，还可查询统计外币的数量发生额和余额。

2. 查询总账

操作步骤：

Step1　选择“总账”→“账簿查询”→“总账”命令，打开“总账查询条件”对话框（图4–62）。

Step2　选择科目“1122”→“1122”，单击“确认”按钮，进入应收账款“总账”窗口（图4–63）。

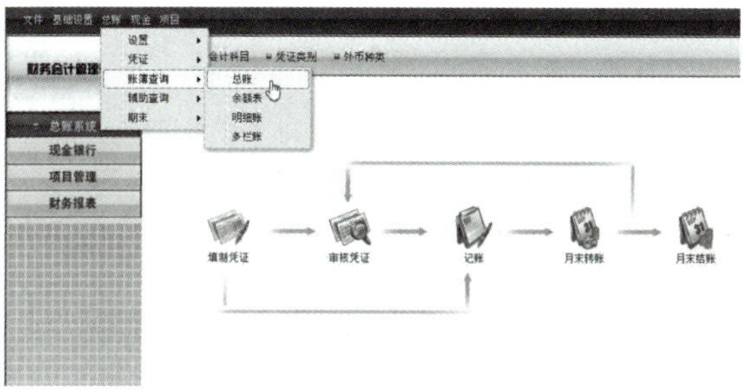

图4–62

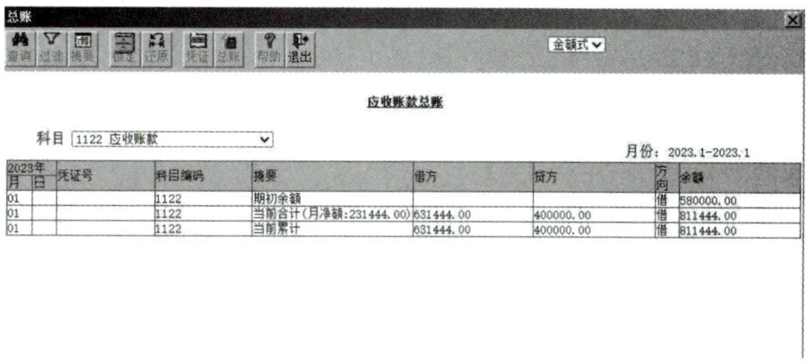

图4–63

操作指导

总账查询不但可以查询各总账科目的年初余额、各月发生额合计和月末余额，还可查询所有二至六级明细科目的年初余额、各月发生额合计和月末余额。查询总账时，标题显示为所查科目的一级科目名称＋总账，如“应收账款总账”。

科目范围：起止科目范围为空时，系统默认查询所有科目。

科目级次：在确定科目范围后，可以按该范围内的某级科目查询，如将科目级次输入为1—1，则只查一级科目，如将科目级次输为1—3，则只查一至三级科目。如果需要查所有末级科目，则用鼠标选择“末级科目”即可。

如果查询的科目设置了数量或外币辅助核算，可以单击屏幕右上方账页格式下拉框，可显示所选科目的数量金额式总账或外币金额式总账。

3. 查询明细账

操作步骤：

Step1　选择“总账”→“账簿查询”→“明细账”命令，打开“明细账查询条件”对话框。

Step2　选择查询科目“140301”→“140301”，单击“确认”按钮，进入“明细账内容”窗口。

Step3　选择“数量金额式”账页形式（图4–64）。

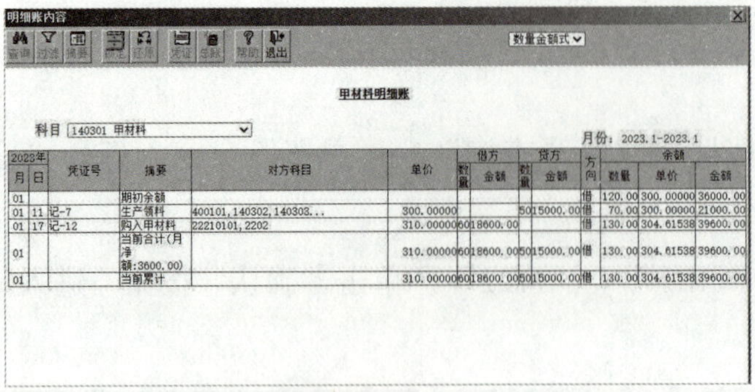

甲材料明细账

科目 140301 甲材料

月份：2023.1-2023.1

2023年 月	2023年 日	凭证号	摘要	对方科目	单价	借方 数量	借方 金额	贷方 数量	贷方 金额	方向	余额 数量	余额 单价	余额 金额
01			期初余额							借	120.00	300.00000	36000.00
01	11	记-7	生产领料	400101, 140302, 140303...	300.00000			50	15000.00	借	70.00	300.00000	21000.00
01	17	记-12	购入甲材料	22210101, 2202	310.00000	60	18600.00			借	130.00	304.61538	39600.00
01			当前合计(月净额:3600.00)		310.00000	60	18600.00	50	15000.00	借	130.00	304.61538	39600.00
01			当前累计		310.00000	60	18600.00	50	15000.00	借	130.00	304.61538	39600.00

图4-64

Step4 双击某一业务行即可联查该业务相应的凭证。

操作指导

明细账查询用于查询各账户的明细发生情况，及按任意条件组合查询明细账。在查询过程中可以包含未记账凭证。本功能提供了三种明细账的查询格式：普通明细账、按科目排序明细账、月份综合明细账。

查询明细账时，标题显示为所查科目的一级科目名称明细账，如“应收账款明细账”。可联查明细账对应的总账，总账标题显示为“应收账款总账”。指针定位在某业务行，单击“凭证”按钮，或双击该业务行，可联查到对应的凭证。

若选“月份综合明细账”，只能查询某一月份已记账业务的月份综合明细账。因此，只能选择起始月份，终止月份与起始月份相同，且系统默认为不包含未记账凭证。

若在“选项”中选择了“明细账查询权限控制到科目”，则须在“明细权限”中对此进行设置。若操作员不具备查询某科目明细账的权限，将无权查询。

按科目范围查询明细账时，不能查询在科目设置中指定为现金银行科目的明细账，但可查月份综合明细账，且可以到“出纳管理”中通过现金日记账与银行日记账查询该科目的明细数据。

查询月份综合明细账必须先指定一级科目，且起始科目与终止科目必须为指定科目或其下属科目，且为同一级次。

4. 定义并查询管理费用多栏账

操作步骤：

Step1 选择“总账”→“账簿查询”→“多栏账”命令，打开“多栏账”对话框（图4–65）。

Step2 单击“增加”按钮，打开“多栏账定义”对话框，核算科目选择“5602 管理费用”，单击“自动编制”按钮，然后弹出提示信息“自动编制会覆盖原来的栏目设置，是否覆盖？”，单击“确定”按钮。然后单击右侧“确定”按钮，提示“保存成功”，关闭“多栏账定义”对话框（图4–66）。

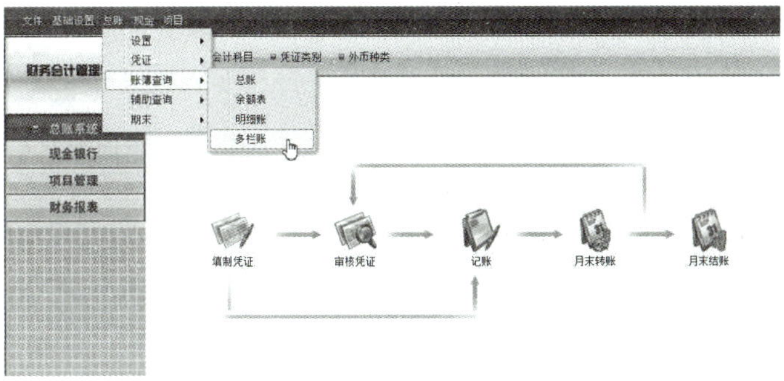

图4-65

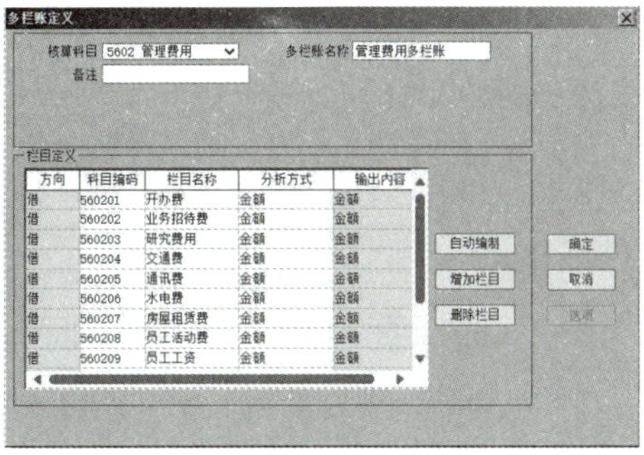

图4-66

Step3　进入“多栏账”窗口，双击“管理费用多栏账”，弹出“多栏账查询”对话框（图4-67）。月份为“2023.1—2023.1”，单击“确认”按钮，即可查询管理费用多栏账（图4-68）。

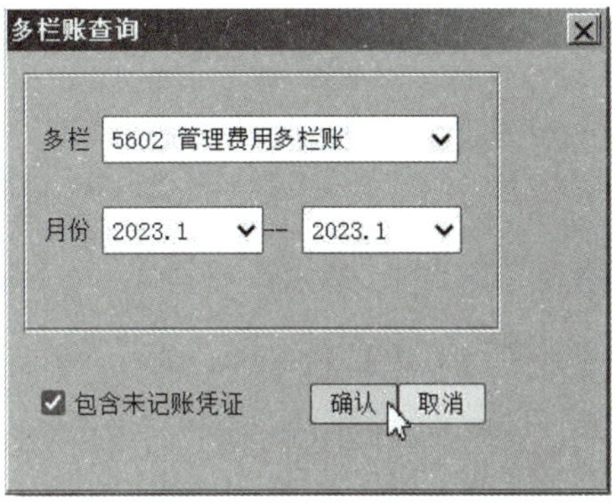

图4-67

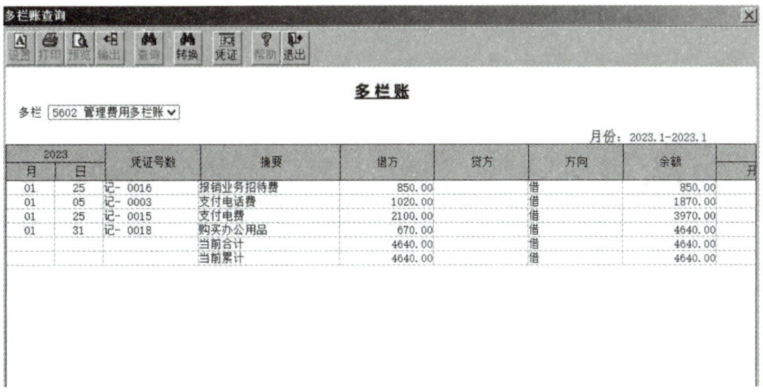

图4-68

Step4　双击某一行或将光标定在该行再单击“凭证”按钮，即可联查该业务相应的凭证。

5. 查询个人往来辅助账

操作步骤：

Step1　选择“总账”→“辅助查询”→“个人往来清理”命令，打开“个人往来两清条件”对话框。

Step2　部门选择“销售部”，个人选择“白静”，截止月份为“2023.01”，勾选“显示已两清”复选框，单击“确认”按钮，进入“个人往来两清条件”窗口。

Step3　单击“勾对”按钮，弹出“自动勾对结果”对话框。单击“返回”按钮，系统自动将已达账项打上“○”两清标志。

操作指导

个人往来辅助账簿包括个人往来余额表、个人往来明细账、个人往来清理、个人往来催款和个人往来账龄分析等主要账表。

勾对是将已结清的业务打上两清标记。两清表示往来业务已结清。

6. 查询部门辅助核算账

操作步骤：

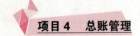

Step1 选择“总账”→“辅助查询”→“部门收支分析”命令，打开“部门收支分析条件”对话框。

Step2 选择管理费用下的明细科目作为分析科目，单击“下一步”按钮。

Step3 选择“企管部”，单击“下一步”按钮。

Step4 选择“2023.01”作为分析月份，单击“完成”按钮，显示企管部收支分析表。

操作指导

本功能用于查询部门的各个费用、收入科目（即设置部门核算的科目）的辅助核算账簿。

部门辅助账簿包括部门总账、部门明细账、部门收支分析等主要账表。

在查询上级部门的数据时自动包含其所有下级部门的数据。

单击工具栏中的“总账”按钮，可联查到当前科目各部门的总账。单击工具栏中的“凭证”按钮，可联查到相应的凭证。

单击工具栏中的“定位”按钮，可按所输条件定位查询辅助账。

7. 查询供应商“北京新科公司”的明细账

操作步骤：

Step1 选择“总账”→“辅助查询”→“供应商明细账”命令，打开“供应商明细账”对话框（图4-69）。

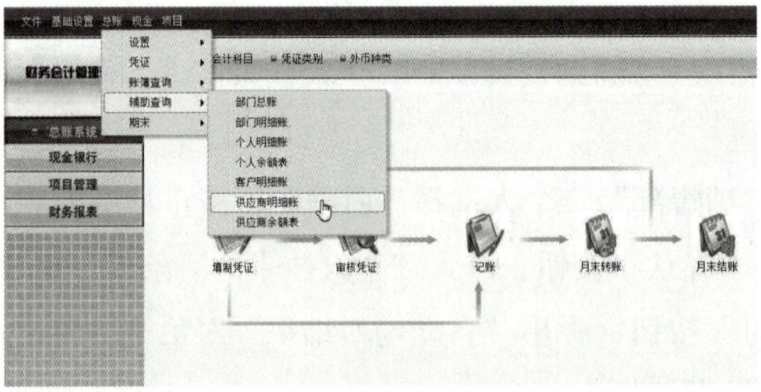

图4-69

Step2 选择供应商“北京新科公司”，单击“确认”按钮，进入“供应商明细账”窗口（图4-70、图4-71）。

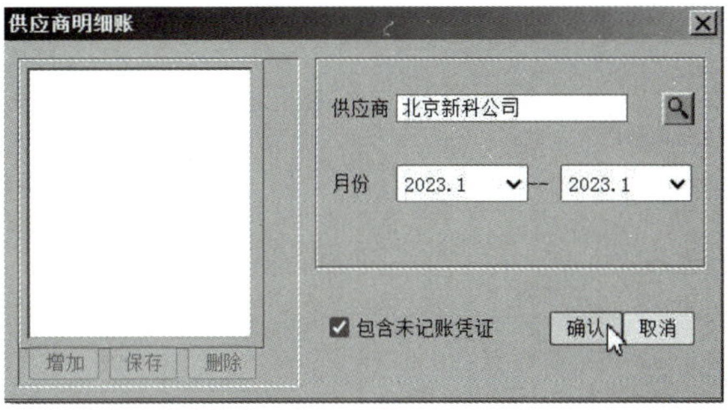

图4-70

图4-71

操作指导

供应商余额表用于查询供应商往来科目各个供应商的期初余额、本期借方发生额合计、本期贷方发生额合计、期末余额。它包括供应商科目余额表、供应商余额表、供应商三栏式余额表、供应商业务员余额表、供应商分类余额表、供应商部门余额表、供应商项目余额表及供应商地区分类余额表八种查询方式。

客户余额表用于查询客户往来科目各个客户的期初余额、本期借方发生额合计、本期贷方发生额合计、期末余额。它包括客户科目余额表、客户余额表、客户三栏式余额表、客户业务员余额表、客户分类余额表、客户部门余额表、客户项目余额表及客户地区分类余额表八种查询方式。

客户明细账用于查询客户往来科目下各个往来客户的往来明细账。它包括客户科目明细账、客户明细账、客户三栏式明细账、客户多栏式明细账、客户分类明细账、客户业务员明细账、客户部门明细账、客户项目明细账及客户地区分类明细账九种查询方式。

余额表—明细账—凭证联查：在余额表窗口，单击“明细”按钮，可联查到对应的明细账，将指针定位在某业务行双击或单击“凭证”按钮，即可联查到对应的凭证。

用户可根据需要选择客户、供应商名称、科目范围、月份、包不包含未记账凭证、明细对象等条件设置往来账的辅助查询。

点击工具条上的“总账”“明细账”“凭证”按钮，可以实现当前客户（供应商）、当前月份范围的总账、明细账和凭证的联查。

8. 进行客户往来账龄分析

操作步骤：

Step1　选择“往来”→“账簿”→“往来管理”→“客户往来账龄分析”命令，打开“客户往来账龄”对话框。

Step2　选择查询科目“应收账款”，单击“确定”按钮，进入“往来账龄分析”窗口。

9. 查询“星光版 V700”的项目明细账

操作步骤：

Step1　选择“项目”→“账簿”→“项目明细账”→“项目明细账”命令（图4-72）。

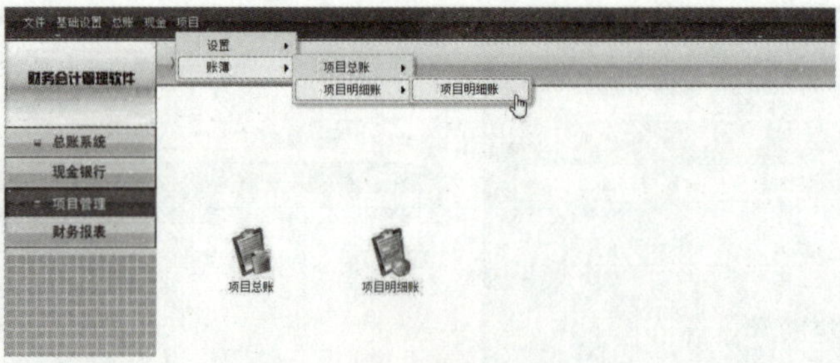

图4-72

Step2 打开“项目明细账”对话框，选择项目“星光版V700”，单击“确认”按钮，进入“项目明细账”窗口（图4-73、图4-74）。

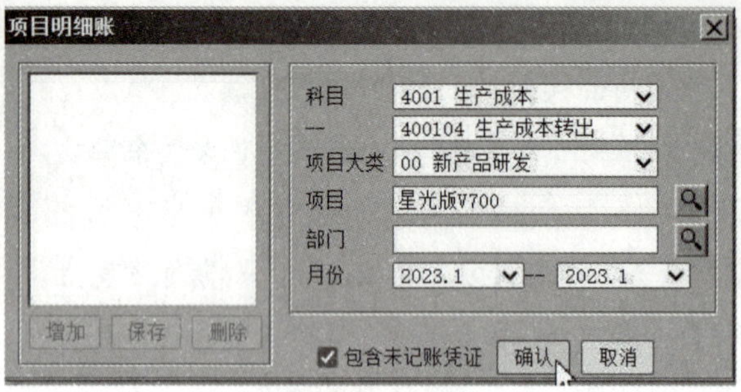

图4-73

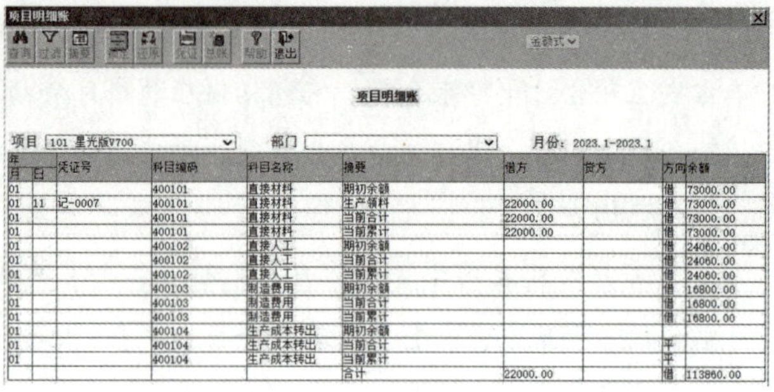

图4-74

10. 进行项目统计分析

操作步骤：

Step1 选择“项目”→“账簿”→“项目统计分析”命令。

Step2 打开“项目统计条件”对话框，单击“下一步”按钮，选中全部统计科目，单击“下一步”按钮。

Step3 单击“完成”按钮，进入“项目统计表”窗口。

任务检验

【单选题】1. 在总账管理系统中，用户可通过（　　）功能彻底删除已作废记账凭证。

A.整理凭证　　B.作废凭证　　C.冲销凭证　　D.删除分录

【单选题】2. 填制有数量核算要求的记账凭证时，系统根据“数量 × 单价”自动计算出金额并计入借方，如需调整记账方向，可以按（　　）键调整。

A.空格　　B.回车　　C.Shift　　D.=

【单选题】3. 下列关于凭证审核的说法错误的是（　）。

A.审核人和制单人不能为同一人

B.已审核的凭证若要修改应先取消审核

C.取消审核签字只能由审核人自己进行

D.审核后的凭证可直接修改

【单选题】4. 只能对（　　）的凭证进行记账。

A.已经保存　B.已经审核　C.已经修改　D.已确认

【单选题】5. 银行对账是企业（　　）最基本的工作之一。

A.出纳　B.会计　C.财务经理　D.总会计师

任务评价

任务点		自我评价	教师评价	总结反思
凭证管理	定义常用摘要			
	填制凭证			
	设置常用凭证			
	调用常用凭证			
	修改凭证			
	删除凭证			
	查询凭证			
	出纳签字			
	审核凭证			
	记账			
	冲销凭证			
	取消记账			
	重新记账			
出纳管理	查询现金日记账			
	银行对账			
账簿管理	账簿查询			
	往来账查询			
	项目账查询			

任务3 期末处理

任务导入

引入168账套的数据，以“02赵君”的身份登录总账系统，完成期末业务处理，并以“01王娟”的身份进行审核、记账、对账、结账。

任务描述

利用系统提供的“转账定义”“转账生成”功能，自动生成期末业务的会计分录，并对总账系统进行对账、结账。具体任务如下：

1. 转账定义

（1）自定义转账。以“02赵君”的身份登录总账系统，计提短期借款利息（年利率4.65%），转账序号001。

（2）结转销售成本。以“02赵君”的身份登录总账系统，进行销售成本结转设置。

（3）期间损益结转。以“02赵君”的身份登录总账系统，进行期间损益结转设置。

（4）对应结转。以“02赵君”的身份登录总账系统，结转本年利润，编号：001。

2. 转账生成

2023年1月31日，以“02赵君”的身份生成凭证，以“01王娟”的身份审核、记账。

（1）“02赵君”生成自定义转账——计提短期借款利息凭证，“01王娟”审核、记账。

（2）“02赵君”生成结转销售成本凭证，“01王娟”审核、记账。

（3）“02赵君”生成期间损益结转凭证，“01王娟”审核、记账。

（4）年末，“02赵君”生成结转本年利润凭证，“01王娟”审核、记账。

3. 对账

略。

4. 结账

略。

5. 取消结账

略。

知识准备

期末处理的操作主要包括转账定义、转账生成、对账、结账四部分。

转账定义是把凭证的摘要、会计科目、借贷方向以及金额的计算公式预先设置成凭证模板，待需要转账时直接调用相应的自动转账分录生成凭证。系统提供5种类型的转账定义：自定义转账、对应结转、销售成本结转、汇兑损益结转、期间损益结转。

定义完转账凭证后，每月月末只需执行“转账生成”功能，即可由计算机快速生成转账凭证，在此生成的转账凭证将自动追加到未记账凭证中去，然后通过审核、记账后才能真正完成结转工作。由于转账凭证中定义的公式数据基本取自账簿，因此，在进行月末结账之前，必须将所有的未记账凭证全部记账，否则，生成的转账凭证数据可能不准确。

对于相关的转账分录，必须按顺序依次进行转账生成，并即时审核、记账。

任务实施

以“02赵君”的身份登录总账系统。

1. 转账定义

（1）自定义转账设置：计提短期借款利息。

自定义转账设置及凭证生成（1）

操作步骤：

Step1　选择“总账”→“期末”→“转账定义”→“自定义转账”命令，打开“自动转账设置”窗口（图4–75）。

Step2　单击“增加”按钮，打开“转账目录”对话框。

Step3　输入转账序号“001”，转账说明“计提短期借款利息”，凭证类别“记记账凭证”（图4–76）。

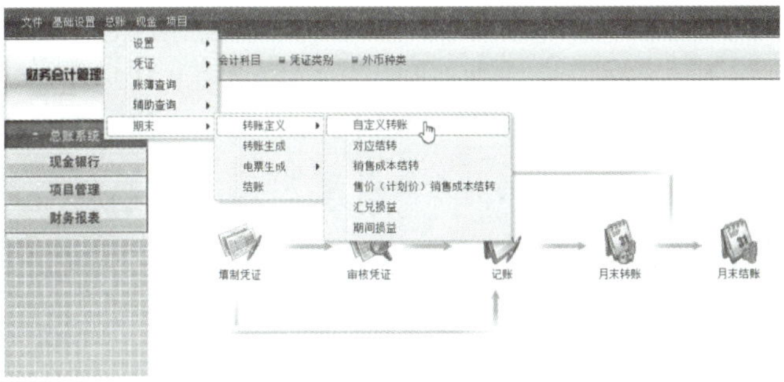

图4–75

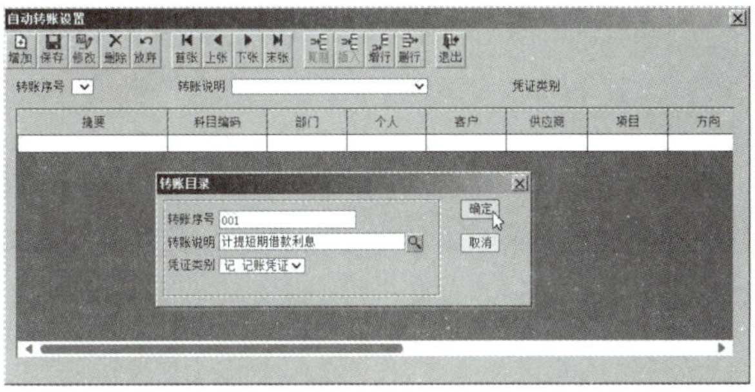

图4–76

Step4　单击“确定”按钮，继续定义转账凭证分录信息。

①确定分录的借方信息。选择科目编码“560301”（财务费用→利息费用），方向“借”，在“金额公式”栏单击🔍按钮，打开“公式向导1”对话框，从中选择“取对方科目计算结果JG()”，然后单击“下一步”按钮（图4–77）。

②单击“增行”按钮。

③确定分录的贷方信息。选择科目编码“2231”（应付利息），方向“贷”，在“金额公式”栏单击🔍按钮，打开“公式向导1”对话框，从中选择“期末余额QM( )”，然后单击“下一步”按钮（图4–78）。

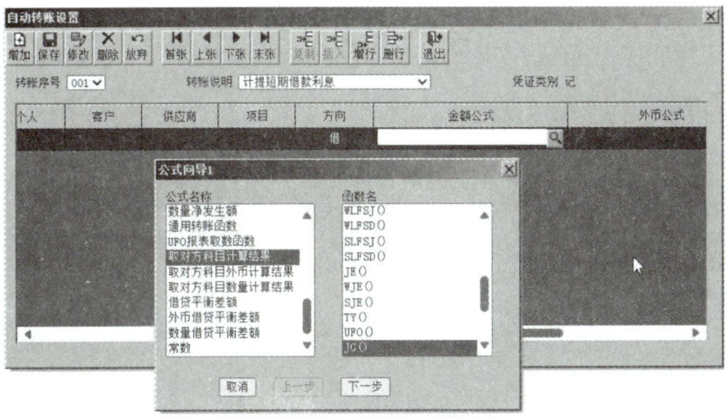

图4–77

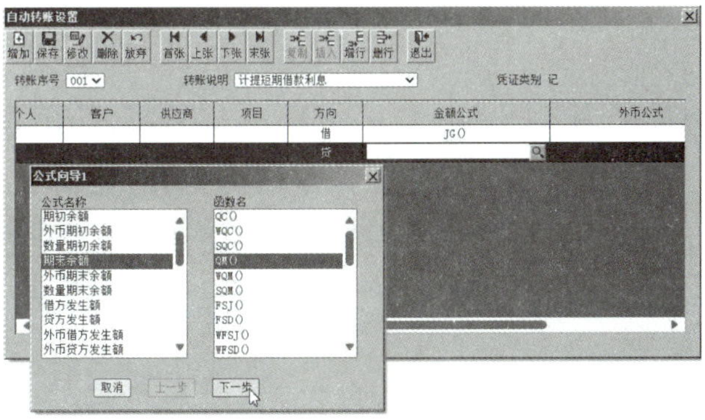

图4–78

④进入“公式向导2”对话框，选择科目“2001”（短期借款），方向“贷”，然后单击“完成”按钮，返回“金额公式”栏（图4–79）。

⑤输入“*0.0465/12”，单击“保存”按钮（图4–80）。

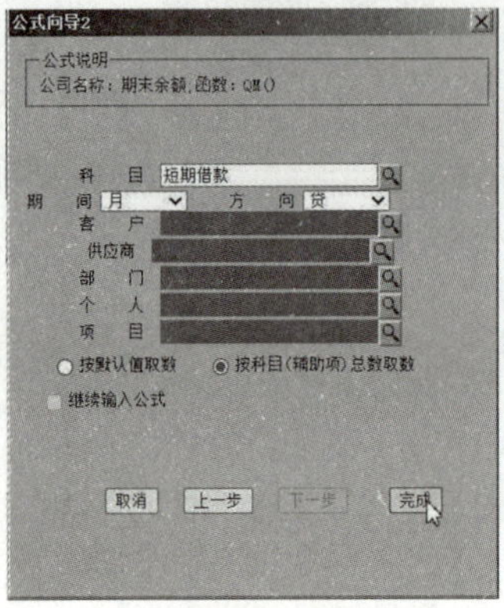

图4–79

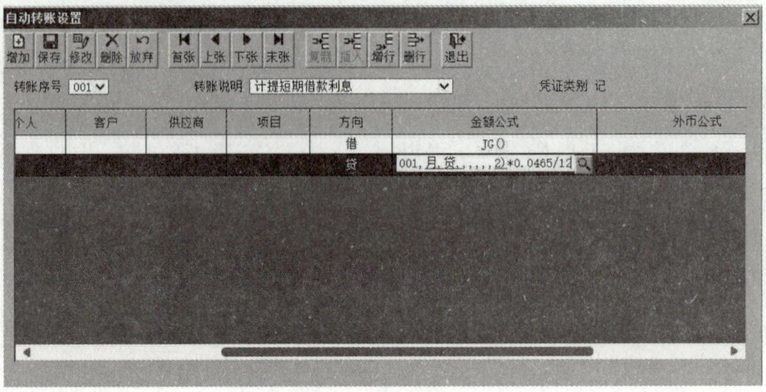

图4–80

操作指导

自定义转账是适用范围最广泛的一种转账方式，可以完成的转账业务主要有：“费用分配”的结转、“费用分摊”的结转、“税金计算”的结转、“计提利息”的结转等。

转账序号：是该张转账凭证的代号，转账编号不是凭证号。一张转账凭证对应一个转账编号，转账编号可任意定义，但只能输入数字1~9，不能重号。

转账科目必须为末级科目，科目、科目方向、金额公式栏为必填项，其他项目可根据需要选择输入。

输入转账计算公式有两种方法：一是直接输入计算公式；二是通过参照公式向导录入公式。

公式“JG()”的含义为“取对方科目计算结果”，其中“()”必须为英文符号，否则系统会提示“金额公式不合法：未知函数名”。

（2）销售成本结转设置。

操作步骤：

Step1　选择“总账”→“期末”→“转账定义”→“售价（计划价）销售成本结转”命令，打开“销售成本结转设置”对话框（图4–81）。

Step2　凭证类别“记 记账凭证”，选择库存商品科目“1405”，选择商品销售收入科目“5001”，选择商品销售成本科目“5401”，选择“按商品销售（贷方）数量结转（结转金额=商品销售贷方数量合计*库存单价）”，单击“确定”按钮（图4–82），提示“保存成功”。

销售成本结转设置和凭证生成

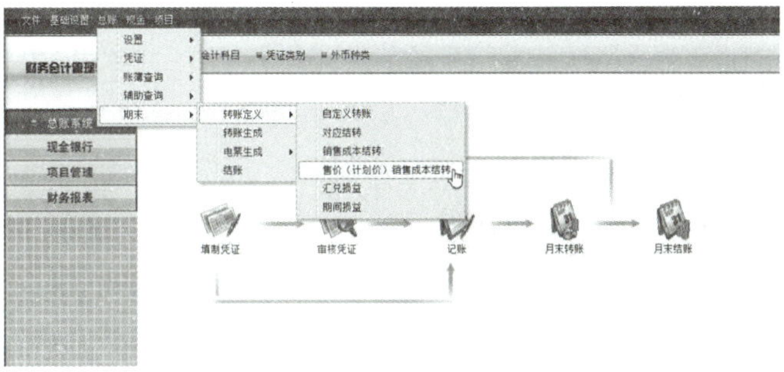

图4–81

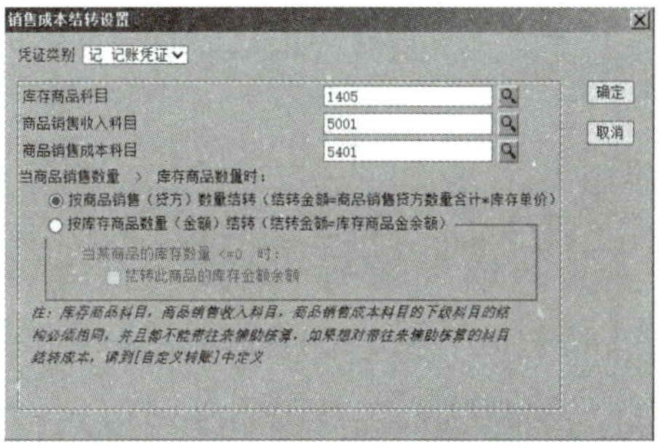

图4–82

操作指导

销售成本结转设置时，库存商品科目、商品销售收入科目、商品销售成本科目及下级科目的结构必须相同，并且都不能带往来辅助核算，如果想对带辅助核算的科目结转成本，需到“自定义转账”中定义。

（3）期间损益结转设置。

期间损益结转设置和凭证生成

操作步骤：

Step1　选择“总账”→“期末”→“转账定义”→“期间损益”命令，打开“期间损益结转设置”对话框（图4–83）。

Step2　凭证类别“记 记账凭证”，选择本年利润科目“3103”，单击“确定”按钮（图4–84）。

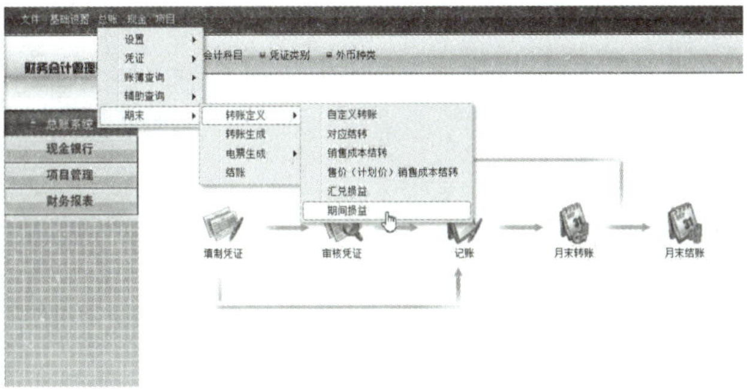

图4–83

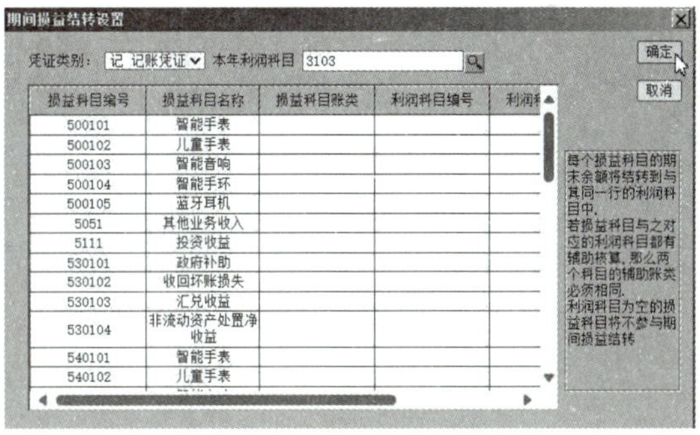

图4–84

操作指导

期间损益结转设置时每一行损益科目的期末余额都相应转到该行的本年利润科目中。若损益科目与本年利润科目都有辅助核算，则辅助账类必须相同。

（4）对应结转设置：结转本年利润。

操作步骤：

Step1 选择“总账”→“期末”→“转账定义”→“对应结转”命令，打开“对应结转设置”窗口（图4-85）。

Step2 输入编号“001”，选择凭证类别“记 记账凭证”，输入摘要“结转本年利润”，选择转出科目编码“3103”。

Step3 单击“增行”按钮，选择转入科目编码“310415”，结转系数为空，系统默认为1。

Step4 单击“保存”按钮（图4-86）。

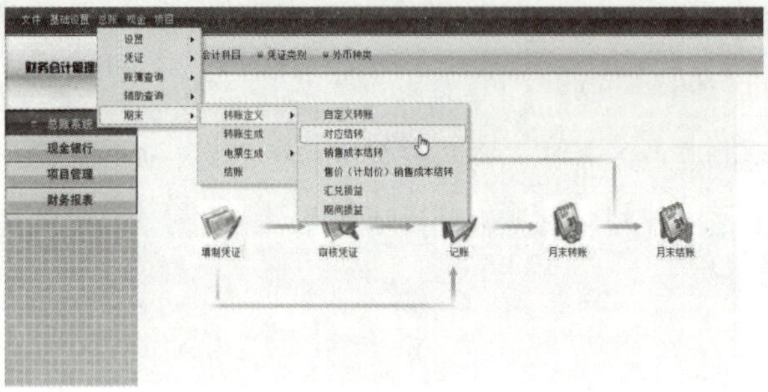

图4-85

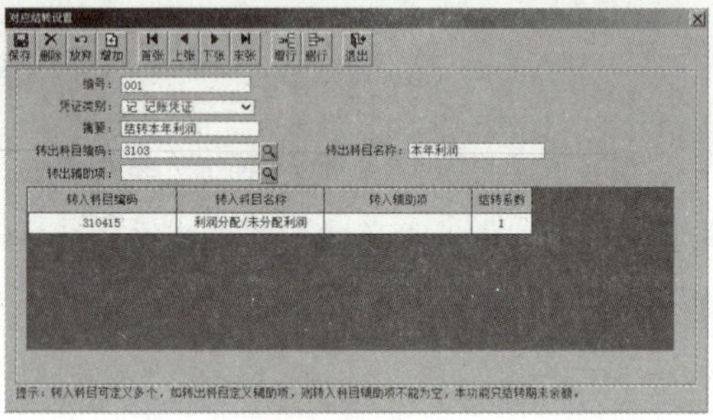

图4-86

操作指导

对应结转设置的转入科目可定义多个。转入、转出科目可为上级科目，但其下级科目结构必须相同，若转出科目定义辅助项，则转入科目的辅助项不能为空。

对应结转设置只结转期末余额。如想结转发生额，需到自定义结转中设置。

2. 转账生成

（1）“02赵君”生成自定义转账——计提短期借款利息的凭证，“01王娟”审核、记账。

对应结转设置和凭证生成

操作步骤：

Step1 选择“总账”→“期末”→“转账生成”命令，打开“转账生成”对话框（图4-87）。

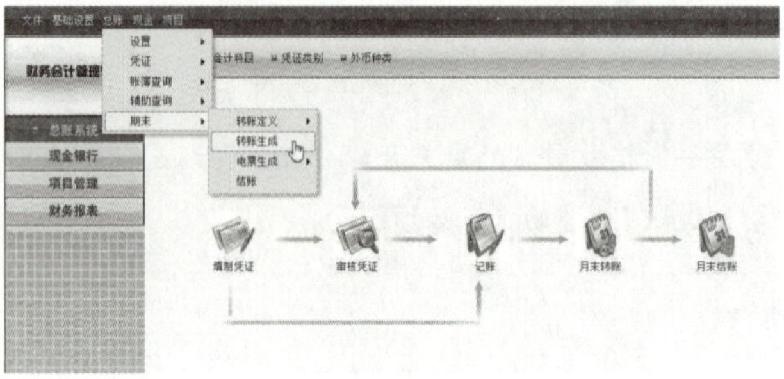

图4-87

Step2　选中“自定义转账”单选按钮，然后在“计提短期借款利息”行双击“是否结转”栏，显示“Y”即为选中（图4–88）。

Step3　单击“确定”按钮，系统生成转账凭证。

Step4　单击“保存”按钮，系统自动将生成凭证追加到未记账凭证中，凭证左上角出现“已生成”标志（图4–89）。

Step5　以“01王娟”的身份将生成的自动转账凭证审核、记账。

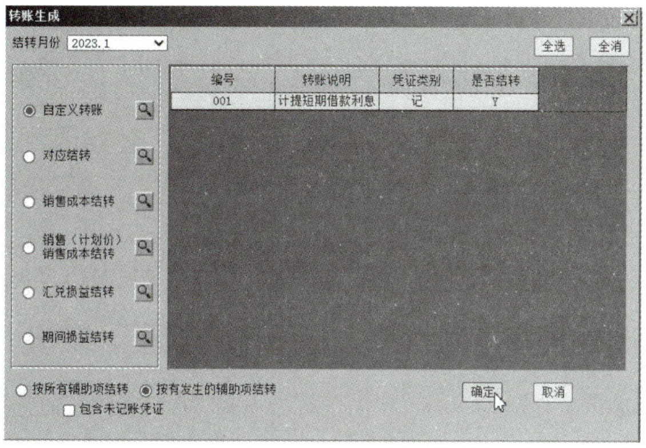

图4–88

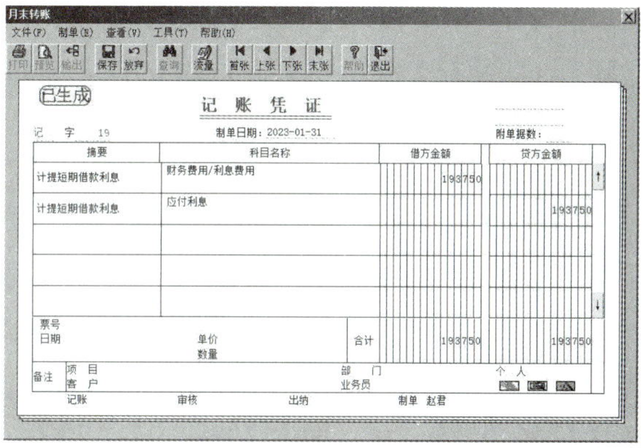

图4–89

（2）“02赵君”生成销售成本结转凭证，“01王娟”审核、记账。

操作步骤：

Step1　选择“总账”→“期末”→“转账生成”命令，打开“转账生成”对话框（图4–90）。

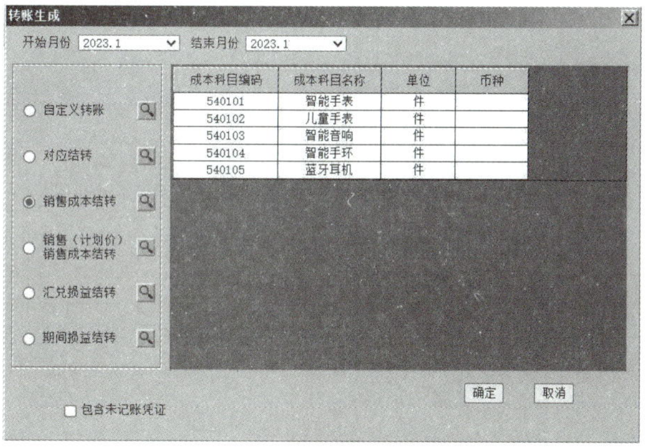

图4–90

Step2　选中“销售成本结转”单选按钮，单击“确定”按钮，打开“销售成本结转一览表”对话框。

Step3　双击“是否结转”栏，显示“Y”即为选中（图4–91），然后单击“确定”按钮，系统生成销售成本结转凭证。

Step4　单击“保存”按钮，系统自动将生成凭证追加到未记账凭证中，凭证左上角出现“已生成”标志（图4–92）。

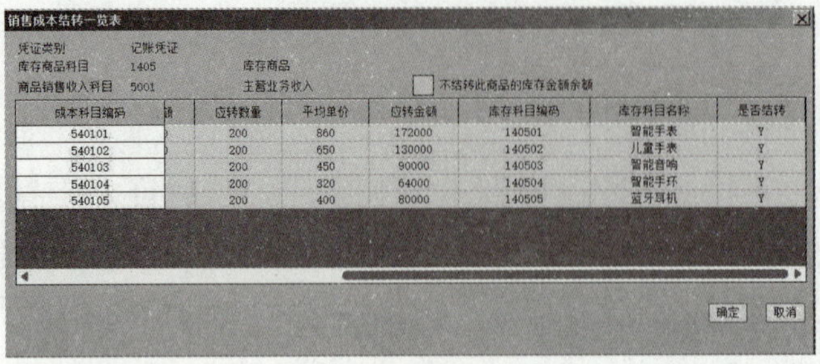

图4-91

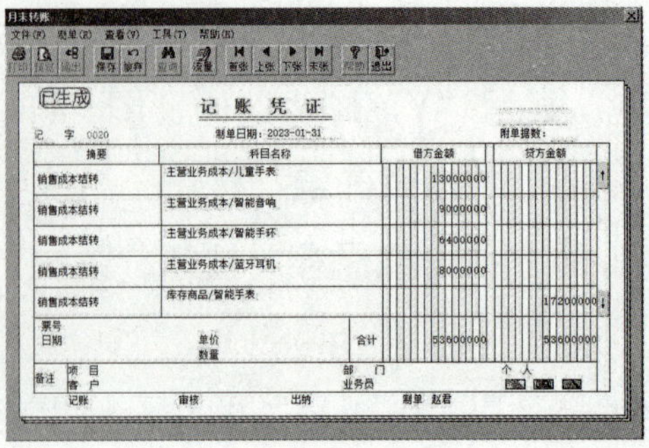

图4-92

Step5　以“01王娟”的身份将生成的转账凭证审核、记账。

（3）“02赵君”生成期间损益结转凭证，“01王娟”审核、记账。

操作步骤：

Step1　选择“总账”→“期末”→“转账生成”命令，打开“转账生成”对话框。

Step2　选中“期间损益结转”单选按钮，选择类型“全部”，单击“全选”按钮（图4–93）。

Step3　单击“确定”按钮，生成期间损益转账凭证。

Step4　单击“保存”按钮，系统自动将生成凭证追加到未记账凭证中，凭证左上角出现“已生成”标志（图4–94）。

Step5　以“01王娟”的身份将生成的转账凭证审核、记账。

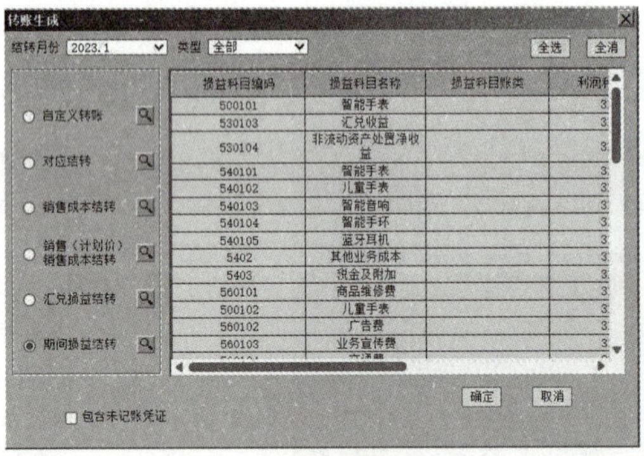

图4–93

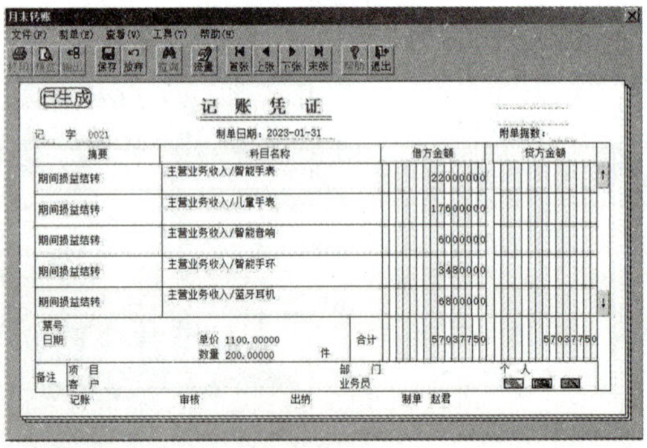

图4–94

（4）年末，“02赵君”生成结转本年利润凭证，“01王娟”审核、记账。

操作步骤：

Step1　选择“总账”→“期末”→“转账生成”命令，打开“转账生成”对话框（图4–95）。

Step2　选中“对应结转”单选按钮，单击“全选”按钮。

Step3　单击“确定”按钮，生成结转本年利润转账凭证。

Step4　单击“保存”按钮，系统自动将生成凭证追加到未记账凭证中，凭证左上角出现“已生成”标志（图4–96）。

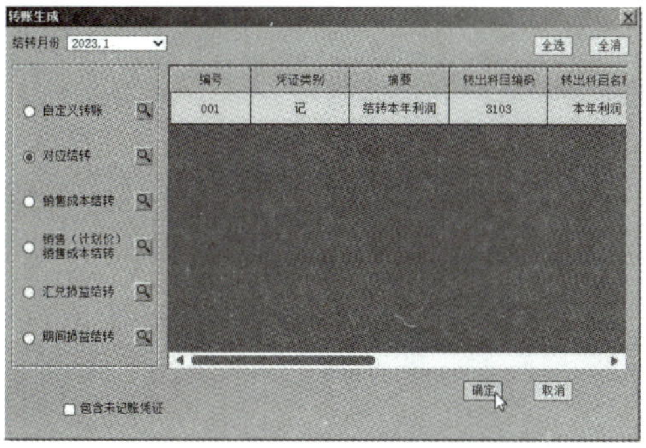

图4-95

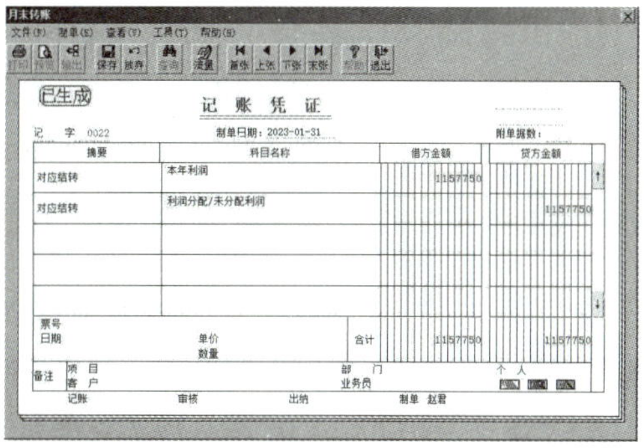

图4-96

Step5　以“01王娟”的身份将生成的自动转账凭证审核、记账。

操作指导

转账凭证每月只生成一次。进行转账生成之前，必须先将相关经济业务的记账凭证登记入账。生成的转账凭证，必须即时审核、记账。

本年利润对应结转凭证一般只在12月末进行，1—11月不做，本例仅供参考。

3. 对账

以“01王娟”的身份登录总账系统。

操作步骤：

Step1　选择“总账”→“期末”→“对账”命令，打开“对账”窗口。

Step2　将光标定位在要进行对账的月份“2023.01”，然后单击“选择”按钮。

Step3　单击“对账”按钮，开始自动对账，并显示对账结果。

Step4　单击“试算”按钮，可以对各科目类别余额进行试算结果平衡。

操作指导

对账是对账簿数据进行核对，以检查记账是否正确，以及账簿是否平衡。它主要是通过核对总账与明细账、总账与辅助账数据来完成账账核对。一般来说，实行计算机记账后，只要记账凭证录入正确，计算机自动记账后各种账簿都应是正确、平衡的，但由于非法操作或计算机病毒或其他原因，有时可能会造成某些数据被破坏，因而引起账账不符，为了保证账证相符、账账相符，用户应经常使用本功能进行对账，至少一个月一次，一般可在月末结账前进行。

4. 结账

以“01王娟”的身份登录总账系统。

操作步骤：

Step1　选择“总账”→“期末”→“结账”命令，打开“月末结账”对话框。

总账系统结账与取消结账

Step2 单击要结账月份“2023.01”，然后单击“下一步”按钮（图4–97）。

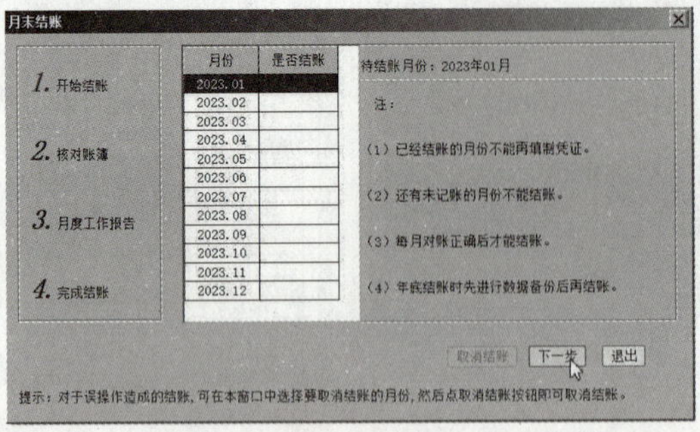

图4–97

Step3 单击“对账”按钮，系统对要结账的月份进行账账核对（图4–98）。

Step4 单击“下一步”按钮，系统显示“2023年01月工作报告”（图4–99）。

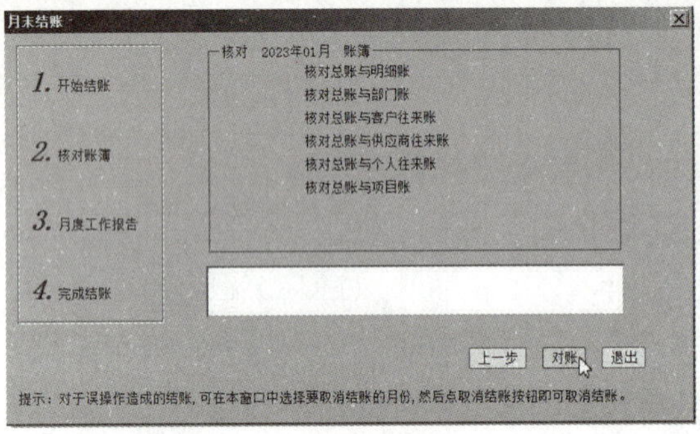

图4–98

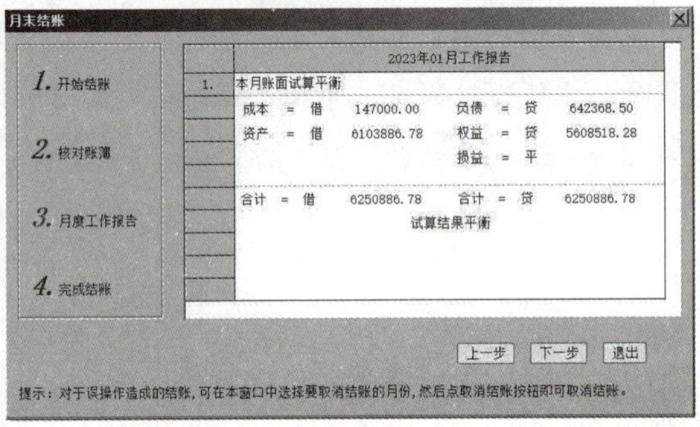

图4–99

Step5 查看工作报告后，单击“下一步”按钮，然后单击“结账”按钮。若符合结账要求，系统将进行结账，否则不予结账。

操作指导

每月月末都要进行结账处理，结账前需要先对账。结账只能由有结账权限的人进行。本月有未记账凭证时，则本月不能结账。已结账月份不能再填制凭证。

结账必须按月连续进行，上月未结账，则本月不能结账，但可以填制、审核凭证。

如果与其他系统联合使用，其他子系统未全部结账，则本月不能结账。结账前，要进行数据备份。

5. 取消结账

以“01王娟”的身份登录总账系统。

操作步骤：

Step1 选择“总账”→“期末”→“结账”命令，打开“结账”对话框。

Step2 选择要取消结账的月份“2023.01”。

Step3 单击“取消结账”。

任务检验

【单选题】1. 对应结转不仅可以进行两个科目一对一结转，还可以进行（　　）结转。

A.二对一　　B.一对多　　C.多对一　　D.多对多

【单选题】2. 对应结转只结转（　　）。

A.期初余额　　B.本期发生额　　C.期末余额　　D.累计金额

【多选题】3. 设置自定义转账分录时需要定义（　　）。

A.借贷方向　　B.凭证号　　C.凭证类别　　D.摘要

【多选题】4. 目前总账管理系统转账定义功能提供（　　）。

A.期间损益结转设置　　B.对应结转设置

C.自定义转账设置　　D.销售成本结转设置

【多选题】5. 关于总账管理系统结账功能，正确的有（　　）。

A.结账前一般应进行数据备份　　B.已结账月份不能再填制记账凭证

C.结转操作只能由会计主管进行　　D.结账功能每月可根据需要多次进行

任务评价

任务点		自我评价	教师评价	总结反思
期末处理	转账定义			
	转账生成			
	对账			

职业能力训练

训练要求：

1.以“001刘明”的身份进行总账初始设置。

2.以“005学生姓名”的身份定义常用摘要、填制凭证、修改凭证、删除凭证、查询凭证。

3.以“004张峰”的身份进行出纳签字。

4.以“001刘明”的身份进行审核凭证、记账。

5.以“004张峰”的身份进行银行对账操作。

6.以“001刘明”的身份进行账簿查询。

7.以“004张峰”的身份进行现金管理。

8.以“005学生姓名”的身份进行自动转账定义、生成。

9.以“001刘明”的身份进行审核、记账、对账、结账操作。

训练资料：

一、设置总账系统参数与输入期初余额

1. 总账控制参数（表 4-8）

表 4-8 总账控制参数

选项卡	控制对象	参数设置
凭证	制单控制	制单序时控制 支票控制 资金及往来赤字控制 允许修改、作废他人填制的凭证 可以使用其他系统受控科目
	凭证控制	打印凭证页脚姓名 出纳凭证必须经由出纳签字
	凭证编号方式	凭证编号方式采用系统编号
	外币核算	外币核算采用固定汇率
	预算控制	进行预算控制
账簿	打印位数宽度	账簿打印位数每页打印行数按软件的标准设定
	明细账打印方式	明细账打印按年排页
会计日历		会计日历为 1 月 1 日至 12 月 31 日
其他	排序方式	部门、个人、项目按编码方式排序

2.期初余额

（1）总账、明细账（无辅助核算）期初余额（见会计科目表表3-19）。

（2）辅助账期初余额表如表4-9 ~ 表4-15所示。

表 4-9 1121 应收票据

余额：借 20 000.00 元

日期	凭证号	客户	摘要	方向	金额/元	票号	业务员	票据日期
2023-1-20	记 -32	迅达	销售	借	20 000.00		赵玉	2023-1-20

表 4-10 1122 应收账款

余额：借 217 602.86 元

日期	凭证号	客户	摘要	方向	金额/元	票号	业务员	票据日期
2023-1-25	记 -48	北方软件学院	期初	借	88 602.86	P111	赵玉	2023-1-25
2023-2-10	记 -15	海淀图书城	期初	借	129 000.00	Z111	江涛	2023-2-10

表 4–11　1123 预付账款

余额：借 1 642.00 元

日期	凭证号	供应商	摘要	方向	金额/元	票号	业务员	票据日期
2023–1–20	记 –30	开创	购买原材料	借	1 642.00		孙阳	2023–1–20

表 4–12　122102 其他应收款——应收个人款

余额：借 4 500.00 元

日期	凭证号	部门	个人	摘要	方向	期初余额/元
2023–2–26	记 –48	企管办	李振	出差借款	借	2 400.00
2023–2–27	记 –56	销售一部	赵玉	出差借款	借	2 100.00

表 4–13　2201 应付票据

余额：贷 10 000.00 元

日期	凭证号	供应商	摘要	方向	金额/元	票号	业务员	票据日期
2023–2–20	记 –35	中脉	采购	贷	10 000.00		孙阳	2023–2–20

表 4–14　2202 应付账款

余额：贷 356 950.00 元

日期	凭证号	供应商	摘要	方向	金额/元	业务员	票据日期
2023–1–22	记 –45	中脉	购买原材料	贷	356 950.00	孙阳	2023–1–22

表 4–15　4001 生产成本

余额：借 17 100.00 元

科目名称	甲产品/元	乙产品/元	合计/元
直接材料（400101）	4 000.00	6 000.00	10 000.00
直接人工（400102）	1 500.00	2 500.00	4 000.00
制造费用（400103）	800.00	1 200.00	2 000.00
其他（400104）	500.00	600.00	1 100.00
合计	6 800.00	10 300.00	17 100.00

二、总账系统日常业务处理

1. 定义常用摘要

编号001“提取现金”。

2. 填制凭证（提示：由“005 学生姓名”操作）

北京天宇科技有限公司3月发生的经济业务如下：

（1）1日，财务部张峰签发现金支票（票号X006）从工行提取现金15 000元备用。（附原始凭证1张）

借：库存现金（1001）　　15 000.00

　　贷：银行存款——人民币户（100201）　　15 000.00

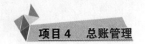

（2）3日，销售一部赵玉报销业务招待费2 500元，以现金支付。（附原始凭证1张）

借：销售费用——招待费（560104）　　2 500.00

　　贷：库存现金（1001）　　2 500.00

（3）4日，收到外资企业威尔集团投资资金100 000美元，汇率1∶6.94。（转账支票Z601）（附原始凭证2张）

借：银行存款——美元户（100202）　　694 000.00

　　贷：实收资本（3001）　　694 000.00

（4）5日，采购部孙阳采购B材料2 000件，每件15元，增值税3 900元，材料直接入库，货款以银行存款支付。（转账支票Z001）（附原始凭证2张）

借：原材料——B材料（140302）　　30 000.00

　　应交税费——应交增值税（进项税额）（22210101）　　3 900.00

　　贷：银行存款——人民币户（100201）　　33 900.00

（5）6日，销售一部赵玉收到北方软件学院转来的一张转账支票（Z002），金额20 000元，用以偿还前欠货款。（附原始凭证2张）

借：银行存款——人民币户（100201）　　20 000.00

　　贷：应收账款（1122）　　20 000.00

（6）7日，采购部孙阳从中脉购入甲产品100台，单价220元，货税款暂欠，已验收入库。（适用税率13%）（附原始凭证2张）

借：库存商品——甲产品（140501）　　22 000.00

　　应交税费——应交增值税（进项税额）（22210101）　　2 860.00

　　贷：应付账款（2202）　　24 860.00

（7）8日，企管办购办公用品1 700元，付现金。（附原始凭证2张）

借：管理费用——办公费（560202）　　1 700.00

　　贷：库存现金（1001）　　1 700.00

（8）9日，企管办李振出差归来，报销差旅费2 000元，交回现金200元。（附原始凭2张）

借：管理费用——差旅费（560203）　　1 800.00

　　库存现金（1001）　　200.00

　　贷：其他应收款——应收个人款（122102）　　2 000.00

（9）10日，生产部领用A材料500个，单价2元，用于生产乙产品。（附原始凭证2张）

借：生产成本——直接材料（400101）　　1 000.00

　　贷：原材料——A材料（140301）　　1 000.00

（10）11日，财务部张峰以转账支票（Z003）支付欠中脉的货款10万元。（附原始凭证2张）

借：应付账款（2202）　　100 000.00

贷：银行存款——人民币户（100201） 100 000.00

（11）12日，销售给批发商卓越公司（新增客户编号：004；客户名称：河北卓越有限责任公司；简称：卓越公司；税号：0234522567896；开户银行：农业银行花园路支行；账号：89696201655；分管部门：销售一部；专营业务员：赵玉）甲产品10台，单价500元，款未收。（附原始凭证3张）

借：应收账款（1122） 5 650.00

贷：主营业务收入（甲产品）（500101） 5 000.00

应交税费——应交增值税（销项税额）（22210105） 650.00

（12）13日，向新源公司（新增供应商编号：003；供应商名称：河南新源有限责任公司；简称：新源公司；税号：0234335567526；开户银行：农业银行建设路支行；账号：89363025536；分管部门：采购部；分管业务员：孙阳）采购C材料100千克，单价20元，增值税260元，款未付。（附原始凭证3张）

借：原材料——C材料（140303） 2 000.00

应交税费——应交增值税（进项税额）（22210101） 260.00

贷：应付账款（2202） 2 260.00

（13）14日，发出上述C材料100千克给兴达加工厂，委托兴达加工厂加工A材料。（附原始凭证2张）

借：委托加工物资（1408） 2 000.00

贷：原材料——C材料（140303） 2 000.00

（14）15日，为付新源公司采购C材料款，向其签发面额2 000元的不带息商业汇票并承兑。（附原始凭证2张）

借：应付账款（2202） 2 000.00

贷：应付票据（2201） 2 000.00

（15）16日，支付兴达加工厂加工A材料的加工费6 000元，增值税780元，采购部孙阳以转账支票（Z004）支付。（附原始凭证2张）

借：委托加工物资（1408） 6 000.00

应交税费——应交增值税（进项税额）（22210101） 780.00

贷：银行存款——人民币户（100201） 6 780.00

（16）17日，委托兴达加工厂加工的A材料收回，数量800个验收入库。（附原始凭证2张）

借:原材料——A材料（140301） 1 600.00

贷：委托加工物资（1408） 1 600.00

（17）18日，把收到迅达公司的商业承兑汇票（SP001）到银行贴现，付给银行利息100元。（附原始凭证2张）

借：银行存款——人民币户（100201）　　9 900.00
　　财务费用——利息支出（560301）　　100.00
　　贷：应收票据（1121）　　10 000.00

（18）19日，向银行申请开出银行汇票一张（YP001），金额22 900元。（附原始凭证2张）

借：其他货币资金（1012）　　22 900.00
　　贷：银行存款——人民币户（100201）　　22 900.00

（19）20日，企业持银行汇票22 900元从长丰工厂购入B材料1 000件，货款20 000元，增值税额2 600元，另支付运费300元，符合运费抵扣税金的条件，税率9%，材料验收入库。（附原始凭证2张）

借：原材料——B材料（140302）　　20 273.00
　　应交税费——应交增值税（进项税额）（22210101）　　2 627.00
　　贷：其他货币资金（1012）　　22 900.00

（20）20日，向国泰公司销售乙产品15台，单价200元，增值税390元，收到转账支票（Z005）存入银行。（附原始凭证2张）

借：银行存款——人民币户（100201）　　3 390.00
　　贷：主营业务收入——乙产品（500102）　　3 000.00
　　　　应交税费——应交增值税（销项税额）（22210105）　　390.00

（21）22日，企业自行研究开发一项专利技术，研究过程中的资本化支出20 000元，费用化支出10 000元，企管办李振均以转账支票（Z006）支付。（新增资本化支出和费用化支出明细科目）（附原始凭证2张）

借：研发支出——资本化支出（430101）　　20 000.00
　　研发支出——费用化支出（430102）　　10 000.00
　　贷：银行存款——人民币户（100201）　　30 000.00

（22）23日，发出A材料用于生产甲产品及车间与企管办一般耗用：甲产品生产用，1 000个，单价2元，计2 000元；车间一般耗用，100个，单价2元，计200元；企管办耗用，50个，单价2元，计100元。（附原始凭证2张）

借：生产成本——直接材料（400101）　　2 000.00
　　制造费用——其他（410103）　　200.00
　　管理费用——其他（560206）　　100.00
　　贷：原材料——A材料（140301）　　2 300.00（数量1 150个）

（23）24日，企业以库存现金支付税款滞纳金1 000元。（附原始凭证1张）

借：营业外支出（5711）　　1 000.00

贷：库存现金（1001） 1 000.00

（24）25日，企业销售给众城公司甲产品20台，单价500元，货款10 000元，增值税1 300元，已收款存银行。（转账支票SZ002）（附原始凭证3张）

借：银行存款——人民币户（100201） 11 300.00

贷：主营业务收入——甲产品（500101） 10 000.00

应交税费——应交增值税（销项税额）（22210105） 1 300.00

（25）26日，接受外单位捐赠30 000元，收到转账支票一张存入银行。（转账支票NO.SZ003）（附原始凭证2张）

借：银行存款——人民币户（100201） 30 000.00

贷：营业外收入（5301） 30 000.00

（26）27日，专利研究成功，申请专利，结转研发支出。（附原始凭证1张）

借：无形资产（1701） 20 000.00

管理费用——其他（560206）（企管办） 10 000.00

贷：研发支出——资本化支出（430101） 20 000.00

研发支出——费用化支出（430102） 10 000.00

（27）27日，结转本期完工产品成本，甲产品完工单位成本8 000元，数量40台。（附原始凭证1张）

借：库存商品——甲产品（140501） 320 000.00

贷：生产成本——生产成本转出（400105） 320 000.00

3. 修改凭证

由“005学生姓名”完成下列修改内容：

（1）经查，8日企管办购办公用品170元，误录为1 700元。

（2）经查，7日采购部是从供应商“开创”购入的甲产品100台。

4. 删除凭证

由“005学生姓名”删除下列凭证：

经查，3日赵玉报销的业务招待费属个人消费行为，不允许报销，删除相关凭证，现金已追缴，业务上不再反映。

5. 出纳签字

由出纳“004张峰”对所有涉及库存现金和银行科目的凭证签字。

6. 审核凭证

由账套主管“001刘明”对凭证进行审核。

7. 记账

由账套主管“001刘明”对凭证进行记账。

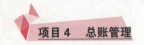

测试系统提供取消记账（恢复记账前状态）功能，然后重新记账。

8. 查询凭证

（1）查询2023年3月15日凭证。

（2）业务20号凭证。

三、出纳管理

以“004张峰”的身份进行银行对账。

1. 银行对账

（1）银行对账期初。

天宇科技银行账的启用日期为2023年3月1日，“人民币户100201”科目企业日记账调整前余额为1 530 044.00元，银行对账单调整前余额为1 522 816.00元，未达账项一笔，是银行已付、企业未付款7 228.00元。

（2）银行对账单（表4-16）。

表 4-16　银行对账单

日期	结算方式	票号	借方金额/元	贷方金额/元
2023.3.03	201	X001		15 000.00
2023.3.04	202	X003		6 000.00
2023.3.05	202	Z001		33 900.00
2023.3.06	202	Z002	20 000.00	
2023.3.11	202	Z003		100 000.00
2023.3.16	202	Z004		6 780.00
2023.3.18	401	SP001	9 900.00	
2023.3.19	3	YP001		22 900.00
2023.3.21	202	SZ001	3 390.00	
2023.3.22	202	Z005		30 000.00
2023.3.26	202	SZ002	11 300.00	

（3）银行对账。

①自动对账。

②手工对账。

四、账簿管理

1. 账簿查询

（1）查询2023年3月余额表。

（2）查询“库存商品——甲产品”数量金额明细账。

（3）定义“生产成本”多栏账，栏次为自动编制，查询“直接材料”“直接人工”借方发生额。

（4）查询2023年3月部门收支分析表。

（5）查询企管办李振个人往来清理情况。

（6）查询供应商“开创”明细账。

（7）进行客户往来账龄分析。

（8）查询“乙产品”项目明细账。

（9）进行项目统计分析。

2. 现金管理

以“004张峰”身份完成下列操作：

（1）查询库存现金日记账。

（2）查询资金日报。

（3）支票登记簿：20日，采购部孙阳借转账支票一张采购A材料，票号Z155，预计金额3 000元。

五、月末处理

1. 用操作员 005 自动转账定义

（1）自定义结转。

计提短期借款利息（年利率4.35%）。

借：财务费用——利息支出（560301）　　QM(2001,月,贷,,,,,,2)*0.0435/12

　　贷：应付利息/借款利息（223101）　　JG( )

（2）销售成本结转。

分别设置“库存商品”“商品销售收入”和“商品销售成本”科目。

（3）期间损益结转。

设置“本年利润”科目。

（4）根据上述结果，计算本期应交所得税。(自定义结转,转账序号0002)

借：所得税费用（5801）　　QM(3103,月,贷）*0.25

　　贷：应交税费——应交所得税（222106）　　JG( )

（5）将所得税费用结转本年利润。(自定义结转,转账序号0003)

借：本年利润（3103）　　JG( )

　　贷：所得税费用（5801）　　QM(5801,月,借)

2. 自动转账生成

（1）由“005学生姓名”生成上述定义的自定义凭证，并由“001刘明”身份进行审核、记账。

（2）由“005学生姓名”生成销售商品成本结转凭证，并由“001刘明”身份进行审核、记账。

（3）由“005学生姓名”生成期间损益结转凭证，并由“001刘明”身份进行审核、记账。

（4）由“005学生姓名”生成计提所得税费用的凭证，并由“001刘明”身份进行审核、记账。

（5）由“005学生姓名”生成结转所得税费用的凭证，并由“001刘明”身份进行审核、记账。

3. 对账

略。

4. 结账

略。

5. 取消结账

略。

包罗万象

党的二十大报告明确提出，支持中小微企业发展。中小微企业是经济发展的重要力量，是就业机会的主要来源，也是可持续发展和经济增长的主要推动力。为了营造良好发展环境，促进中小微企业健康发展，联合国确立每年的6月27日为“中小微企业日”。那么，国家出台了哪些支持政策呢？

延续和优化实施部分阶段性税费优惠政策，包括：

2023年年底前，对月销售额10万元以下的小规模纳税人免征增值税，对小规模纳税人适用3%征收率的应税销售收入减按1%征收增值税，对生产、生活性服务业纳税人分别实施5%、10%增值税加计抵减。

将减征小微企业和个体工商户年应纳税所得额不超过100万元部分所得税政策、降低失业和工伤保险费率政策，延续实施至2024年年底（图4-100）。

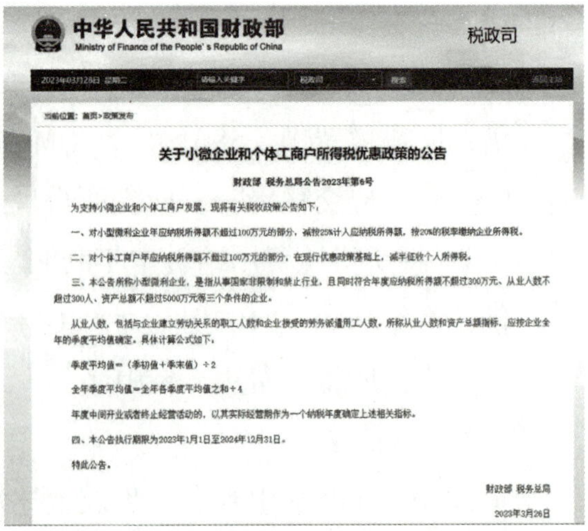
中华人民共和国财政部
Ministry of Finance of the People's Republic of China
税政司

当前位置：首页>政策发布

关于小微企业和个体工商户所得税优惠政策的公告

财政部 税务总局公告2023年第6号

为支持小微企业和个体工商户发展，现将有关税收政策公告如下：

一、对小型微利企业年应纳税所得额不超过100万元的部分，减按25%计入应纳税所得额，按20%的税率缴纳企业所得税。

二、对个体工商户年应纳税所得额不超过100万元的部分，在现行优惠政策基础上，减半征收个人所得税。

三、本公告所称小型微利企业，是指从事国家非限制和禁止行业，且同时符合年度应纳税所得额不超过300万元、从业人数不超过300人、资产总额不超过5000万元等三个条件的企业。

从业人数，包括与企业建立劳动关系的职工人数和企业接受的劳务派遣用工人数。所称从业人数和资产总额指标，应按企业全年的季度平均值确定。具体计算公式如下：

季度平均值=（季初值+季末值）÷2

全年季度平均值=全年各季度平均值之和÷4

年度中间开业或者终止经营活动的，以其实际经营期作为一个纳税年度确定上述相关指标。

四、本公告执行期限为2023年1月1日至2024年12月31日。

特此公告。

财政部 税务总局

2023年3月26日

图4-100

将符合条件行业企业研发费用税前加计扣除比例由75%提高至100%的政策，作为制度性安排长期实施。

将减半征收物流企业大宗商品仓储设施用地城镇土地使用税政策、减免残疾人就业保障金政策，延续实施至2027年年底。

继续实施普惠性失业保险稳岗返还政策。

项目 5
报表管理

项目导入

企业的财务信息需要财务报表这个载体来呈现，所有经济业务的处理结果均体现在财务报表中。财务报表为企业外部及企业内部管理者提供了综合反映企业财务状况、经营成果及现金流量的会计信息。畅捷通 T3 管理系统的各个子系统都提供了固定的财务报表供用户查询，此外，还专门提供了一个会计报表管理的子系统，用来编辑、制作、生成用户需要的各种会计报表。

会计报表子系统的主要功能包括各行业报表模板、文件管理、格式管理、数据处理、图表处理、报表输出及二次开发等功能。本项目将在熟悉报表编制及数据处理流程的基础上，利用系统提供的模板为模拟企业编制常见会计报表（图5−1）。

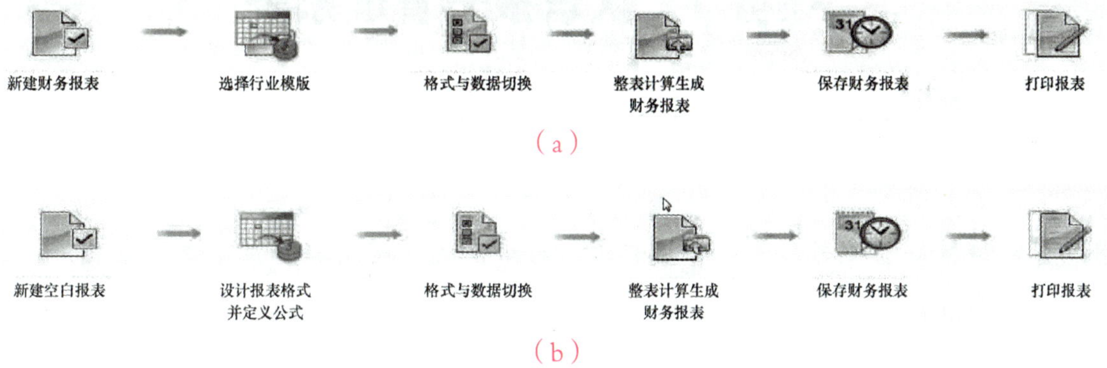

图5−1

（a）财务模版报表处理流程；（b）企业自定义报表处理流程

学习目标

知识目标

1.理解报表编制的原理和流程。

2.熟悉自定义报表格式定义的操作方法。

3.掌握利用报表模板生成财务数据的操作方法。

技能目标

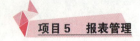

1.通过自定义货币资金表的操作，学会报表格式定义、常用报表函数的应用、常用公式的编写方法。

2.学会利用模板编制资产负债表、利润表。

素养目标

1.通过简单案例操作，体验报表制作过程，在探索尝试中获得成功体验，增强学习信心。

2.了解企业财务报表的重要性，建立财务报告责任意识。

思维导图

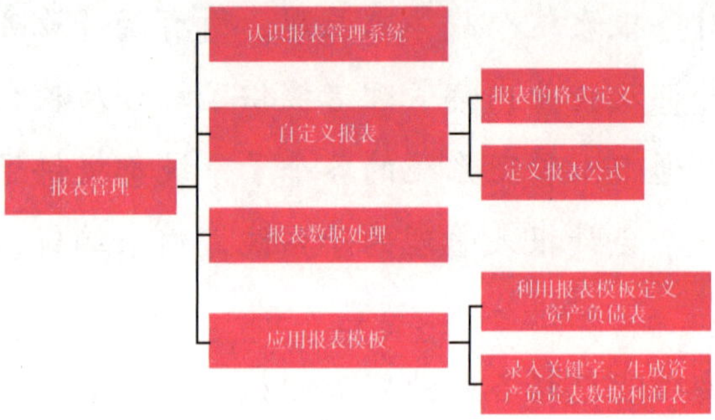

任务1 认识报表管理系统

任务导入

河北开元科技有限公司财务人员赵君通过启动报表管理系统、新建会计报表、认识报表管理系统，熟悉报表管理系统的功能和参数。

任务描述

引入项目4账套备份数据，以“02赵君”的身份启动报表管理系统，新建报表、保存报表、打开报表。

知识准备

财务报表系统的基本术语

按照报表结构的繁简程度可以将报表分为简单表和复合表两类。简单表是规则的二维表，由若干行和列组成。复合表是简单表的某种组合。常用的资产负债表、利润表、现金流量表等都是简单表。简单表一般由标题、表头、表体和表尾四个要素组成。

1. 格式状态和数据状态

财务报表将含有数据的报表分为两大部分来处理，即报表格式设计工作与报表数据处理工作。报表格式设计工作和报表数据处理工作是在不同的状态下进行的。实现状态切换的是一个特别重要的按钮——“格式/数据”按钮，单击这个按钮可以在格式状态和数据状态之间切换。在格式状态下，只能看到报表的格式，报表的数据全部都隐藏了；在数据状态下，则能看到报表的全部内容，包括格式和数据。

2. 单元

单元是组成报表的最小单位，单元名称由所在行、列标识。行号用数字1～9 999表示，列标用字母A～IU表示，例如，B2表示第2列第2行的那个单元。

3. 关键字

关键字是游离于单元之外的特殊数据单元，可以唯一标识一个表页，用于在大量表页中快速选择表页。财务报表共提供了以下六种关键字，每个报表可以定义多个关键字。常用的关键字有以下几个：

单位名称：字符（最大30个字符），为该报表表页编制单位的名称。

单位编号：字符型（最大10个字符），为该报表表页编制单位的编号。

年：数字型（1 904～2 100），该报表表页反映的年度。

季：数字型（1～4），该报表表页反映的季度。

月：数字型（1～12），该报表表页反映的月份。

日：数字型（1～31），该报表表页反映的日期。

任务实施

启动报表管理系统，新建报表、保存报表、打开报表

操作步骤：

Step1 以“02赵君”的身份登录畅捷通T3。

Step2 单击左侧的“财务报表”菜单，打开报表子系统。

Step3 单击“新建”按钮，可以新建一张空白报表。

Step4 新建报表后，可以通过单击“保存”按钮打开“另存为”对话框（图5-2）。

选择存放位置、输入文件名并选择相应的保存类型后就可对报表进行保存。

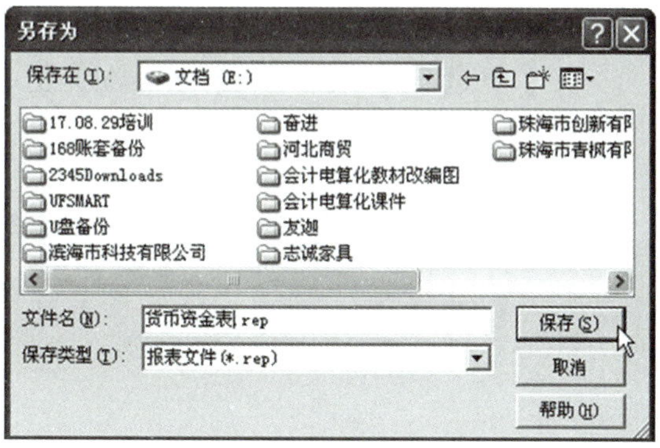

图5-2

操作指导

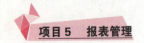

每单击一次“新建”按钮，系统会自动打开一张文件名为“report1”空白报表，后续新建报表名将按照“report2”“report3”……排列；关闭报表前要进行保存操作，否则会造成数据丢失；通过保存功能可以对新建报表的名称进行修改。

Step5 单击“打开”按钮，弹出“打开”对话框，可将保存后的报表打开（图5-3）。

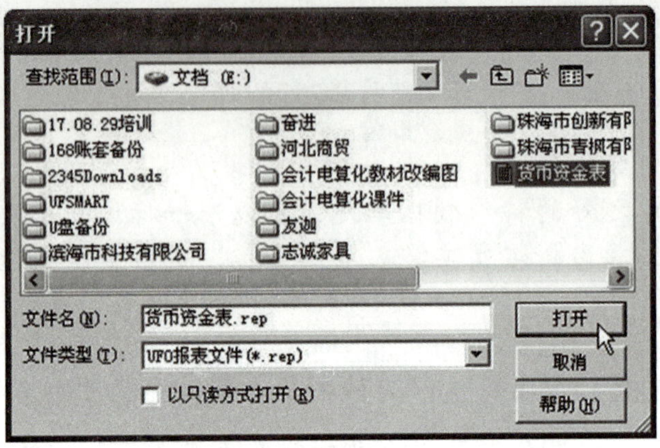

图5-3

操作指导

在格式状态下可以进行报表尺寸、行高列宽、单元属性、单元风格、组合单元、关键字、报表公式的定义。

在数据状态下可以进行输入数据、增加或删除表页、审核、舍位平衡、图形、汇总、合并报表等设置。

关键字的设置及显示位置在格式状态下设定，关键字的值则在数据状态下录入。

任务检验

1.【单选题】报表数据处理必须在（　　）状态下进行。

A.数据　　B.其他状态　　C.格式　　D.格式或数据状态均可

2.【单选题】下列操作不能在数据状态下进行的是（　　）。

A.审核操作　　B.汇总表页　　C.调整列宽　　D.增加图形显示区

任务评价

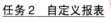

任务点		自我评价	教师评价	总结反思
报表管理	新建报表			
	保存报表			
	打开报表			
报表状态	格式状态			
	数据状态			
报表关键字	常用种类			
	设置操作			

任务2　自定义报表

任务导入

河北开元科技有限公司财务人员赵君要自定义编制2023年1月的货币资金表，以掌握公司的资金情况。

任务描述

引入项目4账套备份数据，以“02赵君”的身份启动报表管理系统，编制货币资金表（表5-1）。

表5-1　货币资金表

单位名称：　　　　　　年　　　　月　　　　日　　　　单位：元

项目	行次	期初余额	借方发生额	贷方发生额	期末余额
库存现金	1				
银行存款	2				
合计	3				

制表人：

1. 报表格式定义

表格尺寸：7行6列。

标题：“货币资金表”，宋体、粗体、16号字。

内容：第二行文字字体为宋体10号字；第三行文字字体为宋体12号字，粗体；第四、五、六行文字字体为宋体12号字；第七行文字字体为黑体12号字。

对齐方式：标题水平、垂直均居中；第二、七行文字水平居右、垂直居中；第三、四、五、六行文字水平、垂直均居中。

行高列宽：第一行设置行高为10 mm。所有列宽为40 mm。

关键字：设置“单位名称”“年”“月”“日”为关键字。

2. 定义报表计算公式

录入“库存现金”“银行存款”的期初余额、借方发生额、贷方发生额、期末余额等公式。

3. 录入“合计”栏计算公式

略。

知识准备

财务报表系统可以自定义各种各样的会计报表。设计表样和报表公式必须在“格式”状态下进行。在“格式”状态下可以完成报表尺寸、行高、列宽、表格线、单元风格、设置关键字等相关操作。

1. 报表的格式定义

报表的格式定义在“格式”状态下进行。格式设计对整个报表都有效，包括以下操作：

（1）设置表尺寸。设置报表的大小，即设定报表的行数和列数。

（2）定义组合单元，即把几个单元作为一个单元使用。

“组合单元”对话框：用于设置或取消组合单元。

“按行组合”按钮：单击此按钮，把选中的若干行设置为组合单元。

“按列组合”按钮：单击此按钮，把选中的若干列设置为组合单元。

“取消组合”按钮：单击此按钮，把选中的组合单元恢复为区域。

“放弃”按钮：单击该按钮放弃当前操作。

（3）画表格线。

（4）输入报表中项目，包括表头、表体和表尾（关键字除外）。在“格式”状态下定义的单元内容自动默认为“表样型”，定义为“表样型”的单元数据在“数据”状态下不允许修改和删除。

（5）行高和列宽。

（6）单元属性。

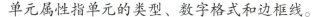

单元属性指单元的类型、数字格式和边框线。

①单元类型有三种：数值型、字符型、表样型。

数值单元：是报表的数据，在“数据状态”下（格式/数据按钮显示为“数据”时）输入。当单元类型设定为“数值型”时，还可以对数值的格式进行设置，如逗号、百分号、小数位等。

字符单元：是报表的数据，在数据状态下（格式/数据按钮显示为“数据”时）输入，如制表人：赵君。

表样单元：是报表的格式，是定义一个没有数据的空表所需的所有文字、符号或数字。

②字体图案。通过“字体图案”选卡可以设计报表的单元风格，如设置单元内容的字体、字型、字号、前景色、背景色、图案。

③对齐。对齐是指单元内容在单元格中的对齐方式，可在水平方向（居中，居左，居右）和垂直方向（居下，居中，居上）变化，默认为水平方向居右，垂直方向居下。

④边框。通过“边框”选卡可以对表格的边框线进行设置，边框线样式有空线、细实线、虚线、粗实线等8种，默认线型为空，即单元没有边框线。

（7）关键字。在“格式”状态下，可进行关键字设置、偏移和取消等操作。

2. 报表公式

报表公式是指报表或报表数据单元的计算规则，主要包括单元公式、审核公式和舍位平衡公式等。通过定义报表公式，可以将报表的算法传递给计算机，以便计算机通过指令自动生成报表数据。

常用公式举例：

（1）期初余额：取某会计科目的期初余额，函数格式为：

期初 | QC(<科目编码>,[<会计期间>],[<方向>],[<账套号>],[<会计年度>],[<编码1>],[<编码2>],[<截止日期>],[<是否包含未记账>],[<编码1汇总>],[<编码2汇总>])

例：公式QC("1001","月","借",,"年",,,,"否")，表示取“168”账套下“库存现金”科目本年本月的期初借方余额。

（2）期末余额：取某会计科目的期末余额,函数格式为：

期末 | QM(<科目编码>,[<会计期间>],[<方向>],[<账套号>],[<会计年度>],[<编码1〉],[<编码2>],[<截止日期>],[<是否包含未记账>],[<编码1汇总>],[<编码2汇总>])

例：公式QM("1001","月","借",,"年",,,,"否")，表示取“168”账套下“库存现金”科目本年本月的期末借方余额。

（3）发生额：取某会计科目的本期发生额，函数格式为：

发生 | FS(<科目编码>,<会计期间>,<方向>,[<账套号>],[<会计年度>],[<编码1>],[<编码2>],[<是否包含未记账>])

例：公式FS("1001","月","借",,"年",,,"否")，表示取“168”账套下“库存现金”科目本年本月的借方发生额。

说明：

函数表达式中的科目编码可以是科目名称，且必须用双引号括起来。

会计期间可以是“年”“季”“月”“日”等变量，也可以是由具体数字表示的年、季、月。

方向即“借”或“贷”，也可以省略。

账套号为数字，缺省时为第一套账。

会计年度即数据取数的年度，可以省略。

<编码1>与<编码2>与科目编码的核算账类有关，可以取科目的辅助账，如职员编码、项目编码等，如无辅助核算则省略。

任务实施

1. 报表的格式定义

自定义报表

操作步骤：

Step1　选择“格式”→“表尺寸”命令，设置行数为7，列数为6。

Step2　分别选中A1：F1区域，选择“格式”→“组合单元”命令，打开“组合单元”对话框，选择“按行组合”。

Step3　选中A3：F6区域，选择“格式”→“区域画线”命令，打开“区域画线”对话框，选择“网线”。

Step4　输入表内文字（关键字除外）。

Step5　选中标题“货币资金表”，选择“格式”→“单元属性”命令，打开“单元格属性”对话框，选择“字体图案”选项卡，设置为宋体、粗体、16号字。

用同样方法进行如下设置：第二行文字字体为宋体10号字；第三行文字字体为宋体12号字，粗体；第四、五、六行文字字体为宋体12号字；第七行文字字体为黑体12号字。

Step6　选中A1：F1区域，选择“格式”→“单元属性”命令，打开“单元格属性”对话框。选择“对齐”选项卡，设置文字水平、垂直均居中。

用同样方法设置：第二、七行文字水平居右、垂直居中；第三、四、五、六行文字水平、垂直均居中。

Step7　选中第一行，选择“格式”→“行高”命令，打开“行高”对话框，设置行高为10 mm。

Step8　选中所有列，选择“格式”→“列宽”命令，打开“列宽”对话框，设置列宽为40 mm。

Step9　选中A2单元格，选择“数据”→“关键字”→“设置”命令，设置“单位名称”为关键字（图5–4）。

用同样的方法分别在C2、D2、F2单元格将年、月、日分别设置为“关键字”。

Step10　选中第二行单元格，单击“数据”→“关键字”→“偏移”命令，打开“定义关键字偏移”对话框，设置关键字的偏移量（图5–5）。

Step11　选中C4：F6区域，选择“格式”→“单元属性”命令，设置单元类型为“数值”型，并选择“逗号”格式。

Step12　选择“文件”→“保存”命令，输入文件名为“货币资金表”，单击“保存”按钮。

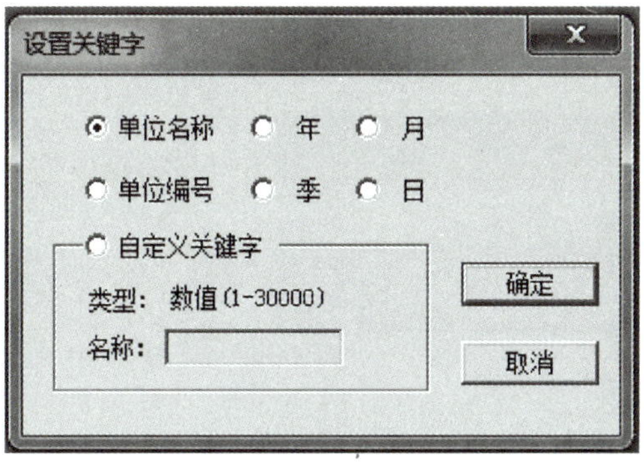

图5–4

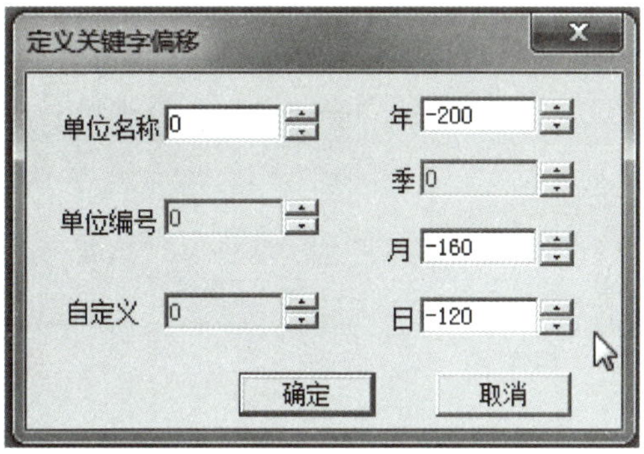

图5–5

2. 定义报表公式

以录入“库存现金”的期末余额公式为例。

操作步骤：

Step1　选中F4单元格，单击按钮，打开“定义公式”对话框（图5–6）。

Step2　单击“函数向导”按钮，打开“函数向导”对话框，选择“用友账务函数”→“期末(QM)”（图5–7）。

图5–6

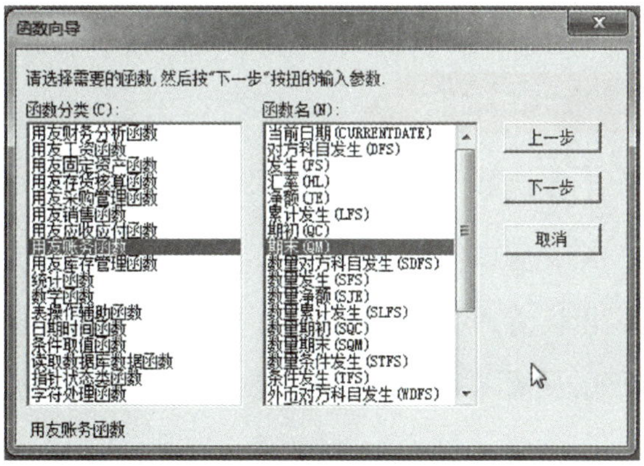

图5–7

Step3　单击“下一步”按钮，打开“用友账务函数”对话框（图5–8）。

Step4　单击“参照”按钮，打开“账务函数”对话框（图5–9）。

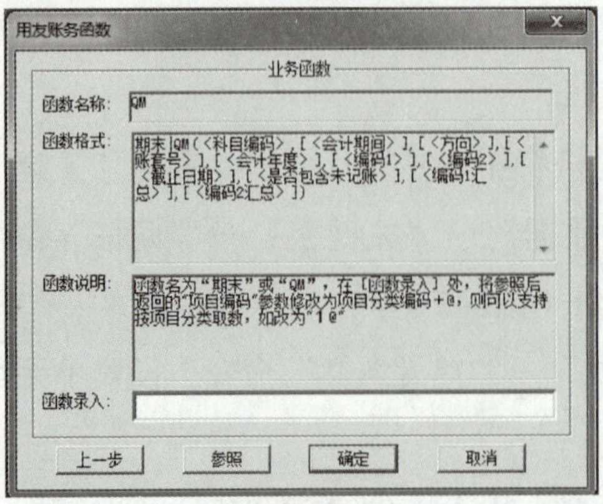

图5-8

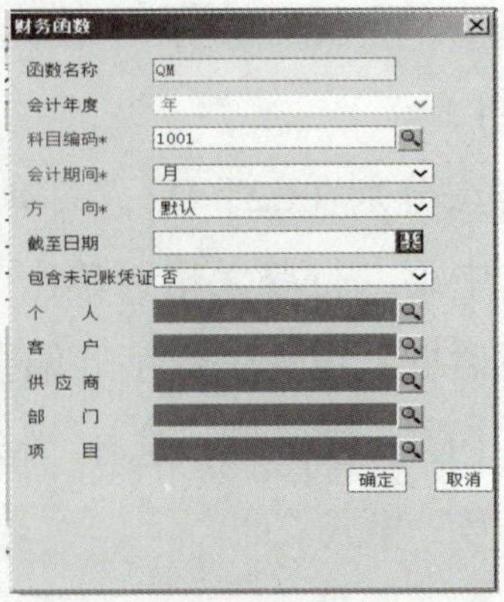

图5-9

Step5 选择科目为“1001库存现金”，其他按默认值，单击“确定”按钮，回到“定义公式”对话框（图5-10）。

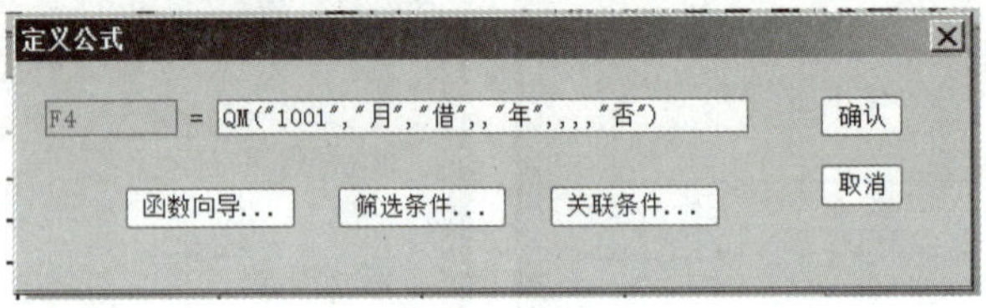

图5-10

Step6 单击“确认”按钮，F4单元格自动显示为“公式单元”。设置F6“期末余额合计”公式。

同理，设置期初余额、发生额和合计栏的公式（图5-11）。

	A	B	C	D	E	F
1	货币资金表					
2	单位名称：×××		××××年	××月		单位：元
3	项目	行次	期初余额	借方发生额	贷方发生额	期末余额
4	库存现金	1	公式单元	公式单元	公式单元	公式单元
5	银行存款	2	公式单元	公式单元	公式单元	公式单元
6	合计	3	公式单元	公式单元	公式单元	公式单元
7					制表人：赵君	

图5-11

任务检验

1.【多选题】在畅捷通 T3 报表系统编制报表时，操作顺序正确的有（ ）。

A.设置单元属性→录入关键字→表页重算→表页汇总

B.设置单元公式→录入关键字→表页重算→插入图表对象

C.设置单元公式→设置关键字→录入关键字→表页重算

D.设置关键字→设置单元公式→录入关键字→表页重算

2.【多选题】关于报表管理系统的关键字，下列说法正确的是（ ）。

A.关键字的值只能在格式状态下录入

B.关键字的值只能在数据状态下录入

C.关键字只能在格式状态下设置

D.关键字只能在数据状态下设置

任务评价

任务点		自我评价	教师评价	总结反思
报表格式定义	单元属性			
	格式			
定义单元公式	期初余额			
	期末余额			
	借方发生额			
	贷方发生额			
	合计			

任务3　报表数据处理

任务导入

河北开元科技有限公司财务人员赵君要生成本公司2023年1月货币资金表数据，并核对数据间钩稽关系。

任务描述

引入项目4数据，以账套主管“02赵君”的身份进行报表数据处理。

知识准备

报表数据处理主要包括生成报表数据、审核报表数据和舍位平衡操作等工作。数据处理必须在“数据”状态下进行，处理时计算机根据已定义好的单元公式、审核公式和舍位平衡公式自动进行数据采集、审核及舍位等操作。

任务实施

操作步骤：

报表数据处理

Step1　将报表状态改成数据状态，选择“数据”→“关键字”→“录入”命令，打开“录入关键字”对话框（图5-12）。

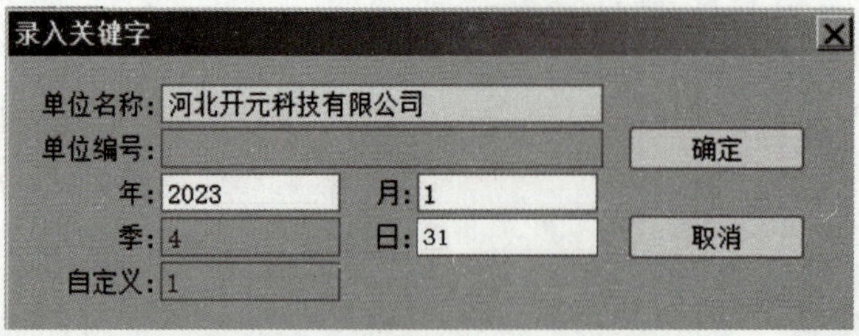

图5-12

Step2　录入关键字。单位名称为河北开元科技有限公司；日期为2023年1月31日。

Step3　单击“确认”按钮，软件提示“是否重算第1页？”，单击“是”按钮，即可生成河北开元科技有限公司的货币资金表（图5-13）。

货币资金表

河北开元科技有限公司　　2023年　1月　31日　　单位：元

项目	行次	期初余额	借方发生额	贷方发生额	期末余额
库存现金	1	2217.50	10200.00	1520.00	10897.50
银行存款	2	501798.98	1087250.00	612993.00	976055.98
合计	3	504016.48	1097450.00	614513.00	986953.48

制表人：赵君

图5-13

Step4　保存报表。

操作指导

关键字的录入及报表数据的计算必须在“数据”状态下进行。每次修改公式后都要进行整表重算。

任务检验

1.【判断题】每次修改公式后都要进行整表重算。（　　）

2.【判断题】在畅捷通T3报表系统中，关键字既可以在格式状态下录入，也可以在数据状态下录入。（　　）

任务评价

任务点		自我评价	教师评价	总结反思
录入关键字	单位名称			
	年、月、日			
编制报表	整表重算			
	保存报表			

任务4　应用报表模板

任务导入

财务人员赵君要利用系统模板生成河北开元科技有限公司2023年1月31日资产负债表、2023年1月利润表，以了解公司的财务状况和经营成果。

任务描述

引入项目4账套备份数据，以“02赵君”的身份启动报表管理系统，利用报表模板定义资产负债表、利润表，录入关键字，生成资产负债表、利润表。

知识准备

财务报表提供的报表模板包括了19个行业的70多张标准财务报表（包括现金流量表）。用户可以根据所在行业挑选相应的报表套用其格式及计算公式。通过调用模板的操作可以快速生成企业的报表，而不用再进行报表格式设计和定义公式的操作。

利用报表模板生成资产负债表

任务实施

1. 利用报表模板定义资产负债表

操作步骤：

Step1　打开财务报表系统（以“02赵君”的身份登录企业门户）。

Step2　在格式状态下，选择“文件”→“新建”命令，打开“新建报表”对话框（图5-14）。

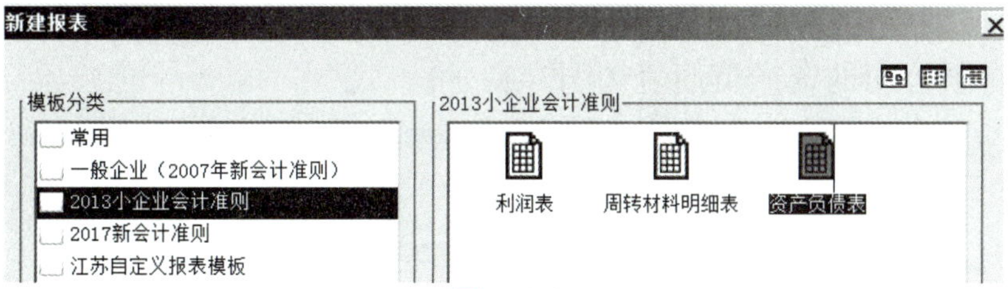

图5-14

Step3　选择模版分类“2013小企业会计准则”，财务报表“资产负债表”。

Step4　单击“确认”按钮，弹出“模板格式将覆盖本表格式！是否继续？”提示框。

Step5　单击“确定”按钮，即可打开“资产负债表”模板（图5-15）。

Step6　定义审核公式如下：

C36=G36

MESS “资产期末余额总计<>负债和所有者权益期末余额总计”

D36=H36

MESS “资产年初余额总计<>负债和所有者权益年初余额总计”

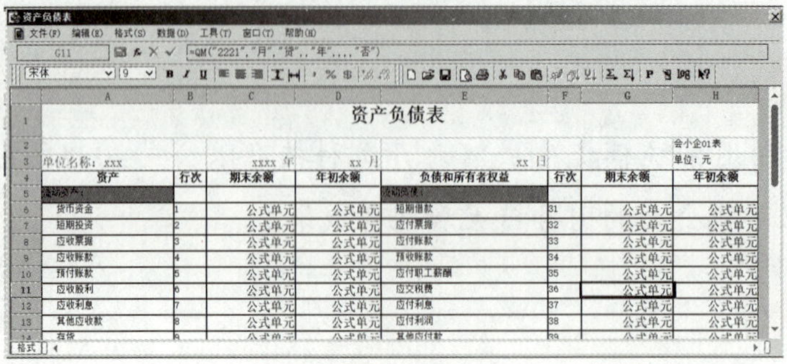

图5–15

2. 录入关键字、生成资产负债表数据

操作步骤：

Step1　将报表状态切换为数据状态，选择“数据”→“关键字”→“录入关键字”（图5–16）。

Step2　录入关键字。单位名称“河北开元科技有限公司”；日期：2023年1月31日。

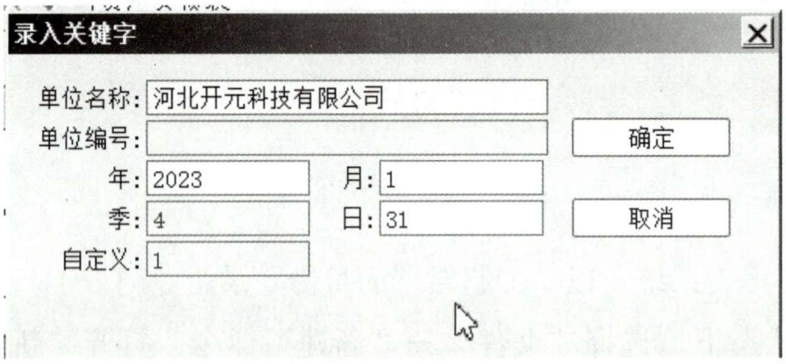

图5–16

Step3　单击“确认”按钮，软件提示“是否重算第1页？”，单击“是”按钮，即可生成河北开元科技有限公司的资产负债表（图5–17）。

图5–17

Step4　审核报表。

Step5　保存报表。

按同样的操作，生成河北开元科技公司2023年1月的利润表。

操作指导

报表生成后还可以进行输出。报表的输出包括报表的屏幕输出和打印输出。输出时可以针对报表的格式输出，也可以针对某一特定表页输出。输出报表的格式必须在“格式 ”状态下操作，而输出表页必须在“数据”状态下操作。输出表页时，格式和报表数据一起输出。

输出表页数据时会涉及表页的相关操作，如表页排序、查找和透视等。屏幕输出时还可以对报表的显示风格和显示比例进行设置。打印报表之前可以在预览窗口预览，打印时还可以进行页面设置和打印设置等操作。

任务检验

1.【单选题】设置某单元格单元公式不正确的是（　　）。

A.QC("1002",月,"贷",,,)

B.QM("1002",全年,"借",,,,,)

C.QC("1002",全年,"借",)

D.QM("1002",月,"借",,,,,)

2.【多选题】某单元格可能属于（　　）单元类型。

A.字符型　　B.表样型　　C.数值型　　D.逻辑型

3.【多选题】输出表页数据时会涉及表页的相关操作，如（　　）。

A.打印预览　　B.表页查找　　C.表页透视　　D.表页排序

4.【多选题】关于报表输出说法正确的有（　　）。

A.输出表页必须在“数据”状态下操作

B.表的输出包括报表的屏幕输出和打印输出

C.输出表页时，只输出报表数据

D.输出报表的格式必须在“格式”状态下操作

任务评价

任务点		自我评价	教师评价	总结反思
资产负债表模板	录入关键字			
资产负债表模板	定义审核公式			
	生成报表			
	审核报表			
	保存报表			
利润表模板	录入关键字			
	生成报表			
	保存报表			

职业能力训练

训练要求：

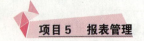

以学生姓名005的身份进行报表管理操作。

训练资料：

一、自定义报表——主要指标分析表

1. 报表格式（表5-2）

表5-2 主要指标分析表

单位名称： 年 月 日 单位：元

资产数	借方发生额	贷方发生额	期末数	负债和所有者权益	借方发生额	贷方发生额	期末数
货币资金				短期借款			
固定资产				实收资本			
应收账款				未分配利润			
合计				合计			

会计主管： 制表人：学生姓名

要求如下：

（1）将报表设置为8行8列。

（2）定义报表第1行行高为9 mm，定义第1列和第5列列宽为42 mm。（单机版）

（3）将A3：H7画上网线。

（4）将AI：H1合并单元格。

（5）依照上表输入表样文字。

（6）分别选择区域B4：D7和E4：H7，设置其单元属性中的单元类型为数值，数字格式为逗号隔开。（单机版）

（7）将“主要指标分析表”设置字体为楷体，字形为粗体，字号为20，水平方向和垂直方向居中。

（8）关键字设置：在A2单元中定义“单位名称”，在C2单元中定义“年”，在D2单元中定义“月”，在E2单元中定义“日”。

（9）将关键字“月”和“日”分别偏移至合适位置(单机版）。

2. 编辑报表公式

（1）定义单元公式。

直接输入或使用“函数向导”输入各数值单元格计算公式。

（2）定义审核公式。

检查资产合计是否等于负债和所有者权益合计，如果不等于，提示“报表不平”提示信息。

3. 编制报表

（1）进入“主要指标分析表”数据状态。

（2）输入关键字的内容：单位名称为“天宇科技有限公司”，时间：年为“2023年”，月为“3月”，日为“31日”。

（3）计算天宇科技有限公司2023年3月31日的“主要指标分析表”的数据。

二、利用报表模板编制报表

（1）调用“小企业新会计准则（2013年）”的“资产负债表”模板，生成北京天宇科技有限公司的资产负债表，并保存。

（2）调用“小企业新会计准则（2013年）”的“利润表”模板，生成北京天宇科技有限公司的利润表，并保存。

包罗万象

企业财务指标可以为企业管理和决策提供重要依据，指标可分为四大类（表5-3）。

表 5-3　主要财务指标

指标类别	财务指标	计算公式	部分行业参考值	指标说明
偿债能力指标	流动比率	流动资产 ÷ 流动负债 ×100%	汽车 1.1，房地产 1.2，制药 1.25，建材 1.25，化工 1.2，计算机 2，电子 1.45，商业 1.65，机械 1.8	流动比率越高，短期偿债能力越强。一般认为流动比率为 2 时比较合理
	速动比率	速动资产 ÷ 流动负债 ×100%	汽车 0.85，房地产 0.65，制药 0.90，化工 0.90，计算机 1.25，电子 0.95，商业 0.45，玻璃 0.45	速动比率越高，企业偿债能力越强，适当值为 1
	资产负债率	（总负债 ÷ 总资产）×100%	工业 50% 以下，商业 70% 以下，房地产 60% 以下，贸易 70% 以下	资产负债率越小，表明企业长期偿债能力越强。其值不大于 0.5 为合理
营运能力指标	应收账款周转率	销售收入 ÷ 应收账款 ×100%	工业 4 次以上，商贸 6 次以上	周转速度越快，资产的使用效率越高，则运营能力越强
	存货周转率	销售收入 ÷ 平均存货 ×100%	工业 3~4 次，商贸 6~18 次	该指标越高，表明存货变现能力越强
	总资产周转率	销售收入 ÷ 总资产	工业 1.2~2 次，商业 1~3 次，贸易 4~6 次，房地产 0.5~1 次	该指标越高，表明资产周转越快，总资产的使用效率越高

续表

指标类别	财务指标	计算公式	部分行业参考值	指标说明
盈利能力指标	营业利润率	营业利润 ÷ 营业收入 ×100%		该指标越高，表明企业市场竞争力越强，发展潜力越大，盈利能力越强
	净资产收益率	净利润 ÷ 平均净资产 ×100%		净资产收益率越高，企业自有资本获取收益的能力越强，运营效益越好，对企业投资人、债权人的保证程度越高
	总资产报酬率	息税前利润总额 ÷ 平均资产总额 ×100%		该指标越高，表明企业的资产利用效益越好，整个企业盈利能力越强
发展能力指标	营业收入增长率	本年营业收入增长额 ÷ 上年营业收入 ×100%		营业收入增长率大于零，表示企业本年营业收入有所增长，指标值越高表明增长速度越快，企业市场前景越好
	资本保值增值率	年末所有者权益总额 ÷ 年初所有者权益总额 ×100%	该指标通常应大于 100%	资本保值增值率越高，表明企业的资本保全状况越好，所有者权益增长越快，债权人的债务越有保障
	总资产增长率	本年总资产增长额 ÷ 年初资产总额 ×100%		该指标越高，表明企业一定时期内资产经营规模扩张的速度越快

项目6
固定资产管理

项目导入

固定资产是企业进行生产经营活动的物质基础，在企业总资产中所占比重很大，正确核算和严格管理固定资产对企业的生产经营具有重要的意义。固定资产系统主要进行固定资产日常业务的核算和管理；生成固定资产卡片；按月反映固定资产的增加、减少、原值变化及其他变动，并输出相应的增减变动明细账；按月自动计提折旧，生成折旧分配凭证并传递到总账系统，同时输出相关的账簿和报表。固定资产管理应用流程如图6–1所示。

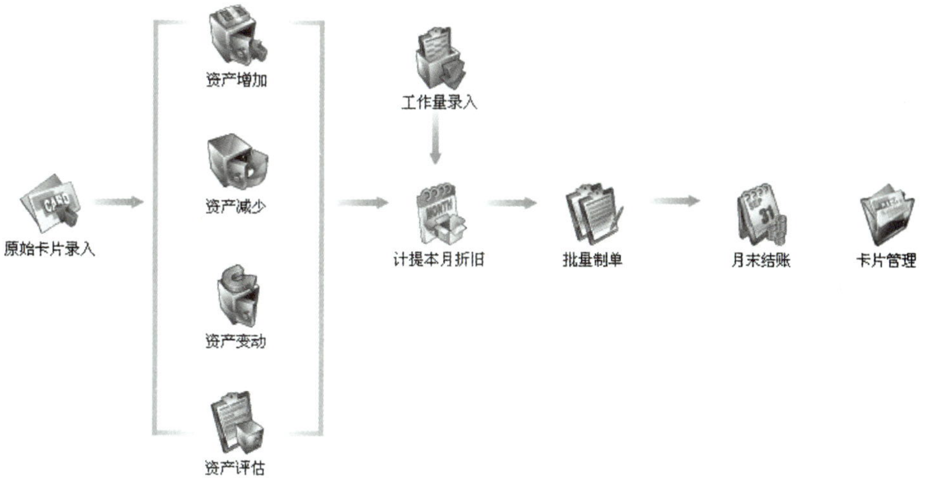

图6–1

学习目标

知识目标

1.了解固定资产管理系统的基本功能。

2.熟悉固定资产管理系统的工作流程。

3.掌握利用固定资产子系统进行企业固定资产日常管理的方法。

技能目标

1.掌握固定资产账套初始化的操作。

2.掌握固定资产卡片管理及资产增减变动的处理操作。

3.掌握固定资产折旧的相关处理操作。

素养目标

1.正确规范地进行固定资产核算，树立财务人员的职业素养。

2.了解固定资产税前扣除优惠政策，体会国家支持企业创新发展、促进企业设备更新和技术升级、持续激发市场主体创新活力的政策深意。

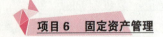

思维导图

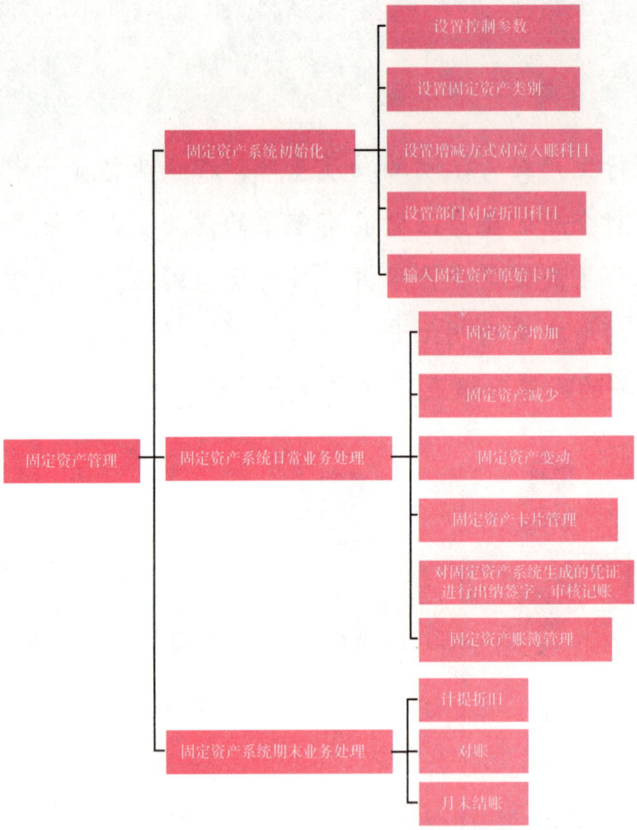

任务1　固定资产系统初始化

任务导入

河北开元科技有限公司财务人员王娟要进行固定资产管理系统初始化设置，以确保固定资产管理的准确性和高效性，为企业的财务和运营决策提供有力支持。

任务描述

以账套主管“01王娟”的身份启用固定资产模块并进行固定资产的初始化。现有关具体资料如下：

1. 设置固定资产管理系统控制参数（表 6–1）

表 6–1　控制参数

控制参数	参数设置
约定与说明	我同意
启用月份	2023 年 1 月
折旧信息	本账套计提折旧 折旧方法：平均年限法（一） 折旧汇总分配周期：1 个月 当（月初已计提月份＝可使用月份 -1）时，将剩余折旧全部提足（工作量法除外）
编码方式	资产类别编码方式：2112 固定资产编码方式：按“类别编码＋部门编码＋序号”自动编码 卡片序号长度为 3
账务接口	与账务系统进行对账 对账科目： 固定资产对账科目“1601，固定资产” 累计折旧对账科目“1602，累计折旧” 在对账不平衡的情况不允许月末结账
补充参数	业务发生后立即制单 月末结账前一定要完成制单登账业务 可纳税调整的增加方式：直接购入 固定资产默认入账科目：1601；累计折旧默认入账科目：1602 可抵扣税额入账科目：22210101 进项税额

2. 设置固定资产类别（表 6–2）

表 6–2　固定资产类别

编码	类别名称	计提属性	净残值率/%	折旧方法	卡片式样
01	交通运输设备	正常计提	5	平均年限法（一）	通用
011	经营用	正常计提	5	平均年限法（一）	通用
012	非经营用	正常计提	5	平均年限法（一）	通用
02	电子设备及其他通信设备	正常计提	4	平均年限法（一）	通用
021	经营用	正常计提	4	平均年限法（一）	通用
022	非经营用	正常计提	4	平均年限法（一）	通用

3. 设置固定资产增减方式的对应入账科目（表 6–3）

表 6–3　固定资产增减方式的对应入账科目

增减方式目录	对应入账科目
增加方式：直接购入	100201
减少方式：毁损	606

4. 设置部门对应折旧科目（表 6-4）

表 6-4　部门对应折旧科目

部门	对应折旧科目
企管部	560210
财务部	560210
采购部	560210
生产部	410102
销售部	560108

5. 输入固定资产原始卡片（表 6-5）

表 6-5　2023 年 1 月固定资产原始卡片资料

固定资产名称	类别编号	所在部门	增加方式	可使用年限	开始使用日期	原值/元	累计折旧/元	对应折旧科目名称	使用状况
面包车	012	企管部	直接购入	6	2021.12.01	189 330.00	30 555.45	管理费用	在用
华为笔记本	022	企管部	直接购入	5	2022.02.01	8 900.00	1 483.25	管理费用	在用
hp 打印机	022	企管部	直接购入	5	2022.03.01	3 510.00	562.31	管理费用	在用
自动化组装设备 01	021	生产部	直接购入	10	2020.06.01	465 000.00	119 383.80	制造费用	在用
自动化组装设备 02	021	生产部	直接购入	8	2020.04.01	180 960.00	60 320.15	制造费用	在用
联想电脑 01	021	生产部	直接购入	5	2022.11.01	6 490.00	103.84	制造费用	在用
联想电脑 02	021	生产部	直接购入	5	2022.11.01	6 490.00	103.84	制造费用	在用
数控机床	021	生产部	直接购入	10	2022.12.15	1 560 000.00	0.00	制造费用	在用
测试仪器	021	生产部	直接购入	10	2022.12.15	440 000.00	0.00	制造费用	在用
合计						2 860 680.00	212 512.64		

知识准备

固定资产管理系统初始化是根据企业的具体情况，建立一个合适的固定资产子系统的过程。

固定资产管理系统初始化设置包括固定资产参数设置、基础设置和输入期初固定资产卡片。固定资产参数设置包括约定与说明、启用月份、折旧信息、编码方式，以及财务接口等。这些参数在初次启动固定资产管理系统时设置，其他参数在“选项”中补充。

固定资产基础设置包括设置资产类别、设置部门对应折旧科目、设置固定资产增减方式、设置计提折旧方法、设置使用状况和设置固定资产卡片。

固定资产卡片是固定资产核算和管理的基础依据。为保持历史资料的连续性，必须将建账日期以前的卡片数据录入系统中。

任务实施

1. 设置控制参数

设置固定资产控制参数

操作步骤：

Step1　双击“系统管理”图标，以账套主管“01王娟”的身份登录系统管理。

Step2　选择“账套”→“启用”命令，打开“系统启用 ”对话框。选中“FA固定资产管理”复选框，打开“日历”对话框。选择固定资产系统启用日期为“2023年1月1日”，然后单击“确定”按钮，即可启用固定资产系统（图6–2）。

Step3　退出“系统管理”，双击畅捷通“T3”图标，以“01王娟”的身份登录会计信息化软件。选择“固定资产”菜单，弹出“这是第一次打开账套，还未进行过初始化，是否进行初始化？”信息提示框（图6–3）。

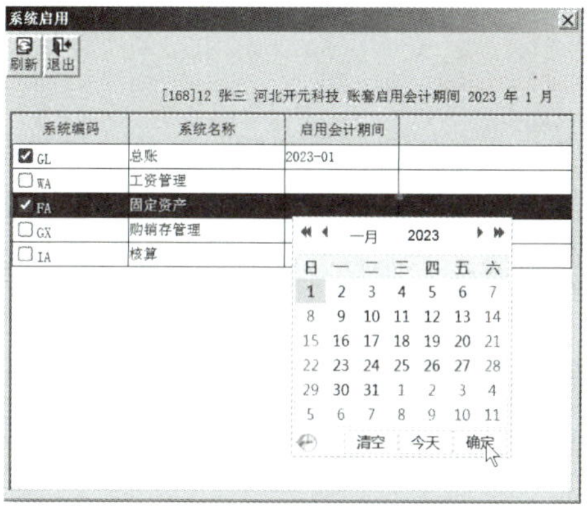

图6–2

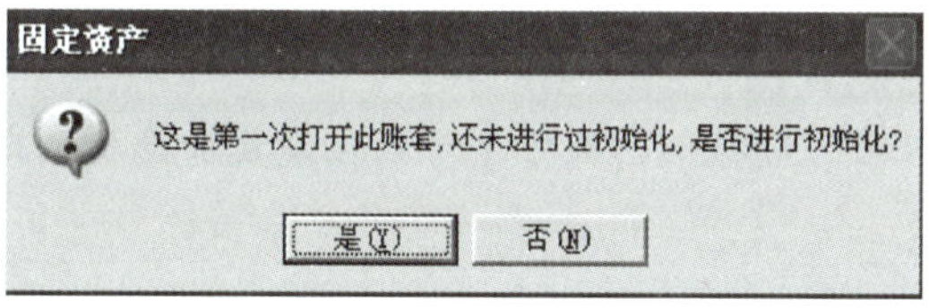

图6–3

Step4　单击“是”按钮，打开“固定资产初始化向导→约定及说明”对话框（图6–4）。在该对话框中，仔细阅读相关条款，选择“我同意”单选按钮。

Step5　单击“下一步”按钮，打开“固定资产初始化向导→启用月份”对话框（图6–5），选择“账套启用月份”为“2023.01”。

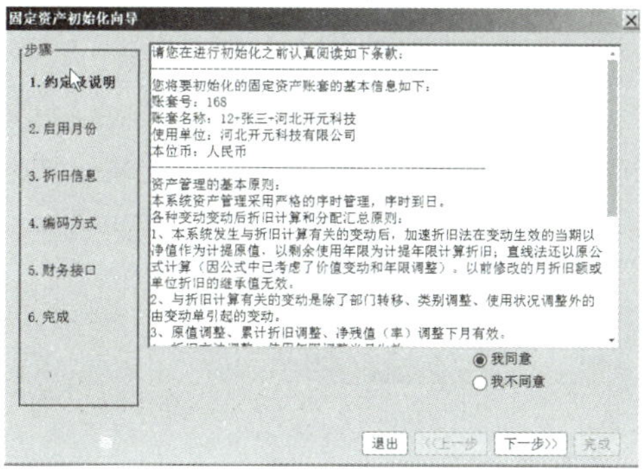

图6–4

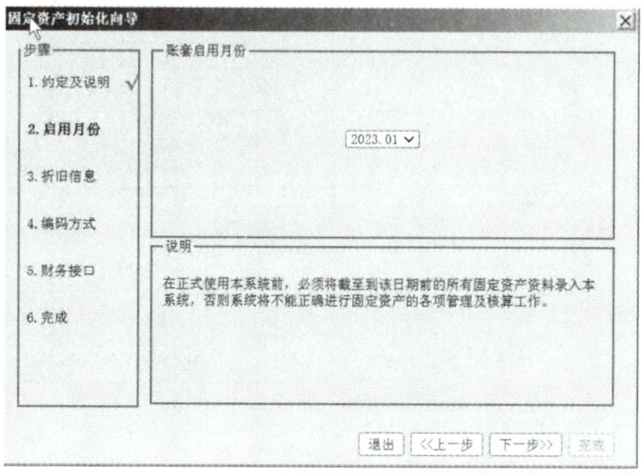

图6–5

Step6　单击“下一步”按钮，弹出“固定资产初始化向导→折旧信息”对话框（图

6-6），勾选“本账套计提折旧”复选框，选择“主要折旧方法”为“平均年限法（一）”，“折旧汇总分配周期”为“1个月”，勾选“当（月初已计提月份=可使用月份-1）时将剩余折旧全部提足（工作量法除外）”复选框。

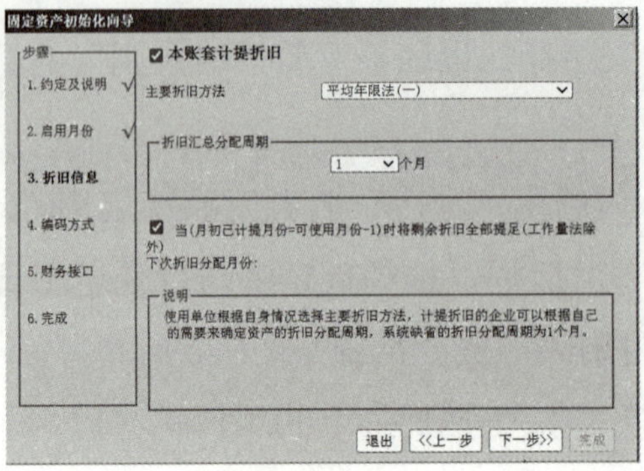

图6-6

操作指导

在“固定资产初始化向导—折旧信息”对话框中，“本账套计提折旧”选项的作用是根据需要选定本账套是否计提折旧。按照制度规定，行政事业单位的固定资产不计提折旧，而企业的固定资产则应计提折旧，一旦选择了不计提折旧，则账套内所有与折旧有关的功能均不能操作，该选项在初始化设置完成后不能修改。

本操作选择的折旧方法可以在设置资产类别或定义具体固定资产时进行更改。

Step7 单击“下一步 ”按钮，打开“ 固定资产初始化向导—编码方式”对话框（图6-7），在“资产类别编码方式”中选择“编码长度”为“2112”，选择“固定资产编码方式”为“自动编码”，在“自动编码”下拉列表中选择“类别编号+部门编号+序号”，选择“序号长度”为“3”。

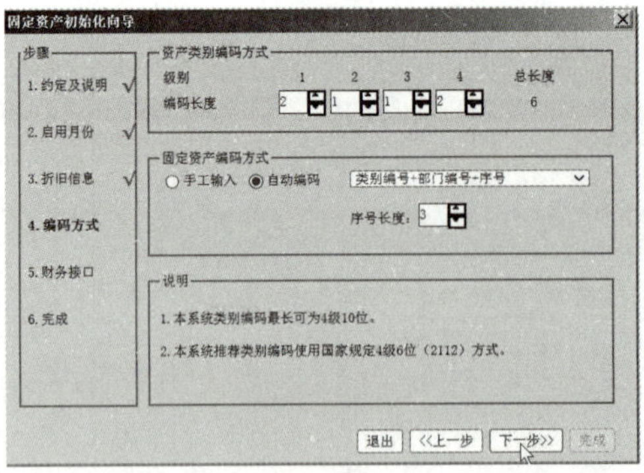

图6-7

Step8 单击“下一步”按钮，打开“固定资产初始化向导—财务接口”对话框（图6-8），勾选“与账务系统进行对账 ”复选框，选择“固定资产对账科目”为“16015固定资产”，“累计折旧对账科目”为“1609累计折旧”。

Step9　单击“下一步”按钮，打开“固定资产初始化向导—完成”信息提示框（图6–9）。

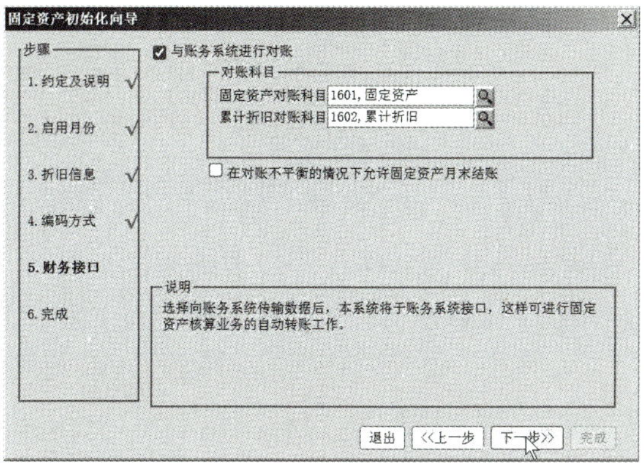

图6–8

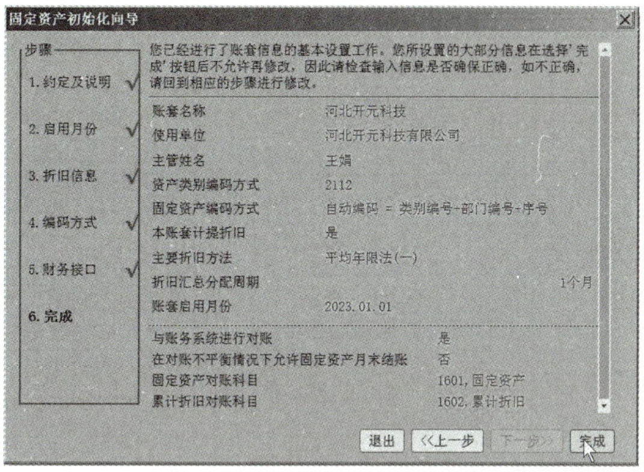

图6–9

Step10　仔细审核有关项目内容，如有错误，单击“上一步”按钮进行修改；如无错误，单击“完成”按钮。完成固定资产系统初始化参数设置。

操作指导

建账完成后，当需要对账套中的某些参数进行修改时，可以在“选项”对话框重新设置。

当发现某些错误，又不允许修改（如本账套是否计提折旧）但必须纠正时，则只能通过“重新初始化”功能实现，但应注意重新初始化将清空对该账套所做的一切工作。

Step11　补充参数设置。选择“固定资产”→“设置”→“选项”命令，打开“固定资产选项”对话框（图6–10）。选择“与账务系统接口”选项卡，勾选“业务发生后立即制单”和“月末结账前一定要完成制单登账业务”复选框，选择“可纳税调整的增加方式”为“直接购入”，“［固定资产］缺省入账科目”为“1601，固定资产”，“［累计折旧］缺省入账科目”为“1602，累计折旧”，“可抵扣税额入账科目”为“22210101，应交税费/应交……”，然后单击“确定”按钮。

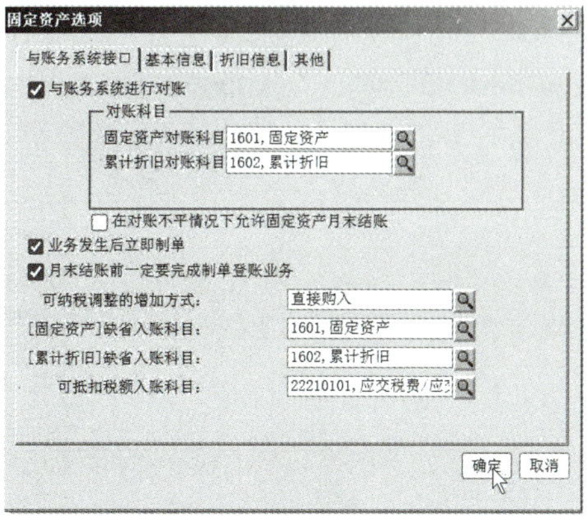

图6–10

操作指导

固定资产参数说明：

1.约定与说明

（1）序时管理原则。

（2）固定资产变动后的折旧计算和分配汇总原则。

2.启用月份

如果需要向总账系统传递凭证，那么固定资产的启用月份不得在总账系统的启用月份之后。启用日期确定之后，在该日期前的所有固定资产都将作为期初数据，从启用月份开始计提折旧。

3.折旧信息

设定本企业的折旧方案，即确定是否计提折旧、采用什么方法计提折旧、多长时间进行折旧汇总分配。

4.编码方式

按照编码管理对象是计算机业务处理的基本特征。在固定资产系统中需要对每一项资产所属的资产类别及资产本身进行编码管理，此处是指设定编码的原则。

5.账务接口

如果固定资产和总账系统集成使用总账系统中管理“固定资产”和“累计折旧”科目的总账，固定资产系统管理每一项固定资产和折旧计算的详细情况，但两者应该存在相等关系。

6.其他参数

在固定资产初始化向导中完成以上参数设置后，还要另外进行一些参数的补充设置，例如业务发生后是否立即进行制单处理、固定资产和累计折旧的入账科目设定等。

2. 设置固定资产类别

操作步骤：

Step1 选择“固定资产”→“设置”→“资产类别”，打开“固定资产分类编码表”（图6–11）。

Step2 单击“添加”按钮，选择“单张视图”选项卡（图6–12），选择“类别名称”为“交通运输设备”，输入“净残值率”为“5”。

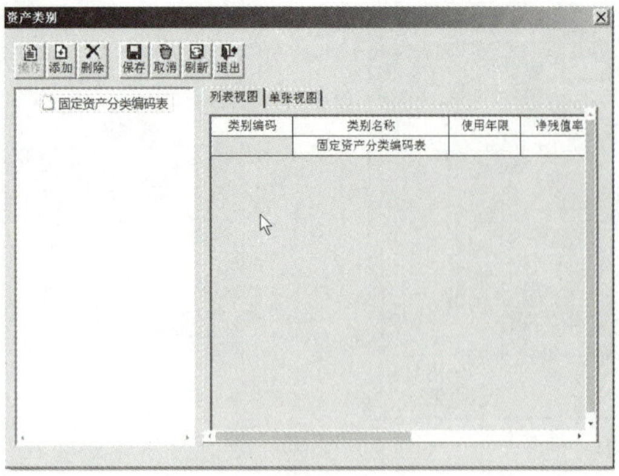

图6–11

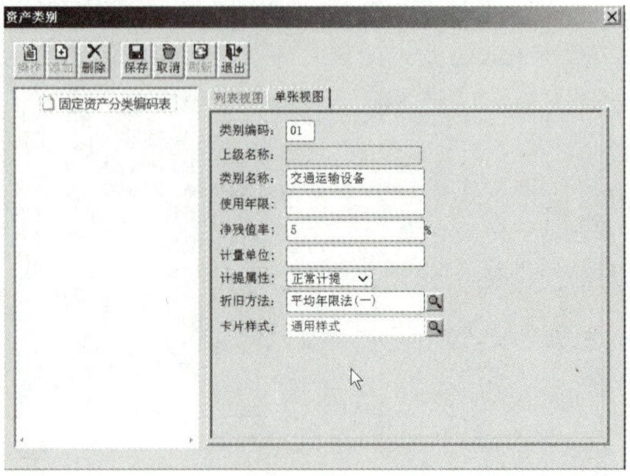

图6–12

Step3 单击“保存”按钮，以此方法继续输入其他的资产类别。

Step4 单击“退出”按钮，完成资产类别设置。

操作指导

资产类别编码不能重复，同一级的类别名称不能相同。类别编码、名称、计提属性、卡片样式不能为空。

已使用过的类别计提属性不允许删除或增加下级类别。

3. 设置增减方式的对应入账科目

操作步骤：

Step1 选择“固定资产”→“设置”→“增减方式”命令，打开“列表视图”选项卡（图6–13）。

Step2 在左边的“增减方式目录表”中选择“1增加方式”节点下的“101直接购入”，然后单击工具栏中的“操作”按钮，切换到“单张视图”选项卡（图6–14），“对应入账科目”选择“100201，银行存款/工行人民币户”。单击工具栏中的“保存”按钮。

设置固定资产增减方式的对应入账科目

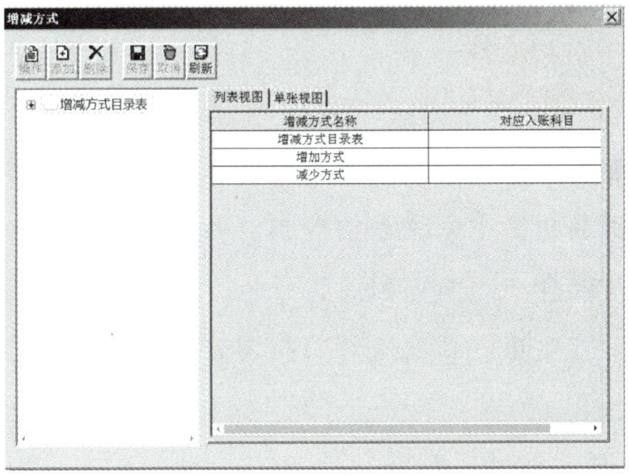

图6–13

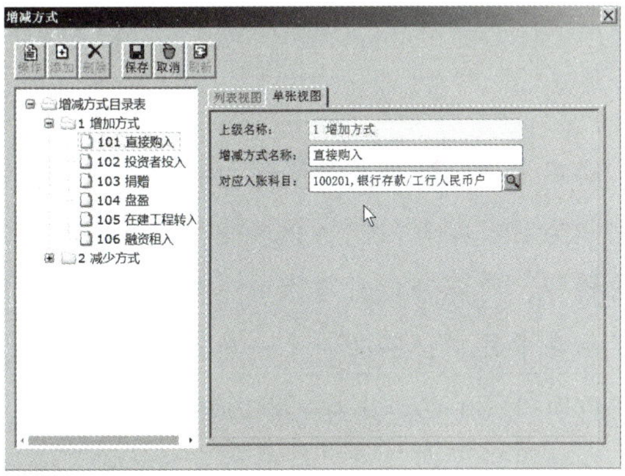

图6–14

Step3 按同样的方法输入其他固定资产增减方式所对应的入账科目。完成增减方式对应科目设置。

操作指导

当固定资产发生增减变动，系统生成凭证时会默认采用这些科目。非明细级的增减方式不能删除，已使用的增减方式不能删除。

生成凭证时如果入账科目发生了变化，可以进行修改。

4. 设置部门对应折旧科目

操作步骤：

设置部门对应折旧科目

Step1　选择“固定资产”→“设置”→“部门对应折旧科目”命令，打开“部门对应折扣科目—列表视图”（图6-15）。

Step2　在左边的“固定资产部门编码目录”中选择“1企管部”所在行，然后单击工具栏中的“操作”按钮，切换到“单张视图”选项卡（图6-16），“折旧科目”选择为“560210，管理费用/折旧”。

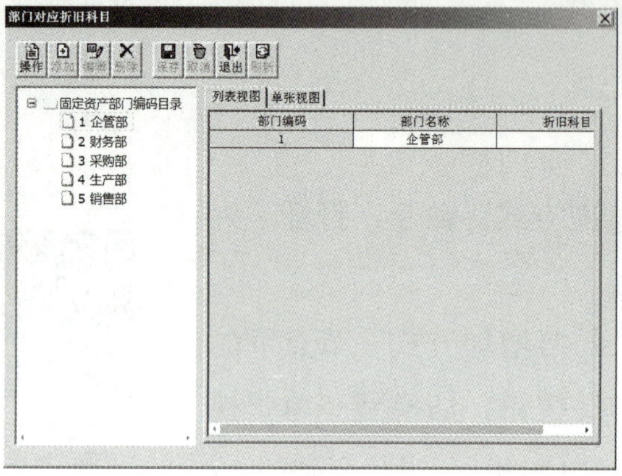

图6-15

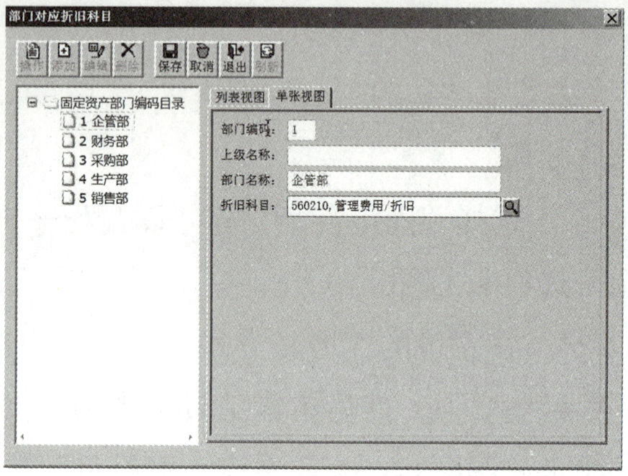

图6-16

Step3　单击工具栏中的“保存”按钮，用同样的方法继续设置其他部门的对应折旧科目。

操作指导

固定资产计提折旧后必须把折旧归入成本或费用，根据不同使用者的具体情况按部门或按类别归集。当按部门归集折旧费用时，某一部门所属的固定资产折旧费用将归集到一个比较固定的科目，所以部门对应折旧科目设置就是给部门选择一个折旧科目，录入卡片时，该科目自动显示在卡片中，不必一个一个地输入，可提高工作效率。在生成部门折旧分配表时，每一部门按折旧科目汇总，生成记账凭证。

在使用设置部门对应折旧科目功能前，必须先建立好部门档案。

设置了上级部门的折旧科目，则下级部门可以自动继承，下级部门也可以选择与上级部门不同的折旧科目。

5. 输入固定资产原始卡片

操作步骤：

Step1　选择“固定资产”→“卡片”→“录入原始卡片”命令，打开“资产类别参照”对话框。选择“01交通运输设备”节点下的“012非经营用”（图6-17），单击“确认”按钮，打开“固定资产卡片”窗口。

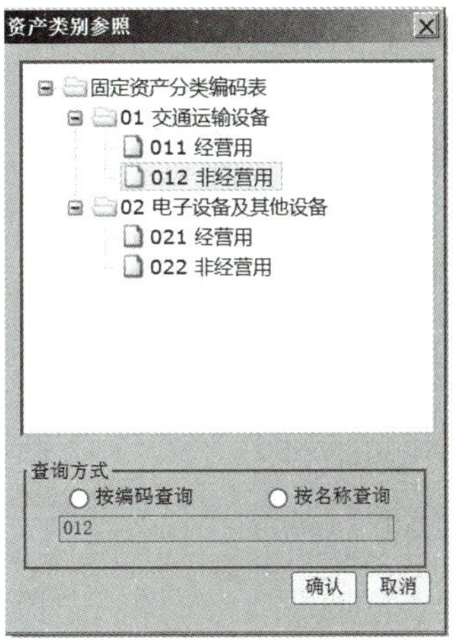

图6-17

输入固定资产原始卡片

Step2　在“固定资产卡片”窗口，输入“固定资产名称”为“面包车”，双击“部门名称”栏，弹出“部门参照”对话框，在“部门参照”对话框选择“企管部”，单击“确认”按钮。

Step3　在“固定资产卡片”窗口，双击“增加方式”栏，弹出“增加方式参照”对话框，在该对话框，选择“101直接购入”，单击“确认”按钮。

Step4　在“固定资产卡片”窗口，双击“使用情况”栏，弹出“使用状况参照”对话框，在该对话框中，选择“在用”，单击“确认”按钮。

Step5　在“固定资产卡片”窗口，“开始使用日期”输入“2021-12-01”，“原值”输入“189 330”，“累计折旧”输入“30 555.45”，“使用年限”输入“6年0月”，其他数据由系统自动计算。“填制完成的固定资产卡片”如图6-18所示。单击工具栏中的“保存”按钮。以此方法继续录入其他固定资产的原始卡片。

Step6　原始卡片全部保存后，可以选择“固定资产”→“卡片”→“卡片管理”命令，查看“固定资产卡片情况”（图6-19）。

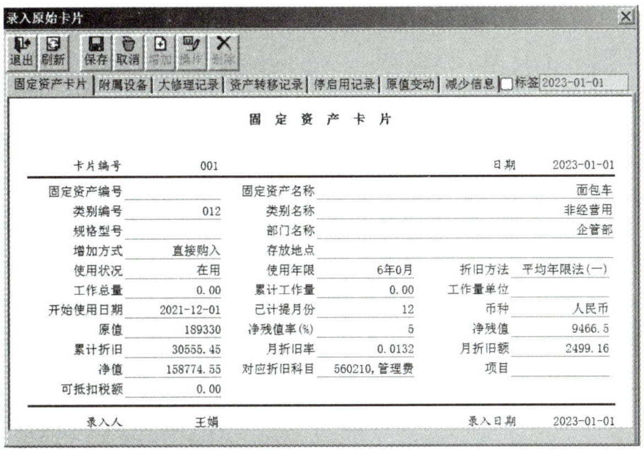

图6-18

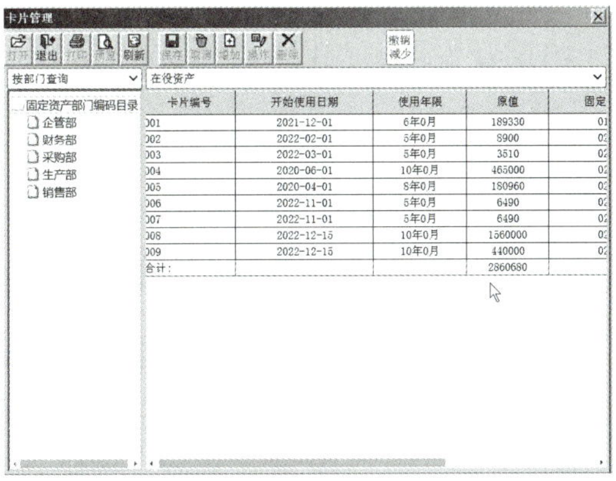

图6-19

操作指导

卡片编号由系统根据初始化时定义的编码方案自动设定，不能修改。如果删除的卡片不是最后一张，系统将保留空号。

已计提月份由系统根据开始使用日期自动算出，可以修改。

在完成与计算折旧有关的项目录入后，系统会按照输入的内容自动算出月折旧率和月折旧额，并显示在相应项目内，可与手工计算的值进行比较，核对是否存在错误。

Step7　固定资产卡片期初录入完成后，选择“固定资产”→“处理”→“对账”命令，弹出“与账务对账结果”信息提示框（图6-20）。单击“确定”按钮，完成固定资产系统初始化参数设置。

如果对账不平衡，单击“卡片管理”→“操作”菜单进行卡片修改。

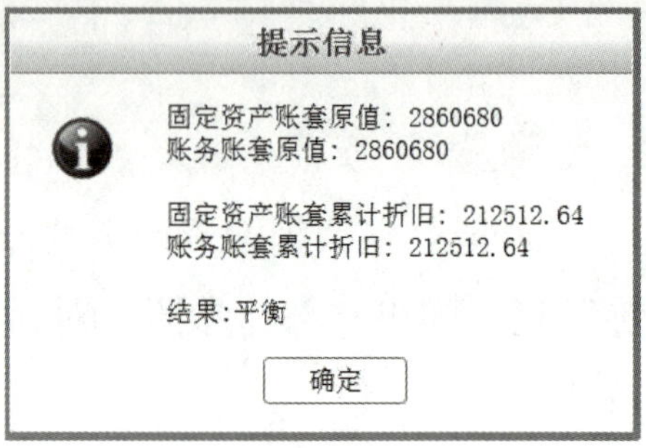

图6-20

操作指导

固定资产卡片是固定资产核算和管理的依据，为了保持历史资料的连续性，在使用固定资产核算前，除了要进行基础设置的工作外，还必须将建账日期以前的数据录入系统中，使固定资产系统中有一个完整的数据资料。原始卡片的录入不限制必须在第一个期间结账前，任何时候都可以录入原始卡片。

如果对账不平衡，单击“卡片管理”→“操作”菜单进行卡片修改。

任务检验

【单选题】1. 固定资产系统的初始化设置顺序是（　　）。

(1) 约定及说明；(2) 启用月份；(3) 账务接口；(4) 编码方式；(5) 折旧信息；(6) 完成

A.(1)-(2)-(3)-(4)-(5)-(6)　　B.(1)-(2)-(4)-(3)-(5)-(6)

C.(1-(2)-(5)-(6)-(3)-(4)　　D.(1)-(2)-(5)-(4)-(3)-(6)

【单选题】2. 关于固定资产部门对应折旧科目的说法，正确的是（　　）。

A.固定资产卡片录入的时候，录入该部门，会带出设置好的对应折旧科目，但不能手工修改

B.卡片录入时，录入该部门，会带出设置好的对应折旧科目，可以手工修改

C.卡片录入时，录入该部门，不会带出设置好的对应折旧科目，需要手工录入或参照选择

D.以上都不对

【多选题】3. 定义固定资产类别时，不能为空的内容有（　　）。

A.计提属性　　B.类别编码　　C.计量单位　　D.名称

【多选题】4. 固定资产管理系统的作用有（　　）。

A.反映固定资产的增加、减少、原值变化及其他变动

B.自动计提折旧

C.管理固定资产卡片

D.完成企业固定资产日常业务的核算和管理

【多选题】5. 下面选项中属于固定资产系统初始化设置的是（　　）。

A.固定资产参数设置　　B.固定资产基础设置

C.输入期初固定资产卡片　　D.固定资产变动

任务评价

任务点		自我评价	教师评价	总结反思
固定资产系统初始化	设置控制参数			
	设置固定资产类别			
	设置增减方式对应入账科目			
	设置部门对应折旧科目			
	录入固定资产原始卡片			

任务 2　固定资产系统日常业务处理

任务导入

河北开元科技有限公司财务人员赵君要进行固定资产日常业务处理，确保固定资产的准确记录、有效管理和合理使用，以支持企业的长期发展。

任务描述

以总账会计“02赵君”的身份进行固定资产日常业务处理。现有关具体资料如下：

1. 固定资产增加

1月26日，销售部因业务需要，经申请获得批准后购买客货两用汽车一辆，类别：011，已取得机动车销售统一发票，发票上注明价款160 000元，增值税20 800元，价税合计180 800元，用转账支票支付，票号为“1239”，预计使用年限6年，净残值率为5%，附件2张。

1月27日，企管部购买联想笔记本一台，类别：021，增值税专用发票上注明价款7 800元，增值税1 014元，价税合计8 814元，用转账支票支付，票号为“1240”，预计使用5年，净残值率为4%，附件2张。

2. 固定资产减少

1月28日，生产部联想电脑02号遇病毒，整机毁损，其零件残值变价收入500元现金。

3. 固定资产变动

1月29日，因市场推广需要，企管部的hp打印机调拨到销售部使用。

4. 固定资产卡片管理

略。

5.04 出纳签字，01 审核记账

略。

6. 固定资产账簿管理

1月31日，查询2023年1月固定资产账表内容。

知识准备

固定资产系统日常业务处理是对固定资产日常增减变动所进行处理的过程，利用固定资产系统可以降低企业固定资产管理的人工成本，提高企业固定资产的管理水平。

固定资产系统日常业务处理包括资产增加、减少处理，资产变动处理，资产卡片管理，资产变动生成凭证及资产账表管理等内容。固定资产日常业务处理以卡片管理为核心，系统通过卡片管理自动生成记账凭证。

资产增加是指以购进或通过其他方式增加企业的资产。资产增加需要输入一张新的固定资产卡片，与固定资产期初输入相对应。

资产减少是指资产在使用过程中，由于各种原因（如毁损、出售、盘亏等）退出企业，此时要做资产减少处理，资产减少需输入资产减少卡片并说明减少原因。

资产变动主要包括原值变动、部门转移、使用状况变动、使用年限调整、折旧方法调整、净残值（率）调整、工作总量调整、累计折旧额调整、资产类别调整等。系统对已做出变动的资产，要求输入相应的变动单来记录资产调整结果。

卡片管理包括卡片修改、卡片删除（不是资产清理或减少）、卡片查询及打印等。无论固定资产增加还是减少，都要通过对固定资产卡片进行管理。

生成凭证是根据固定资产各项业务数据生成记账凭证，并自动传输到总账系统中，生成凭证可以采取“立即制单”或“批量制单”两种方式来实现。

账表管理包括账簿和各种分析表的管理，系统提供的账表分为账簿、折旧表、汇总表、分析表等。

任务实施

固定资产增加

1. 固定资产增加

操作步骤：

Step1　将系统日期修改为“2023年1月26日”，以总账会计“02赵君”的身份重新登录，选择“固定资产”→“卡片”→“资产增加”命令，打开“资产类别参照”对话框，在“资产类别参照”对话框中选择“01交通运输设备”下的“011经营用”。

Step2　单击“确认”按钮，打开“固定资产卡片[新增资产]”窗口，在窗口中分别录入或选择“固定资产名称”为“客货两用汽车”，录入“部门名称”为“销售部”，录入“增加方式”为“直接购入”，录入“使用状况”为“在用”，录入“使用年限”为“6年0月”，录入“原值”为“160 000”，录入“可抵扣税额”为“20 800”，输入完成的“固定资产卡片”（图6-21），单击工具栏中的“保存”按钮。

Step3　打开“填制凭证”窗口，修改“制单日期”为“2023.01.26”，录入“附单据数”为“2”。

Step4　单击记账凭证界面内的“银行存款/工行人民币户”，鼠标指针由箭头状变为铅笔状，双击付款凭证内界面的票号处，打开“辅助项”对话框。在“辅助项”对话框选择“结算方式”为“202”，录入“票号”为“1239”，选择“输入日期”为“2023.01.26”，填写完整的辅助项（图6-22）。单击“确认”按钮，回到“填制凭证”窗口，单击工具栏中的“保存”按钮保存记账凭证。

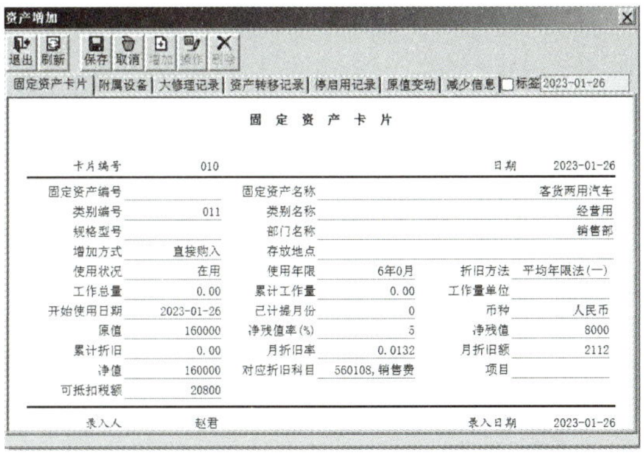

图6-21

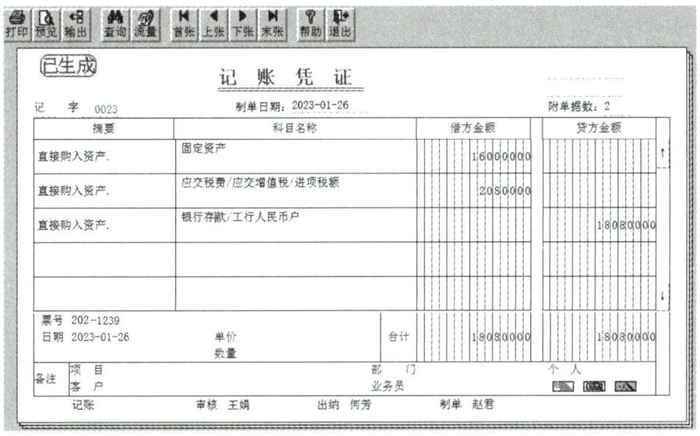

图6-22

Step5　以此方法继续录入新增的手提电脑原始卡片，并生成购买手提电脑的记账凭证。

操作指导

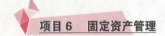

只有固定资产系统初始化设置时，在“与账务系统接口”中选择了“业务发生后立即制单”选项，新增固定资产卡片才采用“立即生成付款凭证”的方式，否则此时只保存卡片，而生成付款凭证采用“批量制单”进行。

2. 固定资产减少

固定资产减少

操作步骤：

Step1　将系统日期修改为“2023年1月28日”，以总账会计“02赵君”的身份重新登录选择“固定资产”→“卡片 ”→“资产减少”命令，系统弹出“录入资产减少”信息提示框（图6–23）。

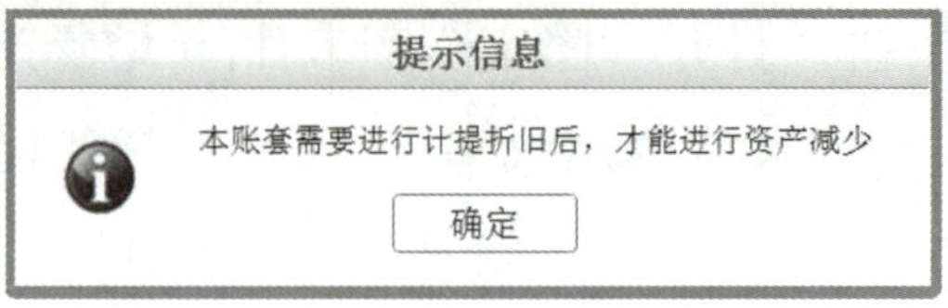

图6–23

Step2　单击“确定”按钮，先进行计提本月固定资产折旧的操作，操作方法见本项目任务3中的计提折旧（注意，计提折旧后生成的折旧凭证暂不保存，等月末在任务3中通过批量制单完成）。

Step3　计提折旧结束后，再次选择“固定资产”→“卡片”→“资产减少”命令，打开“资产减少”对话框。

Step4　在“资产减少”对话框中，分别选择或输入“卡片编号”为“007”，单击“资产减少”对话框中的“增加”按钮，选择或录入“减少日期”为“2023–01–28”，录入“减少方式”为“毁损”，录入“清理收入”为“500”，录入“清理原因”为“生产部联想电脑02号遇病毒，整机毁损”（图6–24）。

Step5　单击“确定”按钮，打开“填制凭证”窗口，“制单日期”为“2023–01–28”，输入“附件张数”为“1”，单击工具栏中的“保存”按钮生成生产部报废微机记账凭证（图6–25）。

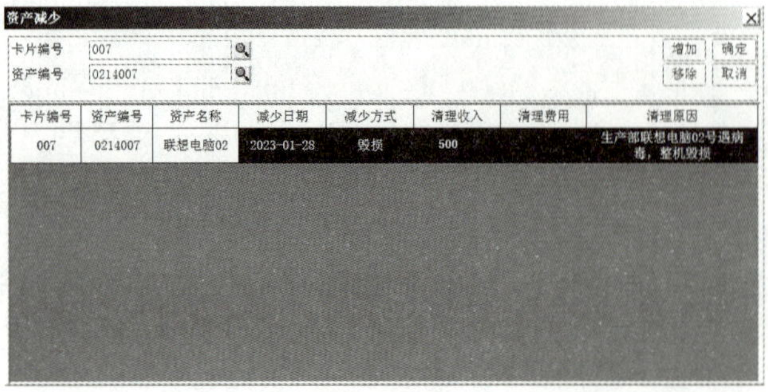

图6–24

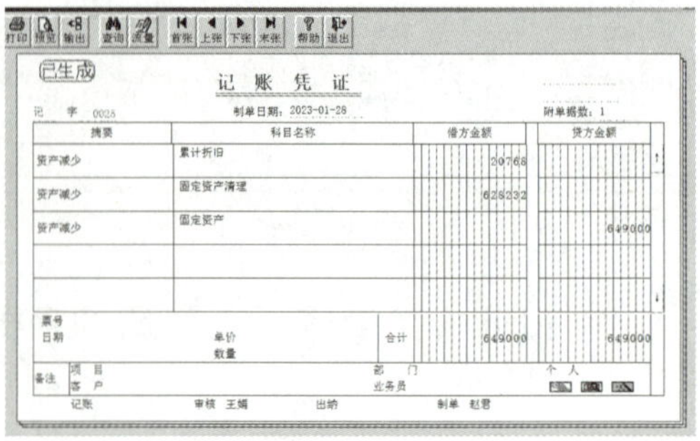

图6–25

操作指导

只有进行计提折旧后，才能做资产减少的处理。

如果要减少的资产较少或没有共同点，则可以通过输入资产编号或卡片号，单击“增加”按钮，将资产添加到资产减少表中；如果要减少的资产较多并且有共同点，则可以通过单击“条件”按钮，输入一些查询条件，将符合该条件的资产挑选出来进行批量减少操作。

有关固定资产清理收入、清理费用及结转固定资产清理净损益的分录直接在“总账”系统填制凭证。

3. 固定资产变动

操作步骤：

Step1　将系统日期修改为“2023年1月29日”，以总账会计“02赵君”的身份重新登录，选择“固定资产”→“卡片”→“变动单”→“部门转移”命令，打开“固定资产变动单”窗口。

Step2　在“固定资产变动单”窗口，选择“卡片编号”为“003”，双击“变动后部门”，选择“销售部”，输入“变动原因”为“调拨”，设定好固定资产变动单（图6–26）。

Step3　单击工具栏中的“保存 ”按钮，弹出“数据成功保存……”信息提示框（图6–27）。

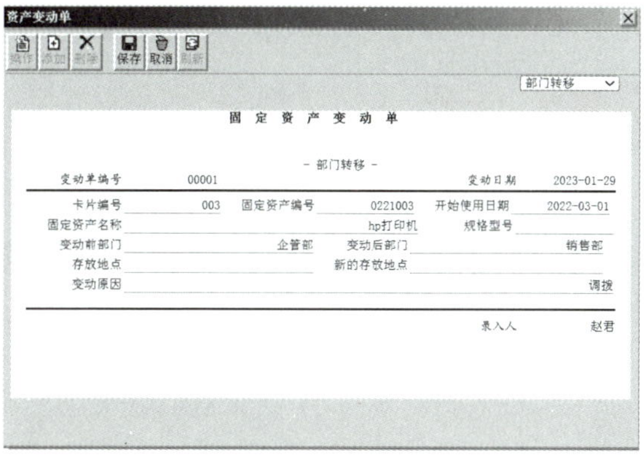

图6–26

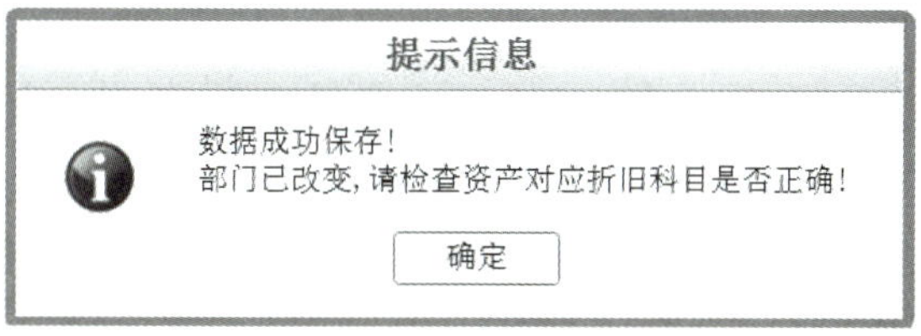

图6–27

Step4　单击“确定”按钮，完成资产变动。

操作指导

变动单不能修改，只有当月可删除重做，所以请仔细检查后再保存。必须保证变动后的净值大于变动后的净残值。

4. 固定资产卡片管理

操作步骤：

Step1 将系统日期修改为“2023年1月31日”，以总账会计“02赵君”的身份重新登录，选择“固定资产”→“卡片”→“卡片管理”命令，打开“卡片管理”窗口（图6–28）。

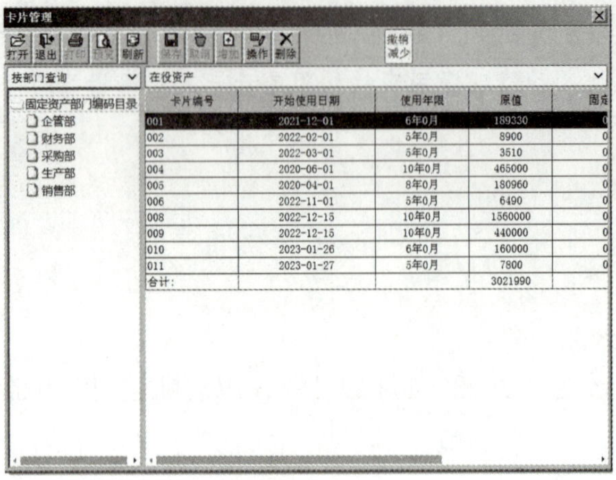

图6–28

Step2 双击需查询的卡片编号，系统打开该编号的卡片。

Step3 如有错误，选择菜单栏中的“操作”命令，对卡片进行修改，修改后单击工具栏中的“保存”按钮；如无错误，单击工具栏中的“退出”按钮。注意：卡片生成的记账凭证审核记账后则无法再进行修改。

5. 对固定资产系统生成的凭证进行出纳签字、审核、记账

操作步骤：

Step1 以出纳“04何芳”的身份登录，进行出纳签字。

Step2 以主管“01王娟”的身份登录，进行凭证审核、记账。

6. 固定资产账簿管理

操作步骤：

Step1 选择“固定资产”→“账表”→“我的账表”命令，打开“报表”窗口。

Step2 单击左侧账簿目录表中“账簿”前的“+”，选定后的“报表”窗口。

Step3 双击表中的“固定资产登记簿”，打开“条件—［固定资产登记簿］”对话框。

Step4 输入查询条件，也可以不输入条件，默认全部，单击“确定”按钮，打开“固定资产登记簿”。

Step5 根据需要依次查询其他账表后，单击工具栏中的“退出 ”按钮，完成账表查询。

操作指导

账簿管理中提供的报表分为账簿、折旧表、统计表、分析表等。

1.账簿

系统自动生成的账簿包括（单个）固定资产明细账、（部门、类别）明细账、固定资产登记簿和固定资产总账。这些账簿以不同方式反映了资产变化情况，在查询过程中可联查某个时期（部门、类别）的明细及相应原始凭证，从而获得所需财务信息。

2.折旧表

系统提供了4种折旧表，即（部门）折旧计提汇总表、固定资产及累计折旧表（一）、固定资产及累计折旧表（二）和固定资产折旧计算明细表。通过折旧表可以了解并掌握本企业所有资产本期、本年乃至某部门计提折旧及其明细情况。

3.统计表

统计表是由于管理资产的需要，按管理目的统计的数据。系统提供了7种统计表，即固定资产原值一览表、固定资产统计表、评估汇总表、评估变动表、盘盈盘亏报告表、逾龄资产统计表和役龄资产统计表。

4.分析表

分析表主要通过对固定资产的综合分析，为管理者提供管理和决策依据。系统提供了4种分析表，即价值结构分析表、固定资产使用状况分析表、部门构成分析表和类别构成分析表。管理者可以通过这些表了解本企业资产计提折旧的程度和剩余价值的大小。

任务检验

【单选题】1. 在畅捷通 T3 环境下，在固定资产管理系统选项中填写固定资产缺省入账科目的作用在于（　　）。

A.实现和总账管理系统对账

B.在固定资产系统生成记账凭证时，系统自动将该科目填入凭证中

C.录入期初余额时，自动将余额登记到该科目下

D.实现启用固定资产管理系统进行业务处理

【单选题】2. 在畅捷通 T3 环境下，资产在使用过程中，由于毁损、出售等原因退出企业，该企业在系统中通过（　　）操作来完成。

A.原值减少　　B.资产减少　　C.累计折旧调整　　D.使用状况调整

【单选题】3. 固定资产管理系统在处理以下（　　）事项时，不需要编制相应的记账凭证。

A.存放地点变动　　B.固定资产原值变动

C.固定资产增加　　D.计提折旧

【单选题】4. 固定资产凭证生成的操作步骤是（　　）。

A.固定资产处理→初始设置　　B.固定资产处理→月末处理

C.固定资产处理→批量制单　　D.固定资产处理→制单选择

【单选题】5. 固定资产的减少方式为损毁，其对应的入账科目一般为（　　）。

A.银行存款　　B.固定资产　　C.累计折旧　　D.固定资产清理

任务评价

任务点		自我评价	教师评价	总结反思
固定资产系统日常业务处理	固定资产增加			
	固定资产减少			
	固定资产变动			
	固定资产卡片管理			
	固定资产账簿管理			

任务 3　固定资产系统期末业务处理

任务导入

河北开元科技有限公司财务人员赵君要进行固定资产期末业务处理，以确保固定资产的准确核算和报告。

任务描述

以总账会计“02赵君”的身份进行固定资产期末业务处理，“01王娟”审核、记账。现有关具体资料如下：

1. 计提折旧

2023年1月31日，计提2023年1月固定资产折旧。

2. 对账

2023年1月31日，进行1月固定资产系统对账。

3. 月末结账

略。

知识准备

固定资产系统期末业务处理是指在期末对企业固定资产所进行的计提折旧、对账和结账等业务的处理。

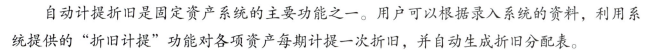

自动计提折旧是固定资产系统的主要功能之一。用户可以根据录入系统的资料，利用系统提供的“折旧计提”功能对各项资产每期计提一次折旧，并自动生成折旧分配表。

计提折旧和资产增减变动都可以自动生成记账凭证传递给总账系统，由总账系统进行记账，所有业务处理完毕后，可以进行固定资产系统与总账系统的对账，对账正确后可进行月末结账。

对账是将固定资产系统中记录的固定资产和累计折旧数额与总账系统中固定资产和累计折旧科目的数值进行核对，验证是否一致的工作。

固定资产管理系统完成当月全部业务后，便可以进行月末结账，即将本月数据结转至下月。

任务实施

1. 计提折旧

操作步骤：

计提折旧

Step1　选择“固定资产”→“处理”→“计提本月折旧”命令，弹出“是否查看折旧清单？”信息提示框（图6–29）。

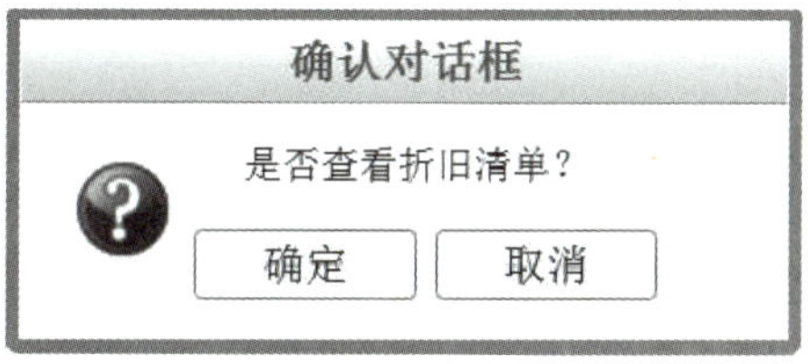

图6–29

Step2　单击“确定”按钮，打开“折旧清单”窗口（图6–30）。

Step3　单击工具栏中的“退出”按钮，打开“折旧分配表”窗口（图6–31）。

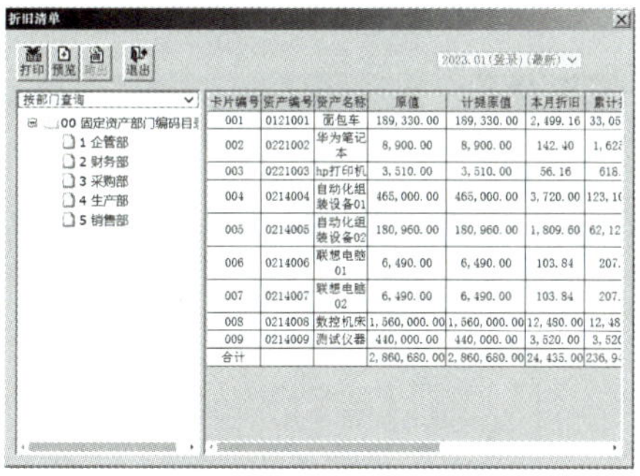

图6–30

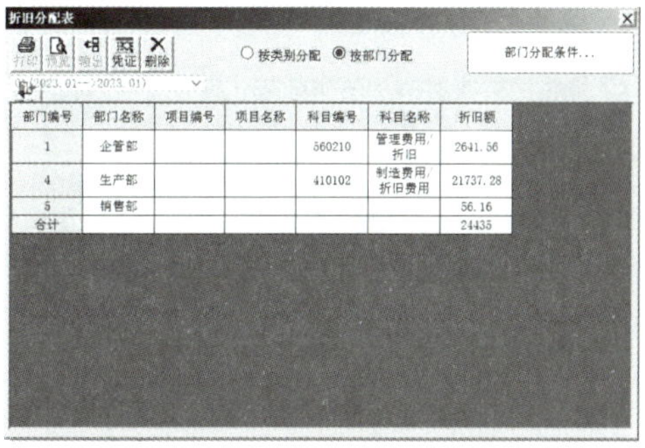

图6–31

操作指导

折旧分配表是制作记账凭证，把计提折旧额分配到有关成本和费用的依据。折旧分配表有两种类型：类别折旧分配表和部门折旧分配表。

生成折旧分配表由“折旧汇总分配周期”决定，因此，制作记账凭证要在生成折旧分配表后进行。

Step4　单击工具栏中的“凭证”按钮，打开“填制凭证”窗口，修改“制单日期”“附单据数”“摘要”等，单击工具栏中的“保存”按钮，生成计提折旧凭证（图6-32）。

Step5　单击工具栏中的“退出 ”按钮，完成计提折旧业务处理。

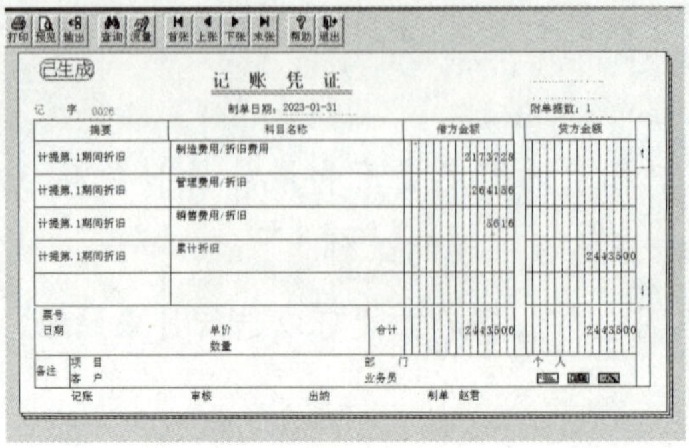

图6-32

操作指导

计提折旧生成凭证也可以在“批量制单”中操作。

如果上次计提折旧已通过记账凭证把数据传递到账务系统，则必须删除该凭证才能重新计提折旧；若计提折旧后又对账套进行了影响折旧计算或分配的操作，则必须重新计算折旧，否则系统不允许结账。

在进行固定资产减少业务时，系统会提示“本账套需要进行计提折旧后，才能减少资产”，但此时计提折旧后所生成的凭证一般不保存，而是在月末通过批量制单的方式生成折旧凭证，具体操作如下：

操作步骤：

Step1　选择“固定资产”→“处理”→“批量制单”命令，打开“批量制单 ”窗口。单击工具栏中的“全选”按钮（图6-33）。

Step2　单击“制单设置”标签，打开“制单设置”选项卡设置相应的选项（图6-34）。

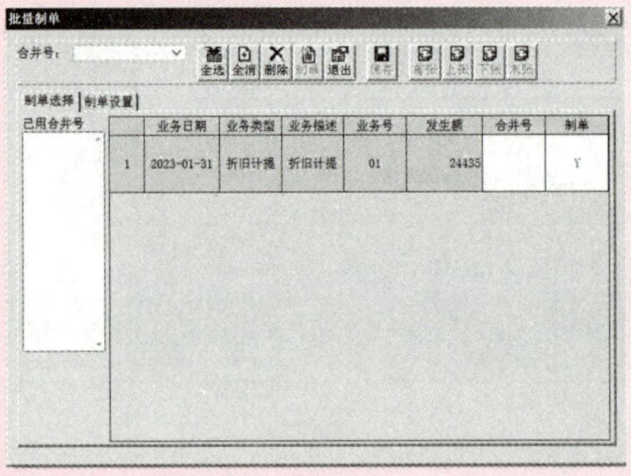

图6-33

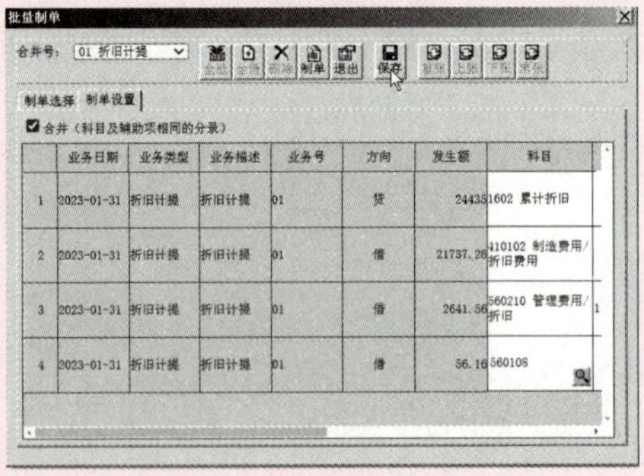

图6-34

Step3　单击工具栏中的“制单”按钮，打开“填制凭证”窗口，“制单日期”为“2023.01.31”，“附单据数”为“1”，输入“摘要”为“计提固定资产折旧”，单击工具栏中的“保存”按钮，生成计提固定资产折旧记账凭证。

Step4　单击工具栏中的“退出”按钮，完成批量制单。

2. 对账

操作步骤：

选择“固定资产”→“处理”→“对账”命令，系统自动进行对账，对账结束后弹出信息提示框，单击“确定”按钮，完成对账（图6–35）。

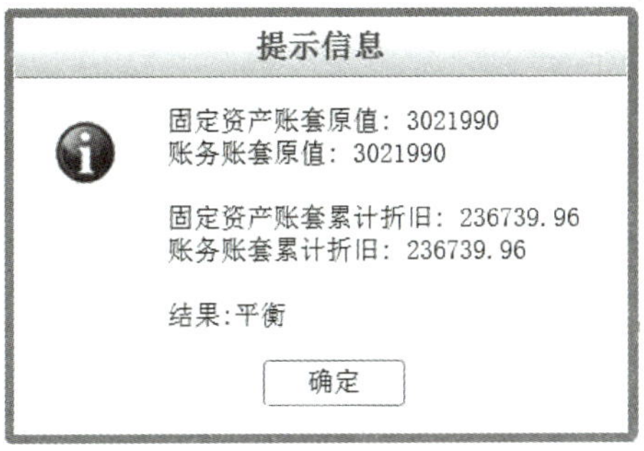

图6–35

操作指导

只有在总账系统中对传递过去的凭证进行审核、记账后，固定资产系统才可以进行对账。

系统在执行月末结账时自动对账，给出对账结果，并根据“与财务系统接口”选项卡中设置的“在对账不平情况下允许固定资产月末结账”参数判断是否允许结账。

3. 月末结账

操作步骤：

Step1　选择“固定资产”→“处理”→“月末处理”命令，打开“月末结账”对话框（图6–36）。

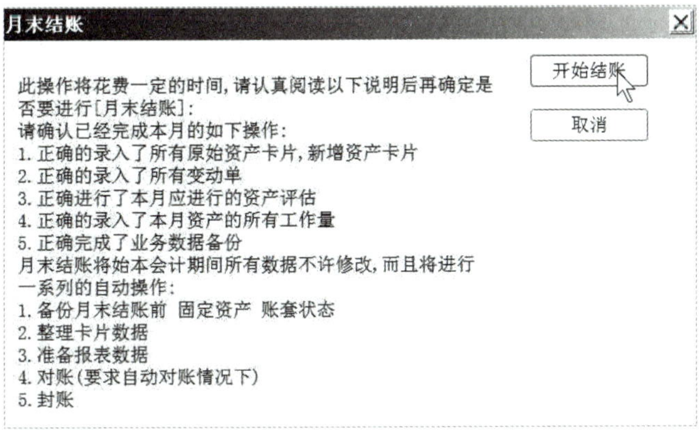

图6–36

Step2　单击“开始结账 ”按钮，系统开始结账，结账后弹出“月末结账成功完成”信息提示框。

Step3　单击“确定 ”按钮，弹出结转下月信息提示框（图6–37）。

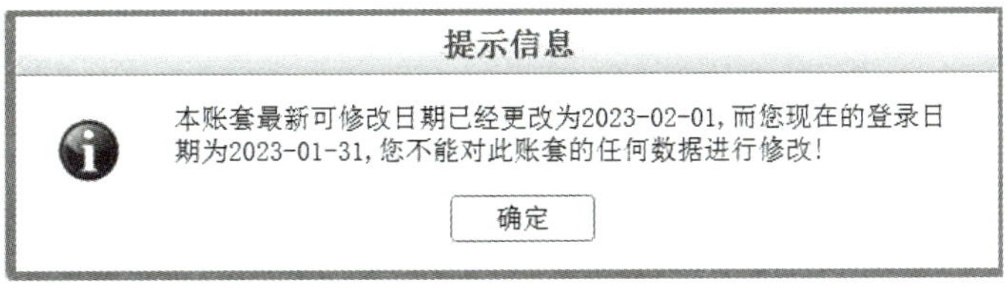

图6–37

Step4　单击“确定”按钮，完成结账，固定资产系统进入下一个月。

操作指导

本期做完结账后，所有数据资料将不能修改。

本期不结账，系统将不允许处理下期的数据。

月末结账前一定要进行数据备份，否则数据一旦丢失，将造成无法挽回的后果。

任务检验

【单选题】1. 根据相关会计制度规定，本月增加的固定资产（　　）不提计提折旧。

A.下月　　B.本月　　C.上月　　D.年末

【多选题】2. 关于固定资产卡片，下列说法正确的是（　　）。

A.净值=原值-累计折旧　　B.净残值=原值-累计折旧

C.净残值=原值×净残值率　　D.净残值=净值×净残值率

【单选题】3. 若在系统设置的选项中选择了“业务发生后立即制单”，在计提固定资产折旧的时候，依次出现（　　）。

A.折旧清单—记账凭证—折旧分配表　　B.折旧清单—折旧分配表—记账凭证

C.折旧分配表—记账凭证—折旧清单　　D.记账凭证—折旧分配表—折旧清单

【单选题】4. 如果上次计提折旧已制单并把数据传递到账务系统，则必须（　　）该凭证才能重计提折旧。

A、冲销　　B.修改　　C.删除　　D.都可以

【单选题】5. 在固定资产中（　　）。

A.无法查询已经减少了的卡片　　B.无法修改上年数据

C.无法直接修改上月数据　　D.无法更改卡片信息

任务评价

任务点		自我评价	教师评价	总结反思
固定资产系统期末业务处理	计提折旧			
	对账			
	月末结账			

职业能力训练

训练要求：

以“002王杰”的身份进行北京天宇科技有限公司固定资产管理。

训练资料：

1. 初始设置

（1）控制参数（表6–6）。

表 6–6　控制参数

控制参数	参数设置
约定与说明	我同意
启用月份	2023.03
折旧信息	本账套计提折旧 折旧方法：平均年限法 折旧汇总分配周期：1 个月 当（月初已计提月份 = 可使用月份 –1）时，将剩余折旧全部提足
编码方式	资产类别编码方式：2112 固定资产编码方式：按“类别编码 + 部门编码 + 序号”自动编码，卡片序号长度为 3
财务接口	与账务系统进行对账 对账科目： 固定资产对账科目：1601 固定资产 累计折旧对账科目：1602 累计折旧
补充参数	业务发生后立即制单 月末结账前一定要完成制单登账业务 可纳税调整的增加方式：直接购入 固定资产缺省入账科目：1601 累计折旧缺省入账科目：1602 可抵扣税额入账科目：22210101

（2）资产类别（表6–7）。

表 6–7　资产类别

编码	类别名称	净残值率/%	单位	计提属性
01	交通运输设备	4		正常计提
011	经营用设备	4	台	正常计提
012	非经营用设备	4	台	正常计提
02	电子设备及其他通信设备	4		正常计提
021	经营用设备	4	台	正常计提
022	非经营用设备	4	台	正常计提

（3）部门及对应折旧科目（表6–8）。

表 6-8　部门及对应折旧科目

部门	对应折旧科目
企管办、财务部、采购部	管理费用 / 折旧费
销售部	销售费用 / 折旧费
生产部	制造费用 / 折旧费

（4）增减方式的对应入账科目（表6-9）。

表 6-9　增减方式的对应入账科目

增减方式目录	对应入账科目
增加方式	
直接购入	100201，工行存款——人民币户
减少方式	
毁损	1606，固定资产清理

（5）原始卡片录入（表6-10）。

表 6-10　原始卡片录入

固定资产名称	类别编号	所在部门	增加方式	可使用年限	开始使用日期	原值/元	累计折旧/元	对应折旧科目名称
汽车	12	企管办	直接购入	6	2021.11.1	210 470.00	32 254.44	管理费用 / 折旧费
笔记本电脑	22	企管办	直接购入	5	2021.12.1	23 900.00	548.80	管理费用 / 折旧费
传真机	22	企管办	直接购入	5	2021.11.1	3 110.00	1 425.20	管理费用 / 折旧费
微机	21	生产部	直接购入	5	2021.12.1	6 260.00	1 016.08	制造费用 / 折旧费
微机	21	生产部	直接购入	5	2021.12.1	6 260.00	1 016.08	制造费用 / 折旧费
合计						250 000.00	36 260.60	
注：净残值率均为 4%，使用状况均为“在用”，折旧方法均采用平均年限法（一）								

2. 日常及期末业务

3月28日，生产部向开创股份公司购买设备一台，价格100 000元，增值税率为13%，净残值率为4%，预计使用年限5年，未付款，交付生产部门使用。

3月31日，计提本月折旧费用。

3月31日，生产部毁损微机一台，残值收入100元，收到现金。

3. 下月业务

4月16日，总经理办公室的轿车添置新配件10 000元。（转账支票Z006）

4月27日，总经理办公室的传真机转移到采购部。

包罗万象

国家近年来出台了一系列固定资产税前扣除优惠政策，为支持企业创新发展，促进企业设备更新和技术升级，持续激发市场主体创新活力提供政策支持。

1. 制造业及部分服务业企业加速制定折旧优惠政策

（1）生物药品制造业，专用设备制造业，铁路、船舶、航空航天和其他运输设备制造业，计算机、通信和其他电子设备制造业，仪器仪表制造业，信息传输、软件和信息技术服务业6个行业的企业2014年1月1日后新购进的固定资产，可缩短折旧年限或采取加速折旧的方法。

上述6个行业的小型微利企业2014年1月1日后新购进的研发和生产经营共用的仪器、设备，单位价值不超过100万元的，允许一次性计入当期成本费用在计算应纳税所得额时扣除，不再分年度计算折旧；单位价值超过100万元的，可缩短折旧年限或采取加速折旧的方法。（财税〔2014〕75号）

对所有行业企业持有的单位价值不超过5 000元的固定资产，允许一次性计入当期成本费用在计算应纳税所得额时扣除，不再分年度计算折旧。

（2）轻工、纺织、机械、汽车4个领域重点行业的企业2015年1月1日后新购进的固定资产，可由企业选择缩短折旧年限或采取加速折旧的方法。

上述行业的小型微利企业2015年1月1日后新购进的研发和生产经营共用的仪器、设备，单位价值不超过100万元的，允许一次性计入当期成本费用在计算应纳税所得额时扣除，不再分年度计算折旧；单位价值超过100万元的，可由企业选择缩短折旧年限或采取加速折旧的方法。（财税〔2015〕106号）

（3）自2019年1月1日起，适用（财税〔2014〕75号）和（财税〔2015〕106号）规定固定资产加速折旧优惠的行业范围，扩大至全部制造业领域。（财政部　税务总局公告2019年第66号）

2. 外购软件和集成电路生产设备加速折旧优惠政策

《关于进一步鼓励软件产业和集成电路产业发展企业所得税政策的通知》（财税〔2012〕27号）规定：

企业外购的软件，凡符合固定资产确认条件的，可以按照固定资产进行核算，其折旧年限可以适当缩短，最短可为2年（含）。

集成电路生产企业的生产设备，其折旧年限可以适当缩短，最短可为3年（含）。

3. 一般企业购置设备器具税前扣除优惠政策

《关于设备器具扣除有关企业所得税政策的通知》（财税〔2018〕54号）规定：

企业在2018年1月1日—2020年12月31日期间新购进的设备、器具，单位价值不超过500

万元的，允许一次性计入当期成本费用在计算应纳税所得额时扣除，不再分年度计算折旧；单位价值超过500万元的，仍按企业所得税法实施条例、《财政部 国家税务总局关于完善固定资产加速折旧企业所得税政策的通知》（财税〔2014〕75号）、《财政部国家税务总局关于进一步完善固定资产加速折旧企业所得税政策的通知》（财税〔2015〕106号）等相关规定执行。

本通知所称设备、器具，是指除房屋、建筑物以外的固定资产。

【特别说明】依据财政部 税务总局公告2021年第6号和财政部、税务总局公告2023年第37号，上述政策执行期限延长至2027年12月31日。

4.关于中小微企业设备器具所得税税前扣除有关政策

《财政部 税务总局关于中小微企业设备器具所得税税前扣除有关政策的公告》（财政部 税务总局公告〔2022〕12）规定：

中小微企业在2022年1月1日—2022年12月31日期间新购置的设备、器具，单位价值在500万元以上的，按照单位价值的一定比例自愿选择在企业所得税税前扣除。其中，企业所得税法实施条例规定最低折旧年限为3年的设备器具，单位价值的100%可在当年一次性税前扣除；最低折旧年限为4年、5年、10年的，单位价值的50%可在当年一次性税前扣除，其余50%按规定在剩余年度计算折旧进行税前扣除。

企业选择适用上述政策当年不足扣除形成的亏损，可以在以后5个纳税年度结转弥补，享受其他延长亏损结转年限政策的企业可按现行规定执行。

项目 7
工资管理

项目导入

在一体化管理应用模式下，畅捷通T3软件为各个子系统提供了一个公共平台，用于对整个系统的公共任务进行统一管理，通过本项目学习学生能掌握工资管理系统初始化的内容、作用和设置方法，掌握工资系统中基础设置的内容、方法，掌握工资期末业务处理的内容和处理方法，能够根据企业日常业务的发生情况分配工资并进行工资分摊等业务处理。

学习目标

知识目标

1.了解工资管理系统的主要功能。

2.熟悉工资管理系统的操作流程。

3.熟悉工资管理系统初始化的工作内容。

4.掌握工资日常业务处理的工作内容。

技能目标

1.熟练掌握工资账套的建立及工资类别、人员类别、工资项目的设置方法。

2.熟练掌握工资计算公式的设置。

3.熟练掌握工资管理系统日常业务的操作，如人员变动、个税计算等。

4.熟练掌握工资费用分摊与计提的操作。

素养目标

1.培养认真细致的工作态度。

2.培养解决实际问题的能力。

3.树立依法纳税意识，为国家的经济发展和社会进步做出贡献。

思维导图

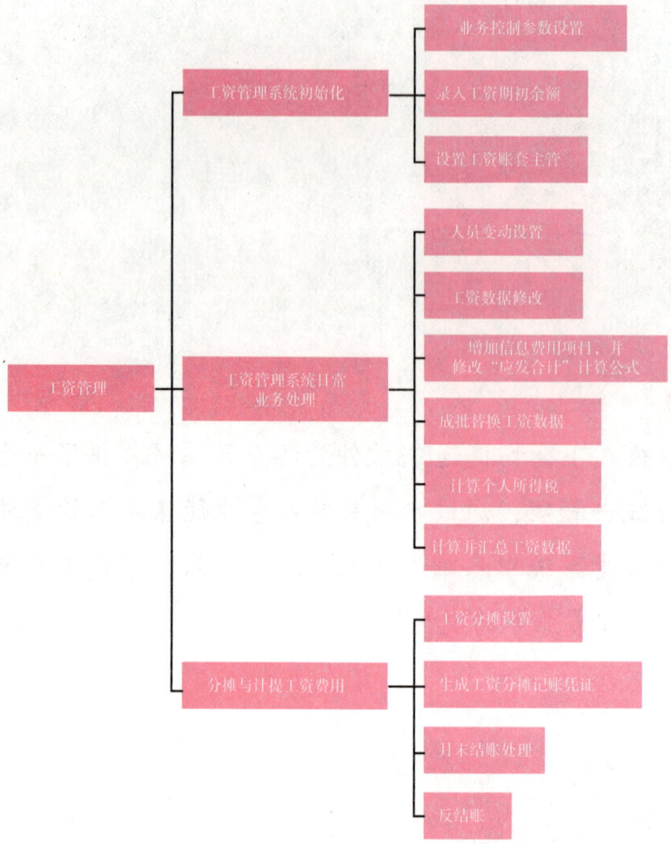

任务1 工资管理系统初始化

任务导入

以账套主管“01王娟”的身份进入工资系统，进行初始化设置，设置和配置工资系统的各项参数和基础信息，为后续的工资核算和发放工作提供基础和保障。

任务描述

以账套主管“01王娟”的身份完成以下工作。

1. 设置工资核算业务控制参数

（1）工资系统的业务控制参数。设置单个工资类别；核算币种：人民币；不核算计件工资；从工资中扣除个人所得税，但不进行扣零处理；人员编码长度为：3位；启用月份：2023年1月1日。

（2）增加人员附加信息：性别、婚否。

（3）设置人员类别：01经理人员；02研发人员；03管理人员；04营销人员。

（4）设置工资项目（表7-1）。

表7-1 工资项目一览表

项目名称	类型	长度	小数位数	工资增减项
等级工资	数字	10	2	增项
岗位工资	数字	10	2	增项
奖　　金	数字	8	2	增项
交通补助	数字	8	2	增项
应发合计	数字	8	2	增项
请假天数	数字	3	0	其他
请假扣款	数字	8	2	减项
代扣税	数字	8	2	减项
社会保险费	数字	8	2	减项
扣款合计	数字	8	2	减项
实发合计	数字	8	2	增项

（5）银行名称：工商银行天山大街支行，账号定长为19。

（6）设置人员档案（表7-2）。

表7-2 人员档案表

部门名称	人员编号	人员姓名	人员类别	账号	是否从工资中扣税
企管部	101	张向东	经理人员	6222009603846780001	是
企管部	102	杨　铭	管理人员	6222009603846780002	是
企管部	103	任志刚	管理人员	6222009603846780003	是
财务部	201	王　娟	经理人员	6222009603846780004	是
财务部	202	李欣雨	管理人员	6222009603846780005	是
财务部	203	赵　君	管理人员	6222009603846780006	是
财务部	204	何　芳	管理人员	6222009603846780007	是
采购部	301	张　海	经理人员	6222009603846780008	是
采购部	302	刘志远	管理人员	6222009603846780009	是
生产部	401	高　强	经理人员	6222009603846780010	是
生产部	402	周　凯	研发人员	6222009603846780011	是
销售部	501	郑　源	经理人员	6222009603846780012	是
销售部	502	白　静	营销人员	6222009603846780013	是
销售部	503	宋　超	营销人员	6222009603846780014	是

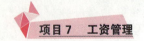

（7）定义工资计算公式（表7-3）。

表7-3 工资计算公式表

工资项目	定义公式
请假扣款	请假天数 ×20
岗位工资	经理人员的岗位工资2 600元，研发及管理人员的岗位工资2 000元，营销人员岗位工资1 800元 iff(人员类别＝"经理人员",2 600，iff（人员类别＝"研发人员"or 人员类别＝"管理人员",2 000，iff(人员类别＝"营销人员",1800,0)))
交通补助	iff(人员类别＝"经理人员"or 人员类别＝"营销人员",500,300)
应发合计	等级工资＋岗位工资＋奖金＋交通补助
社会保险费	（等级工资＋岗位工资）×0.07
扣款合计	请假扣款＋社会保险费＋代扣税
实发合计	应发合计－扣款合计

2. 工资模块处理

录入2023年1月工资期初余额（表7-4）。

表7-4 2023年1月工资期初余额表

人员姓名	等级工资/元	人员姓名	等级工资/元
张向东	5 800	张　海	3 500
杨　铭	3 800	刘志远	3 200
任志刚	3 200	高　强	3 600
王　娟	4 000	周　凯	3 000
李欣雨	3 500	郑　源	3 500
赵　君	3 200	白　静	2 500
何　芳	3 000	宋　超	2 500

3. 设置“02赵君”为工资账套主管

知识准备

由于在建立168账套后尚未启用工资系统，所以此时不能对工资系统进行操作，应由账套主管启用系统后，才可以对工资系统进行系统初始化及日常业务处理等操作。

工资账套与系统管理中的账套的概念是不同的。系统管理中的账套是针对整个核算系统而言的，而工资账套只针对工资子系统，只是一个完整的企业账套的一个组成部分。

任务实施

1. 业务控制参数设置

以账套主管“01王娟”的身份注册系统管理，启用工资管理账套。

操作步骤：

Step1　用户运行用友软件系统管理。

Step2　单击功能菜单“系统”→“注册”，以账套主管“01王娟”的身份注册进入系统管理。

Step3　输入用户名“01”，密码为“01”，选择账套“［168］河北开元国际”，会计年度为“2023”（图7–1）。

Step4　单击“确定”按钮。

Step5　在菜单栏中选择“账套”→“启用”命令，打开“系统启用”对话框（图7–2）。

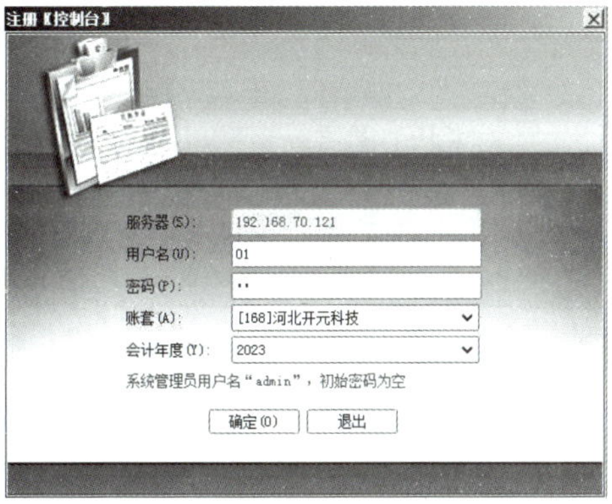

图7–1

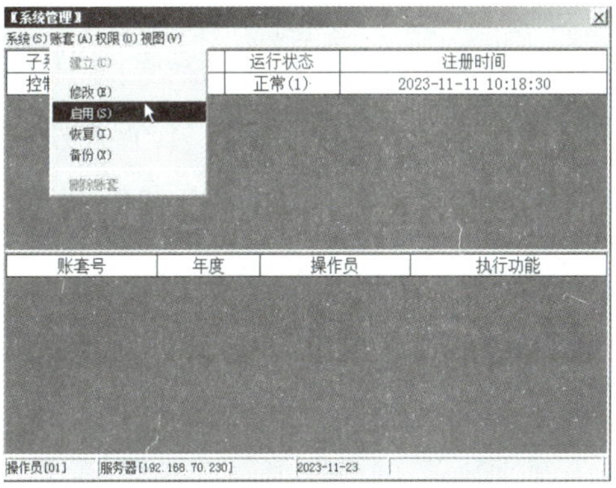

图7–2

Step6　选中“工资管理”，在弹出的“日历”对话框中，选择“2023年1月1日”（图7–3）。

Step7　单击“确定”按钮。

（1）工资系统的业务控制参数。

操作步骤：

设置工资系统业务控制参数

Step1　以账套主管“01王娟”的身份进入畅捷通T3（图7–4）。

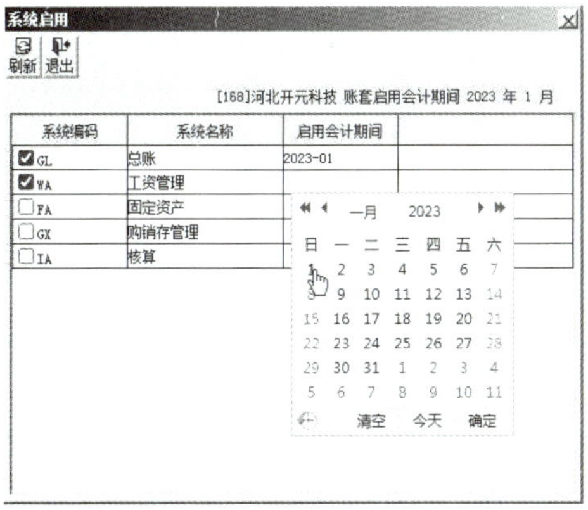

图7–3

图7–4

Step2　在畅捷通T3中，选择“工资”命令，打开“建立工资套—参数设置”对话框（图7–5）。

Step3　选中“单个”单选按钮，币别默认“人民币”，然后单击“下一步”按钮，打开“建立工资账套”对话框，选择“扣税设置”（图7–6）。

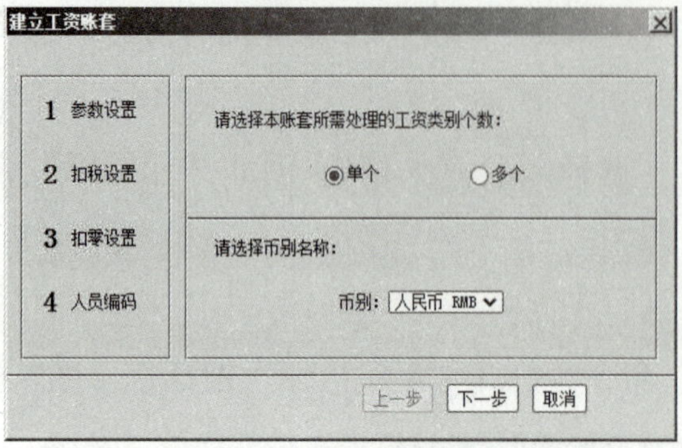

图7–5

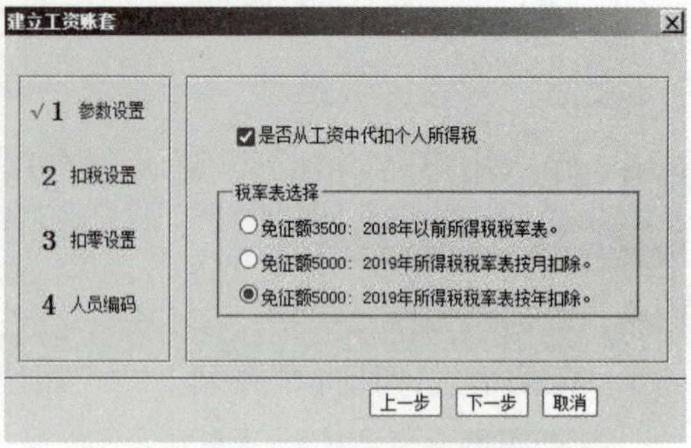

图7–6

Step4　勾选“是否从工资中代扣个人所得税”复选框，单击“下一步”按钮，打开“建立工资账套”对话框，选择“扣零设置”（图7–7）。

Step5　不勾选“扣零”复选框，单击“下一步”按钮，打开“建立工资账套”对话框，选择“人员编码”（图7–8）。

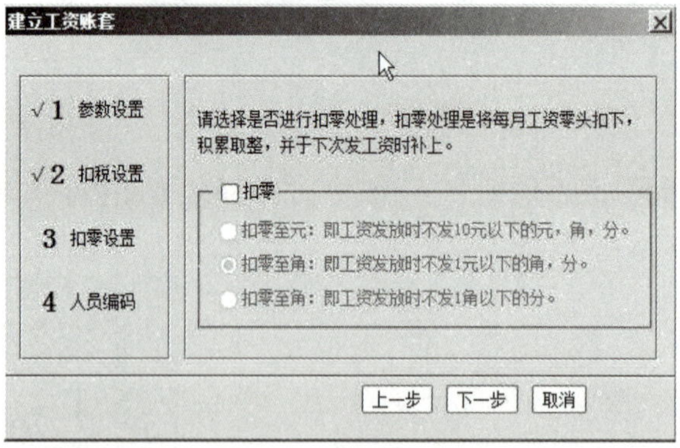

图7–7

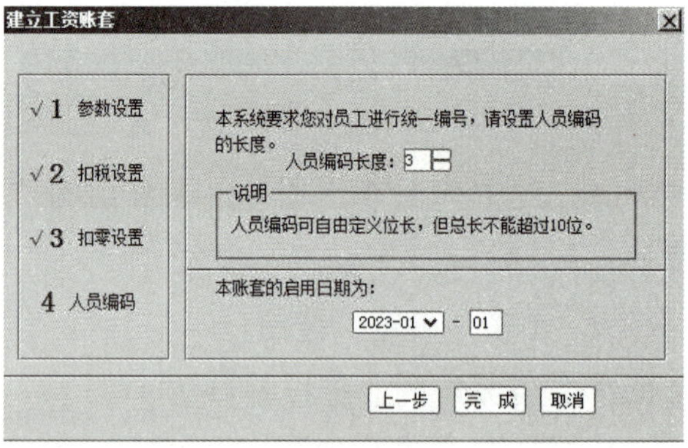

图7–8

Step6　将“人员编码长度”修改为“3”，将“本账套的启用日期”修改为“2023–01–01”。单击“完成”按钮。

操作指导

如果核算单位中所有员工的工资项目、工资计算公式全部相同，那么可以对全体员工进行统一的工资核算，在选择工资类别个数时选择“单个”应用方案。当核算单位按周发放工资或每月多次发放工资，或者单位中存在不同类别的人员（如在职人员、临时人员等）、工资发放项目不同、计算公式不同，但需对工资实行统一管理时，则选择“多个”工资类别。

单个工资类别情况下，工资账套建立后不需要建立工资类别。多个工资类别情况下，则需要在工资账套建立后，在“工资类别”中建立工资类别。

扣税设置即在工资计算中是否由单位代扣个人所得税。

扣零设置即在发放现金工资时使用，如果使用银行代发工资，则不需使用此设置。

人员编码是单位人员的编码长度，可根据需要自行定义，但总长度不能超过10位。

（2）增加人员附加信息。

操作步骤：

Step1　选择“工资”→“设置”→“人员附加信息设置”命令，打开“人员附加信息设置”对话框（图7–9）。

Step2　单击“增加”按钮，在“参照”下拉列表中选择“性别”；再单击“增加”按钮，在“参照”下拉列表中选择“婚否”（图7–10）。

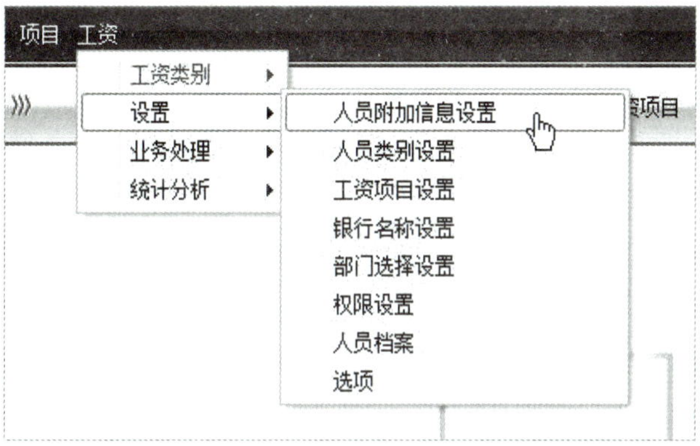

图7–9

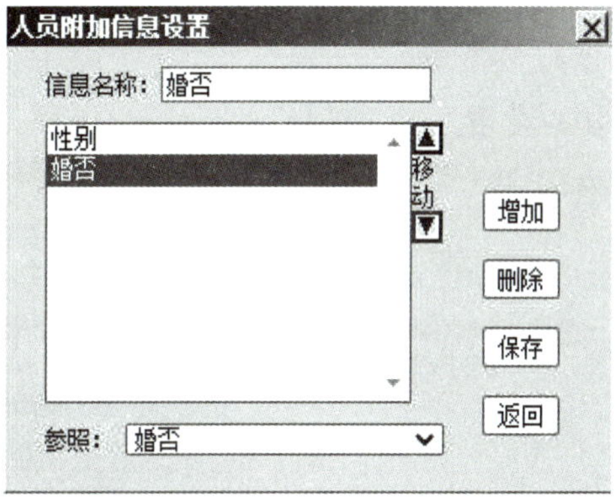

图7–10

Step3　单击“返回”按钮。

（3）设置人员类别。

操作步骤：

Step1　选择“工资”→“设置”→“人员类别设置”命令，打开“人员类别设置”对话框（图7–11）。

Step2　在“类别”文本框中输入“经理人员”，单击“增加”按钮。

Step3　按照同样的方法增加其他人员类别。

Step4　输入完毕后单击“返回”按钮退出（图7–12）。

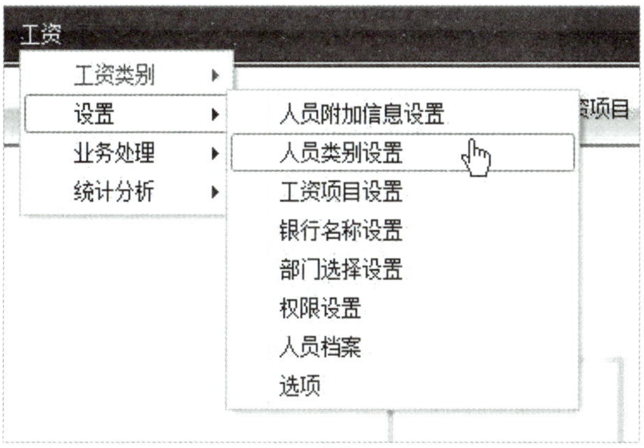

图7–11

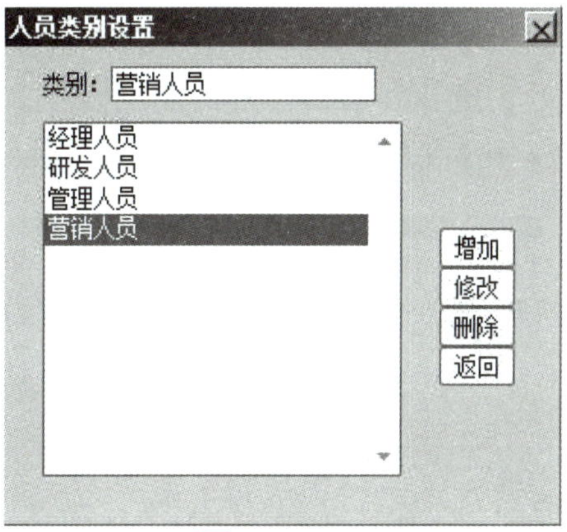

图7–12

操作指导

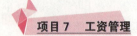

人员类别的设置，是为了满足管理需要。在一个账套内跨越不同部门，按照人员的不同属性进行汇总计算，便于工资费用的分配、分摊。

人员类别不同于工资类别，它只是用于汇总数据的员工的一个身份属性。

人员附加信息可以丰富档案的内容，便于对人员进行更加有效的管理。而设置人员类别后，工资费用将按不同人员类别分配，为“工资分摊”设置入账科目时使用。

人员类别名称可随时修改，已经使用的人员类别不允许删除，人员类别只剩下一个时不允许删除。

（4）设置工资项目。

操作步骤：

Step1 选择“工资”→“设置”→“工资项目设置”命令，打开“工资项目设置”对话框（图7-13）。

设置工资项目

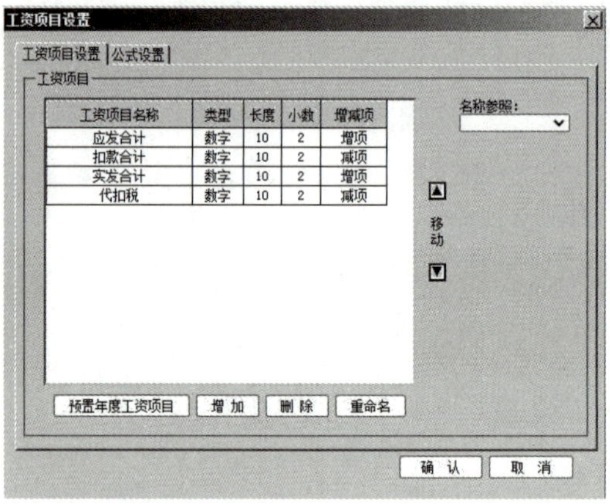

图7-13

Step2 单击“增加 ”按钮，录入工资项目名称“等级工资”，或在“名称参照”下拉列表框中选择相应选项。单击“等级工资”所在行“类型”栏后的下三角按钮，选择“数字”选项，选择长度为“10”，选择小数为“2”，选择增减项为“增项”。

Step3 重复步骤2增加其他工资项目（图7-14）。

Step4 单击“移动 ”上、下三角按钮，将各工资项目移动到合适位置（图7-15）。

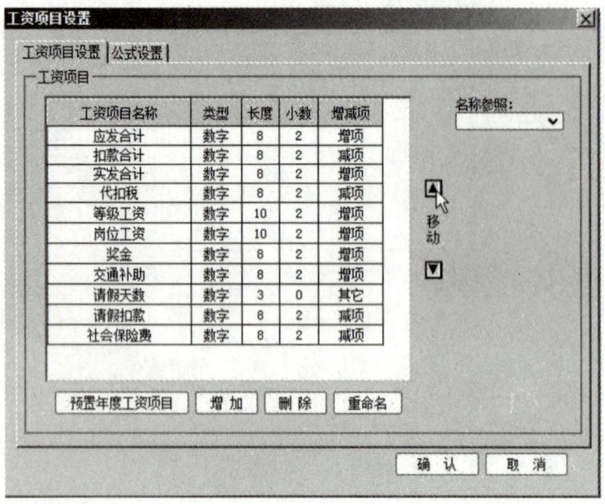

图7-14

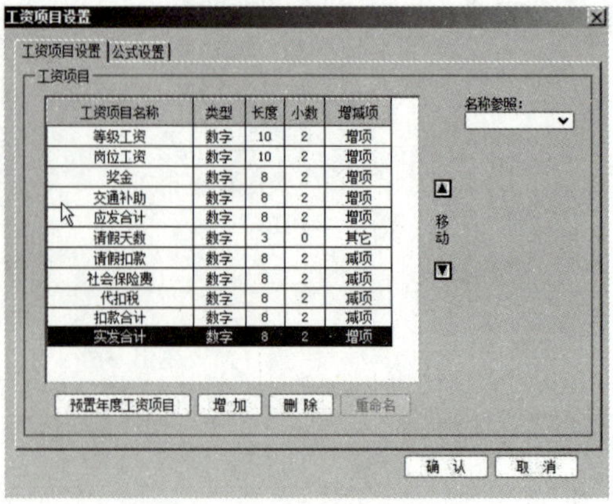

图7-15

Step5 单击“确认”按钮。

（5）设置银行名称。

操作步骤：

Step1 选择“工资”→“设置”→“银行名称设置”命令，打开“银行名称设置”对话框（图7–16）。

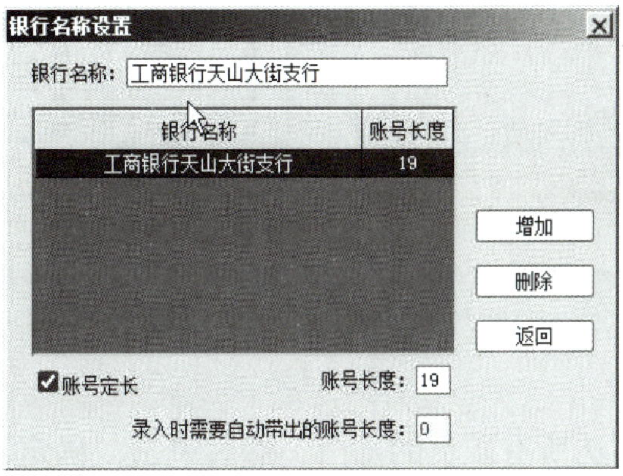

图7–16

Step2 选中“工商银行”，将银行名称改为“工商银行天山大街支行”，输入“账号长度”改为“19”。

Step3 单击“返回”按钮。

操作指导

工资项目设置即定义工资项目的名称、类型、宽度、小数和增减项等，银行名称设置则是用于代发工资。

系统中有一些工资固定项目，如“应发合计”“扣款合计”“实发合计”等项目是必不可少的，不能删除和更名。

（6）设置人员档案。

①方法1：单个增加。

操作步骤：

Step1 选择“工资”→“设置”→“人员档案”命令，打开“人员档案设置”窗口。

Step2 单击“增加人员”按钮，在“基本信息”卡片中输入人员信息（图7–17）。

Step3 单击“确认”按钮。

Step4 按相同的方法增加其他人员档案。

Step5 单击“退出”按钮。

设置人员档案

②方法2：批量增加。

如果所有人员的档案资料在基础设置的“职员档案”中已经设置，则无须执行上述

Step2 ~ Step4步，可以直接进行成批添加。

操作步骤：

Step1　单击“批增”按钮，打开“人员批量增加”窗口（图7–18）。

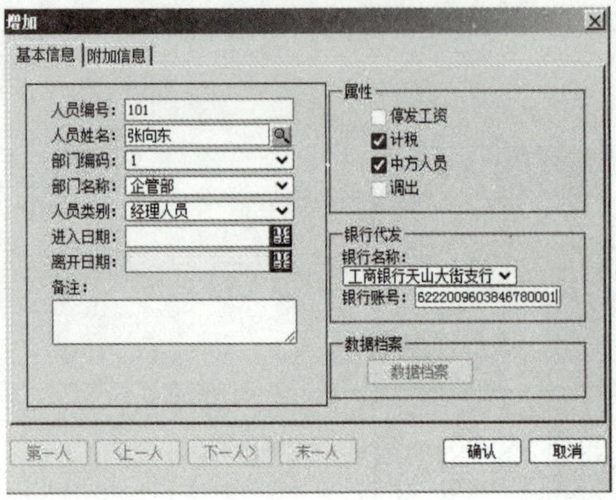

图7–17

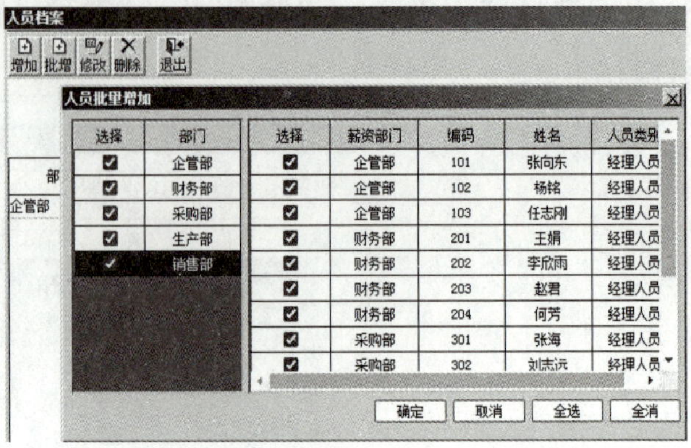

图7–18

Step2　在“选择”栏勾选所有职员的部门，然后单击“确定”按钮（图7–19）。

Step3　单击“修改”按钮，打开“修改”对话框。修改人员类别及银行名称、银行账号后单击“确认”按钮。通过“上一人”和“下一人”按钮确定职员档案的记录位置，单击“确认”按钮，将修改后的内容写入档案（图7–20）。

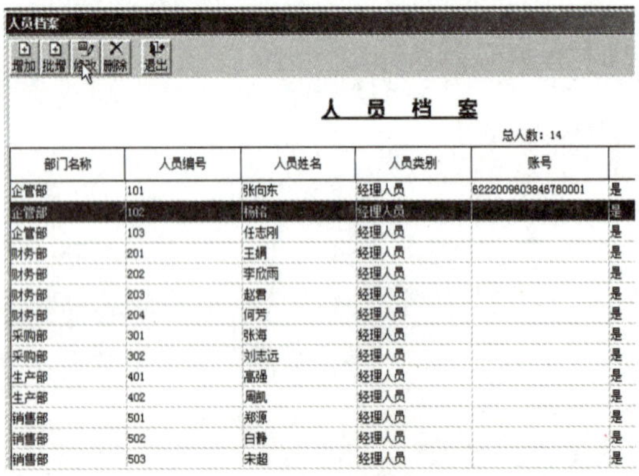
人员档案
增加
批增
修改
删除
退出
人 员 档 案
总人数：14
部门名称
人员编号
人员姓名
人员类别
账号
企管部 101 张向东 经理人员 6222009603846780001 是
企管部 102 杨铭 经理人员 是
企管部 103 任志刚 经理人员 是
财务部 201 王娟 经理人员 是
财务部 202 李欣雨 经理人员 是
财务部 203 赵君 经理人员 是
财务部 204 何芳 经理人员 是
采购部 301 张海 经理人员 是
采购部 302 刘志远 经理人员 是
生产部 401 高强 经理人员 是
生产部 402 周凯 经理人员 是
销售部 501 郑源 经理人员 是
销售部 502 白静 经理人员 是
销售部 503 宋超 经理人员 是

图7–19

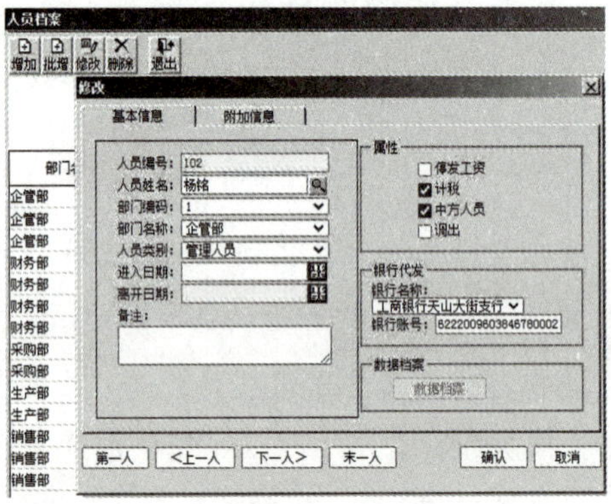

图7–20

Step4　所有职员的档案信息修改完毕后，单击“取消”按钮退出（图7–21）。

图7–21

操作指导

人员档案设置用于登记工资发放人员的姓名、职工编号、所在部门以及人员类别等信息。工资日常核算中职工的增减变动也在此处理。在单工资类别情况下，可以直接进入“人员档案”功能中设置人员信息；在多工资类别情况下，人员档案的操作是针对某个工资类别的，应先打开相应的工资类别才能进行人员档案的设置。

在档案资料已在基础设置的“职员档案”中设置的情况下，一般采用批量增加的方式将部门名称、人员编号和人员姓名导入，然后再修改其他信息，这样既可以减少基本信息的错误，又可以提高数据录入速度。在信息修改状态下，还可以对“停发工资”和“调出”进行修改。

（7）定义工资计算公式。

定义工资计算公式

操作步骤：

Step1　选择“工资”→“设置”→“工资项目设置”命令，打开“工资项目设置”对话框，切换到“公式设置”选项卡。

Step2　在“工资项目”选项区域，单击“增加”按钮，增加一个空白选项，然后单击空白选项栏的下三角按钮，在下拉列表中选择“请假扣款”（图7–22）。

Step3　在“公式输入参照”选项区域中，在“工资项目”下拉列表中选择“请假天数”。

Step4　在“公式输入参照”选项区域，选择“运算符”中的“*”，再单击切换按钮，选中数字“2”和“0”。

Step5　公式定义完毕后，在“公式定义”选项区域单击“公式确认”按钮（图7–23）。

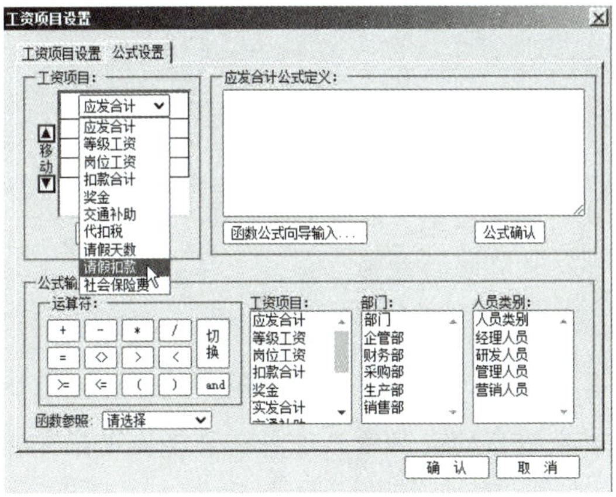

图7–22

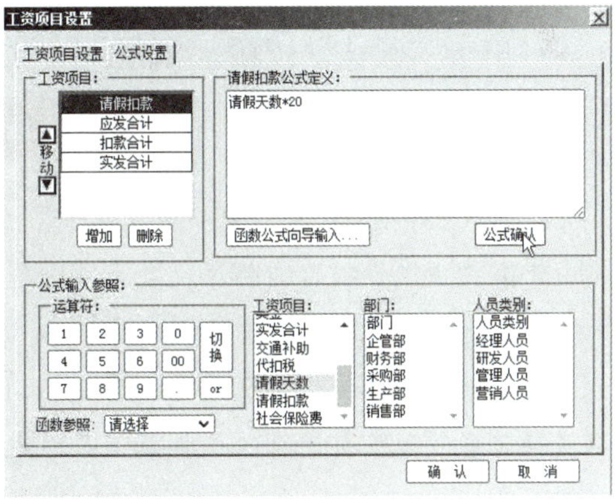

图7–23

Step6　在“工资项目”选项区域，单击“增加”按钮，增加一个空白选项，然后单击空白选项栏的下三角按钮，在下拉列表中选择“岗位工资”。单击“函数公式向导输入”按钮，打开使用“函数向导”对话框进行iff函数设置（图7–24）。

Step7　公式输入完毕后，单击“公式确认”按钮（图7–25）。

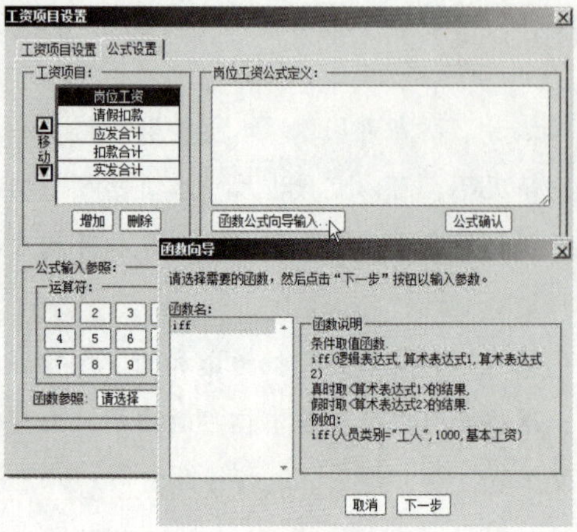

图7-24

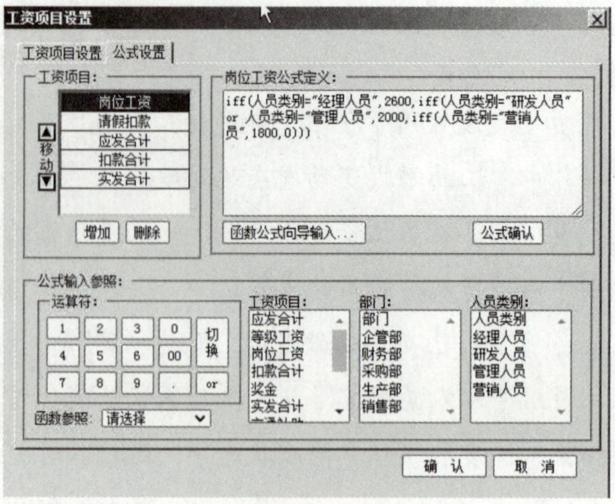

图7-25

Step8 重复上述步骤，继续输入其他公式。

Step9 调整公式计算顺序（图7-26）。

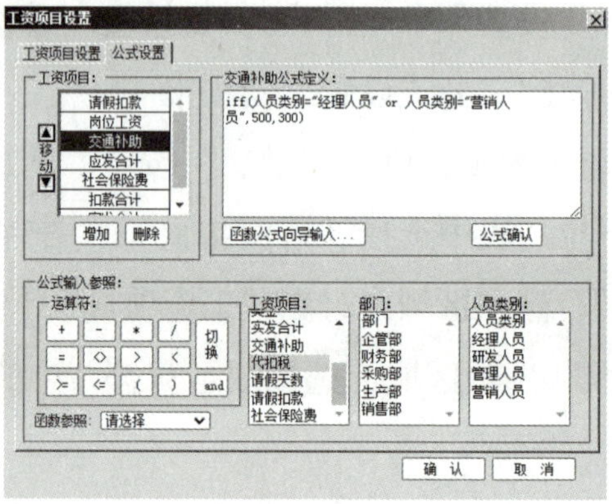

图7-26

Step10 单击“确认”按钮，保存公式设置。

操作指导

公式输入完毕后，必须单击“公式确认”按钮进行语法检查，以保证公式正确。

由于公式中工资项目的顺序决定系统进行工资计算的先后顺序，因此要注意公式的排列顺序。

设置工资计算公式即定义某些工资项目的计算公式及工资项目之间的运算关系。运用公式可以减轻工资管理人员的计算工作量，直观表达工资项目的实际运算过程，灵活地进行工资计算处理。

2. 录入工资期初余额

录入工资期初余额

操作步骤：

Step1 选择“工资”→“业务处理”→“工资变动”命令，打开“工资变动”窗口。

Step2　在张向东“等级工资”的文本框中输入“5 800”（图7-27），按同样的方法输入其他人员的工资数据。

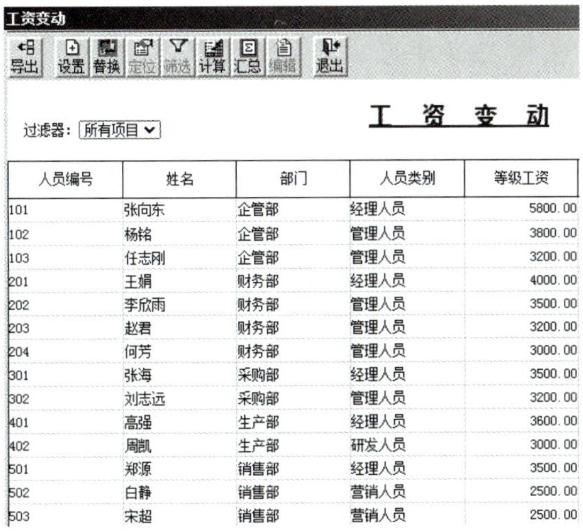

人员编号	姓名	部门	人员类别	等级工资
101	张向东	企管部	经理人员	5800.00
102	杨铭	企管部	管理人员	3800.00
103	任志刚	企管部	管理人员	3200.00
201	王娟	财务部	经理人员	4000.00
202	李欣雨	财务部	管理人员	3500.00
203	赵君	财务部	管理人员	3200.00
204	何芳	财务部	管理人员	3000.00
301	张海	采购部	经理人员	3500.00
302	刘志远	采购部	管理人员	3200.00
401	高强	生产部	经理人员	3600.00
402	周凯	生产部	研发人员	3000.00
501	郑源	销售部	经理人员	3500.00
502	白静	销售部	营销人员	2500.00
503	宋超	销售部	营销人员	2500.00

图7-27

Step3　全部输入完毕后单击“计算”按钮，进行工资计算和汇总（图7-28）。

人员编号	姓名	部门	人员类别	等级工资	岗位工资	奖金	交通补助	应发合计	请假天数	请假扣款	社会保险费	代扣税	扣款合计	实发合计
101	张向东	企管部	经理人员	5800	2600	0	500	8900	0	0	588	117	705	8195
102	杨铭	企管部	管理人员	3800	2000	0	300	6100	0	0	406	33	439	5661
103	任志刚	企管部	管理人员	3200	2000	0	300	5500	0	0	364	15	379	5121
201	王娟	财务部	经理人员	4000	2600	0	500	7100	0	0	462	63	525	6575
202	李欣雨	财务部	管理人员	3500	2000	0	300	5800	0	0	385	24	409	5391
203	赵君	财务部	管理人员	3200	2000	0	300	5500	0	0	364	15	379	5121
204	何芳	财务部	管理人员	3000	2000	0	300	5300	0	0	350	9	359	4941
301	张海	采购部	经理人员	3500	2600	0	500	6600	0	0	427	48	475	6125
302	刘志远	采购部	管理人员	3200	2000	0	300	5500	0	0	364	15	379	5121
401	高强	生产部	经理人员	3600	2600	0	500	6700	0	0	434	51	485	6215
402	周凯	生产部	研发人员	3000	2000	0	300	5300	0	0	350	9	359	4941
501	郑源	销售部	经理人员	3500	2600	0	500	6600	0	0	427	48	475	6125
502	白静	销售部	营销人员	2500	1800	0	500	4800	0	0	301		301	4499
503	宋超	销售部	营销人员	2500	1800	0	500	4800	0	0	301		301	4499
合计				48300	30600	0	5600	84500	0	0	5523	447	5970	78530

图7-28

Step4　进行工资计算和汇总后，单击“退出”按钮，退出“工资变动”窗口。

操作指导

在进行修改数据、设置公式、数据替换等操作后，必须调用“计算”和“汇总”功能对工资数据进行重新计算，以保证数据正确。如果只对工资数据进行了“计算”，而未进行“汇总”，则退出系统时会提示用户进行汇总。

3. 设置“02 赵君”为工资账套主管

操作步骤：

Step1　选择“工资”→“设置”→“权限设置”命令，打开“权限设置”窗口。

Step2　选中“赵君”，单击“修改”按钮，勾选“工资类别主管”，单击“保存”按钮，退出即可。

设置工资套账主管

任务检验

【单选题】1. 增加工资项目时，以下（ ）说法是正确的？

A.只能从名称参照中选择工资项目。

B.只能新增工资项目。

C.自动代入工资账套中已经建立的全部工资项目，不允许修改和删除。

D.既可以从名称参照中选择工资项目，也可以自己新增工资项目。

【单选题】2. 在工资管理系统中，以下（ ）内容使用后不能修改？

A.银行名称　　B.人员附加信息　　C.工资项目　　D.人员类别名称

【多选题】3. 工资系统正常使用之前必须做好以下哪些设置？（ ）

A.部门设置　　B.项目大类设置　　C.人员类别设置　　D.收发类别设置

【判断题】4. 在工资管理系统中，人员附加信息可以随时修改、删除。（ ）

【判断题】5. 在工资管理系统中，一旦设置了人员档案，则人员编码长度不能再修改。（ ）

任务评价

任务点		自我评价	教师评价	总结反思
参数设置	控制参数设置			
	附加信息设置			
	人员类别设置			
	工资项目设置			
	银行名称设置			
	人员档案设置			
	定义工资计算公式			
工资模块设置	录入期初余额			
权限设置	设置工资账套主管			

任务 2　工资管理系统日常业务处理

任务导入

以“02赵君”的身份进入工资系统，进行日常业务处理，对员工的工资数据进行日常维护、更新和调整，以确保工资系统的数据准确性和实时性。

任务描述

以“02赵君”的身份进入工资系统完成以下任务：

1. 人员的变动

（1）增加人员：因业务拓展需要，从人才市场中招聘许磊作为公司营销助理，以进一步融通市场渠道，合同约定：试用期为三个月，等级工资为1 500元，人员编号为504，人员类别为营销人员，银行账号：6222009603846780035，暂不享受其他福利待遇。

（2）修改人员属性：将企管部任志刚调到生产部工作，以补充技术力量，加快产品研发速度，人员类别修改为研发人员。

根据上述情况，增加或调整这两位员工的基本信息。

2. 修改工资数据

采购部公布2023年1月员工出勤情况结果：刘志远因私事请假两天。

3. 增加信息费用项目，并修改“应发合计”计算公式

为了提高工作效率，经研究决定，从2023年1月起按以下标准发放信息费（先增加信息费项目：数字型，长度8位，小数2位，增项）：经理人员及营销人员200元，其余人员50元。

修改“应发合计”计算公式，应发合计=等级工资+岗位工资+奖金+交通补贴+信息费。

4. 成批替换工资数据

略。

5. 计算个人所得税

计算个人工薪所得税的基数为5 000。

6. 计算并汇总工资数据

略。

知识准备

工资系统日常业务处理，主要是指进行人员档案的维护、个人工资数据的调整、工资项目的增减，包括人员变动、工资变动、扣缴个人所得税、工资数据计算与汇总和银行代发工

资等相关项目的处理工作。

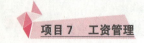

工资日常业务处理关系到每个职工的切身利益，也是计算成本的重要环节，因而必须保证其正确性和及时性。

人员变动

任务实施

1. 人员变动设置

操作步骤：

Step1 选择“工资”→“设置”→“人员档案”命令，打开“人员档案设置”窗口。

Step2 单击“增加人员”按钮，在“人员档案”卡片中输入许磊的信息（等级工资尚未输入）（图7–29）。

Step3 单击“确认”按钮，再单击“取消”按钮。

Step4 选择任志刚信息，单击“修改”按钮，将任志刚的部门修改为“生产部”，人员类别修改为“研发人员”，单击“确认”按钮（图7–30）。

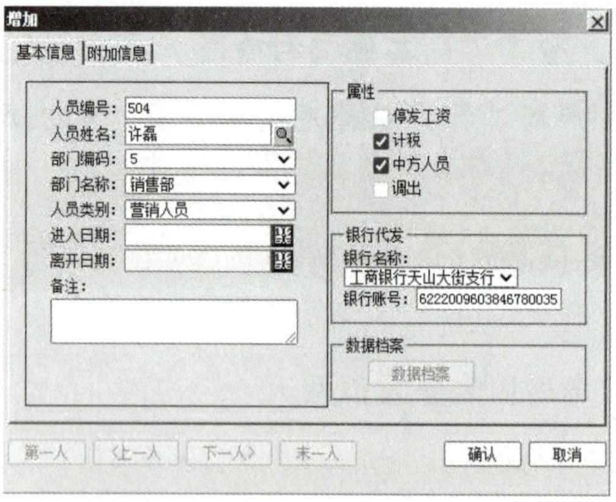

图7–29

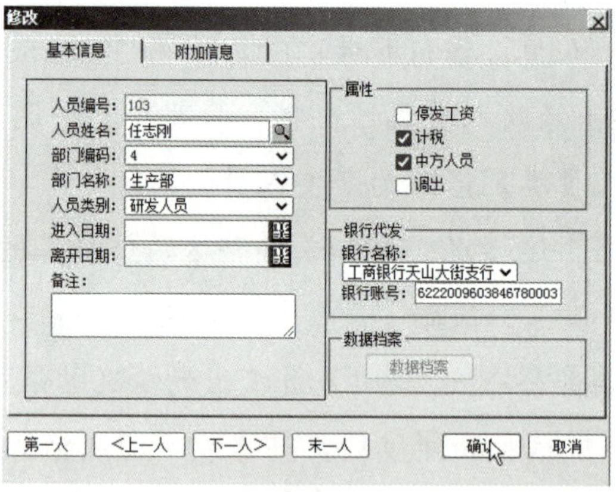

图7–30

Step5 选择“工资”→“业务处理”→“工资变动”命令，打开“工资变动”窗口。输入许磊的等级工资“1 500”，单击“计算”按钮，进行重新计算和汇总。

2. 修改工资数据

操作步骤：

修改工资数据

Step1 选择“工资”→“业务处理”→“工资变动”命令，打开“工资变动”窗口。

Step2 在“工资变动”窗口中，在左上角“过滤器”下拉列表中选择“过滤设置”选项，打开“项目过滤”对话框。

Step3 在“工资项目”列表中选中“请假天数”，单击“>”按钮，将“请假天数”移动到“已选项目”列表框中，然后单击“确认”按钮，过滤出“请假天数”项目（图7–31）。

Step4 在“请假天数”项目中，输入刘志远的请假天数“2”（图7–32）。

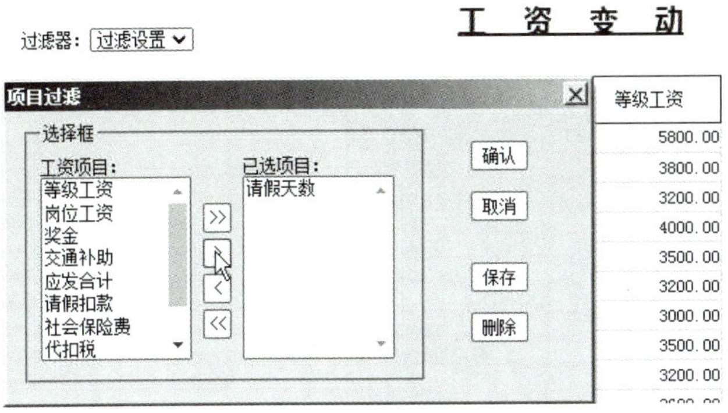

图7-31

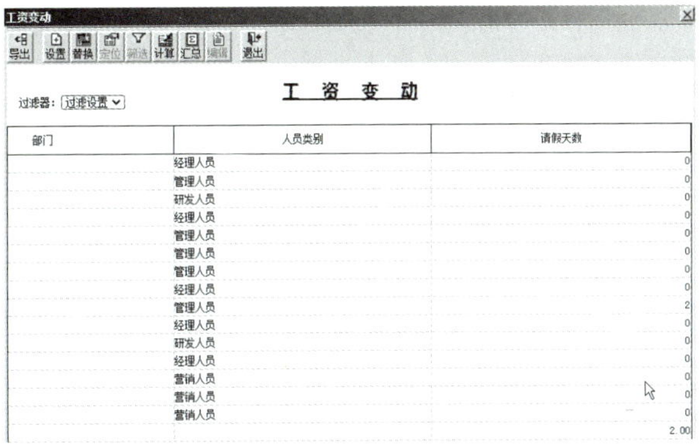

图7-32

Step5 单击“退出 ”按钮，单击“是 ”按钮进行重新计算和汇总。

3. 增加信息费项目，并修改“应发合计”计算公式

操作步骤：

Step1 选择“工资”→“设置”→“工资项目设置”命令，打开“工资项目设置”对话框。

Step2 单击“增加 ”按钮，录入工资项目名称“信息费”，单击“信息费”所在行 “类型”栏后的下三角按钮，选择“数字”选项，选择“长度”为“8”，选择“小数”为“2”，选择“增减项”为“增项”。

增加工资项目并成批替换数据

Step3 单击“移动 ”上、下三角按钮，将各工资项目移动到合适位置（图7–33）。

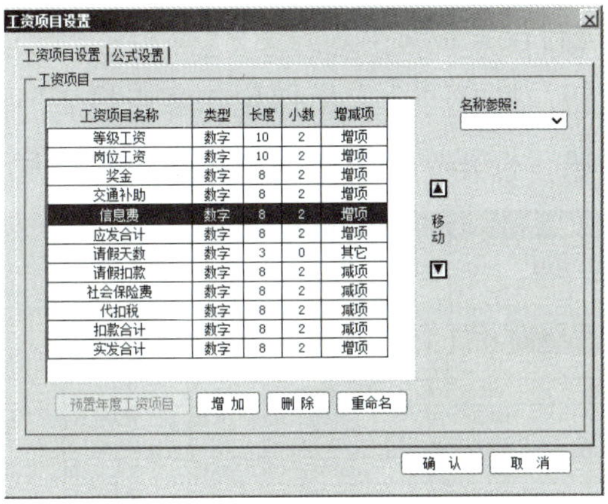

图7–33

Step4 单击“确认”按钮。

Step5 修改“应发合计”公式，增加“信息费”。

应发合计=等级工资+ 岗位工资+奖金+交通补贴+信息费。

4. 成批替换工资数据

操作步骤：

Step1 选择“工资”→“业务处理”→“工资变动”命令，打开“工资变动”窗口。

Step2 单击“替换”按钮，打开“数据替换”对话框。

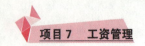

Step3　在“将工资项目”下拉列表中选择“信息费”，在“替换成”文本框中输入“200”。

Step4　在“替换条件”选项组中，设置替换条件（图7–34）。

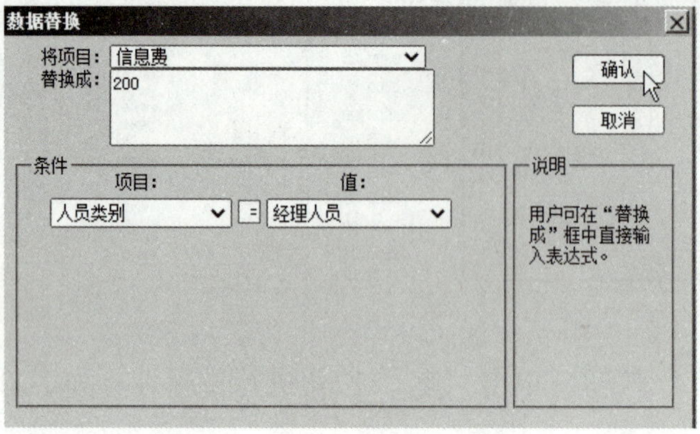

图7–34

Step5　单击“确认”按钮，单击“是”按钮确认替换数据，单击“是”按钮进行重新计算和汇总，“营销人员”信息费“200”重复上述操作。

Step6　将其余人员的信息费输入“50”，单击“计算”按钮。

Step7　单击“退出”按钮。

5. 计算个人所得税

操作步骤：

Step1　选择“工资”→“业务处理”→“扣缴所得税”命令，打开“栏目选择”对话框（在栏目中，可对申报栏目进行设置）。

Step2　单击“确认”按钮，打开“个人所得税扣缴申报表”窗口。

Step3　单击“税率”按钮，打开“个人所得税申报表——税率表”对话框（图7–35）。

计算个人所得税

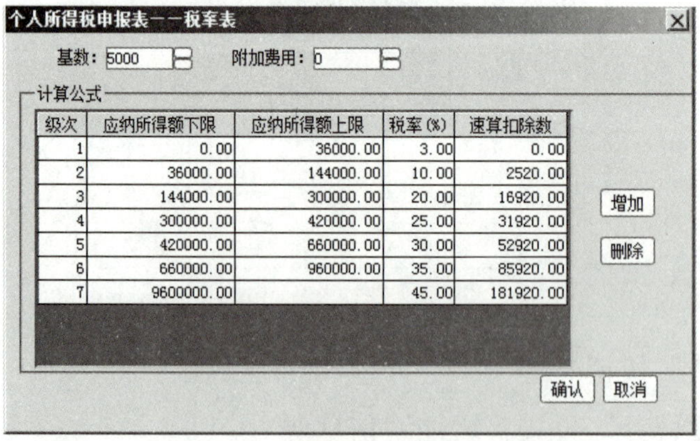

级次	应纳所得额下限	应纳所得额上限	税率（%）	速算扣除数
1	0.00	36000.00	3.00	0.00
2	36000.00	144000.00	10.00	2520.00
3	144000.00	300000.00	20.00	16920.00
4	300000.00	420000.00	25.00	31920.00
5	420000.00	660000.00	30.00	52920.00
6	660000.00	960000.00	35.00	85920.00
7	9600000.00		45.00	181920.00

图7–35

Step4　在“基数 ”文本框中输入“5 000”，将“附加费用”设置为“0”，并核对修改“计算公式”中的各级税率。

Step5　单击“确认”按钮，单击“是”按钮重新计算个人所得税。

Step6　单击“退出 ”按钮。

6. 计算并汇总工资数据

操作步骤：

Step1　选择“工资 ”→“业务处理”→“工资变动”命令，打开“工资变动”窗口。

Step2　单击“计算 ”按钮，计算工资数据。

Step3　单击“汇总”按钮，汇总工资数据（图7–36）。

人员编号	姓名	部门	人员类别	等级工资	岗位工资	奖金	交通补助	信息费	应发合计	请假天数	请假扣款	社会保险费	代扣税	扣款合计	实发合计
101	张向东	企管部	经理人员	5800	2600	0	500	200	9100	0	0	588	123	711	8389
102	杨铭	企管部	管理人员	3800	2000	0	300	50	6150	0	0	406	34.5	440.5	5709.5
103	任志刚	生产部	研发人员	3200	2000	0	300	50	5550	0	0	364	16.5	380.5	5169.5
201	王娟	财务部	经理人员	4000	2600	0	500	200	7300	0	0	462	69	531	6769
202	李欣雨	财务部	管理人员	3500	2000	0	300	50	5850	0	0	385	25.5	410.5	5439.5
203	赵君	财务部	管理人员	3200	2000	0	300	50	5550	0	0	364	16.5	380.5	5169.5
204	何芳	财务部	管理人员	3000	2000	0	300	50	5350	0	0	350	10.5	360.5	4989.5
301	张海	采购部	经理人员	3500	2600	0	500	200	6800	0	0	427	54	481	6319
302	刘志远	采购部	管理人员	3200	2000	0	300	50	5550	2	40	364	16.5	420.5	5129.5
401	高强	生产部	经理人员	3600	2600	0	500	200	6900	0	0	434	57	491	6409
402	周凯	生产部	研发人员	3000	2000	0	300	50	5350	0	0	350	10.5	360.5	4989.5
501	郑源	销售部	经理人员	3500	2600	0	500	200	6800	0	0	427	54	481	6319
502	白静	销售部	营销人员	2500	1800	0	500	200	5000	0	0	301		301	4699
503	宋超	销售部	营销人员	2500	1800	0	500	200	5000	0	0	301		301	4699
504	许磊	销售部	营销人员	1500	1800	0	500	200	4000	0	0	231		231	3769
合计				49800	32400	0	6100	1950	90250	2	40	5754	487.5	6281.5	83968.5

图7–36

Step4　单击“退出”按钮，退出“工资变动”窗口。

任务检验

【单选题】1. 工资管理系统的初始化设置不包括（　　）。

A.建立工资账套　　B.设置工资项目

C.设置人员类别　　D.录入工资数据

【单选题】2. 增加工资项目时，如果在“增减项”一栏选择“其他”，则该工资项目的数据（　　）

A.自动计入应发合计　　B.自动计入扣款合同

C.既不计入应发合计也不计入扣款合计　　D.既计入应发合计也计入扣款合计

【多选题】3. 工资管理系统的主要任务是（　　）。

A.计算职工工资

B.按工资的用途、部门进行汇总

C.按一定的分配原则进行费用的分配

D.计算个人所得税

【判断题】4. 只要新增工资项目，就可以生成工资项目的计算公式。（　　）

【判断题】5. 系统提供的固定工资项目不能进行修改、删除。（　　）

任务评价

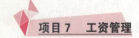

任务点		自我评价	教师评价	总结反思
人员变动设置	增加人员			
	修改人员属性			
工资数据修改	增加请假天数			
	增加信息费			
	修改工资公式			
	替换工资数据			
计算个人所得税				

任务 3　分摊与计提工资费用

任务导入

河北开元科技有限公司财务人员进入工资系统，完成工资费用的分摊与计提，将工资费用合理地分配到各个成本对象上，以计算企业的实际成本和费用。

任务描述

以“01王娟”身份进入工资系统，进行工资分摊设置，并以“02赵君”生成相应凭证。具体任务如下：

1. 工资分摊设置

要求“工资分摊”构成设置中的项目以表7-5、表7-6中的“应发合计”为准，工资分摊明细到工资项目。

表 7-5　应付职工薪酬 - 工资（比例 100%）

部门名称	人员类别	项目	借方科目	贷方科目
企管部	经理人员 管理人员	应发合计	560209	221101
财务部	经理人员 管理人员	应发合计	560209	221101
采购部	经理人员 管理人员	应发合计	560209	221101
生产部	经理人员	应发合计	410109	221101
	研发人员	应发合计	400102	221101
销售部	经理人员 营销人员	应发合计	560107	221101

表 7-6　社会保险费（比例 30%）

部门名称	人员类别	项目	借方科目	贷方科目
企管部	经理人员　管理人员	应发合计	560213	221104
财务部	经理人员　管理人员	应发合计	560213	221104
采购部	经理人员　管理人员	应发合计	560213	221104
生产部	经理人员	应发合计	410103	221104
	研发人员	应发合计	400102	221104
销售部	经理人员　营销人员	应发合计	560110	221104

2. 生成记账凭证（分配到部门，明细到工资项目，合并科目相同、辅助项目相同的分录。“生产成本”科目项目辅助核算为“星光版 V700”）

略。

3. 以“01 王娟”身份月末结账（不进行清零处理）

略。

4. 以“01 王娟”身份反结账

略。

知识准备

工资分摊是指对工资费用进行工资总额的计算、分配及各种经费的计提，并编制自动转账凭证，传递到总账系统中。初次使用工资系统时，应先进行工资分摊的设置，所有与工资相关的费用均需建立相应的分摊类型名称及分摊比例。

任务实施

工资分摊设置

1. 以“01 王娟”的身份进行工资分摊设置

操作步骤：

Step1　选择“工资”→“业务处理”→“工资分摊”命令，打开“工资分摊”对话框（图7-37）。

Step2　单击“工资分摊设置”按钮，打开“分摊类型设置”对话框。

Step3　单击“增加”按钮，打开“分摊计提比例设置”对话框。

Step4　在“计提类型名称”文本框中输入“应付职工薪酬-工资”，“分摊计提比例”设置为“100%”（图7-38）。

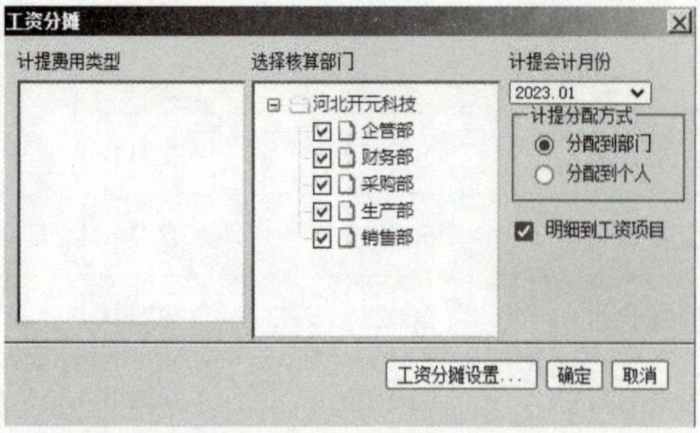

图7–37

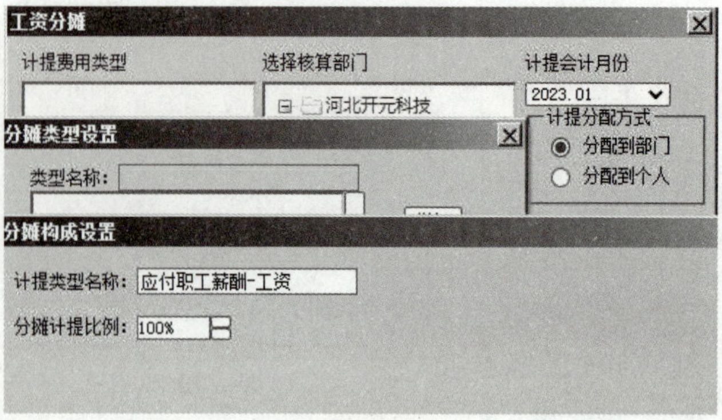

图7–38

Step5　单击“下一步”按钮，打开“分摊构成设置”对话框，设置应付职工薪酬分摊构成的各个项目所对应的会计科目（图7–39）。

Step6　单击“完成”按钮，返回“分摊类型设置”对话框。

Step7　重复Step3 ~ Step6，完成“社会保险费”的分摊设置（图7–40）。

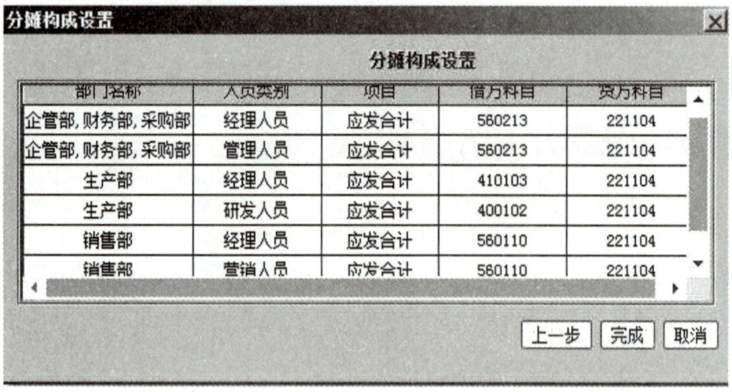

图7–39

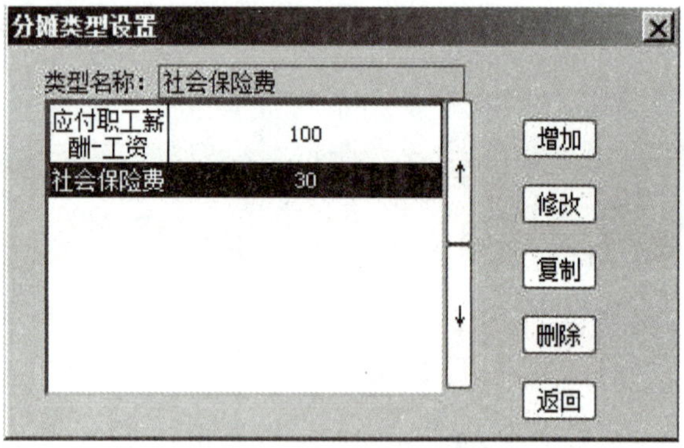

图7–40

Step8　单击“返回”按钮，返回“工资分摊”对话框。

Step9　单击“取消”按钮，退出“工资分摊”。

工资分摊生成凭证

2. 以“02 赵君”的身份生成工资分摊记账凭证

操作步骤：

Step1　选择“工资”→“业务处理”→“工资分摊”命令，打开“工资分摊”对话框（图7–41）。

Step2　在“计提费用类型”列表框中，在需要计提费用的类型前打上“√”标记，“选择核算部门”列表框中，选择需要计提费用的部门（一般情况下全选），勾选“明细到工资项目”复选框。单击“确定”按钮，打开“应付职工薪酬–工资一览表”窗口（图7–42）。

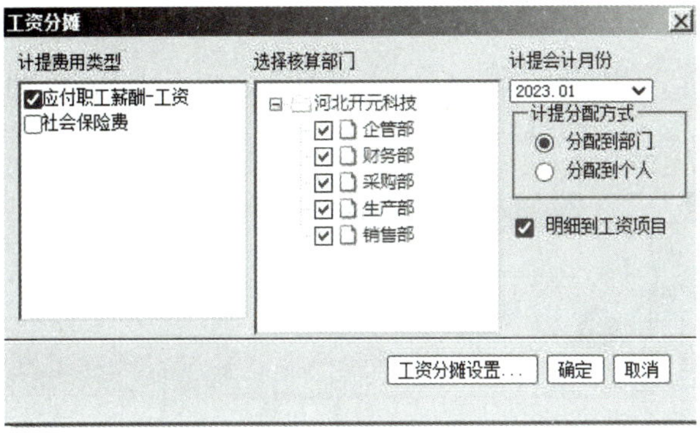

图7–41

部门名称	人员类别	工资项目	工资分摊				
			计提基数	计提比例	计提金额	借方科目	贷方科目
企管部	管理人员	应发合计	6150	100	6150	560209	221101
企管部	经理人员	应发合计	9100	100	9100	560209	221101
财务部	管理人员	应发合计	16750	100	16750	560209	221101
财务部	经理人员	应发合计	7300	100	7300	560209	221101
采购部	管理人员	应发合计	5550	100	5550	560209	221101
采购部	经理人员	应发合计	6800	100	6800	560209	221101
生产部	研发人员	应发合计	10900	100	10900	400102	221101
生产部	经理人员	应发合计	6900	100	6900	410101	221101
销售部	经理人员	应发合计	6800	100	6800	560107	221101
销售部	营销人员	应发合计	14000	100	14000	560107	221101

图7–42

Step3　单击“制单”按钮，生成“应付职工薪酬”分摊的记账凭证，凭证左上角显示红色“已生成”字样。此时凭证自动传递到总账系统中（图7–43）。

Step4　单击凭证上的“退出”按钮，返回“应付职工薪酬–工资一览表”窗口。

Step5　在“类型”下拉列表中选择“社会保险费”，重复步骤Step3、Step4，生成社会保险费分摊凭证（图7–44）。

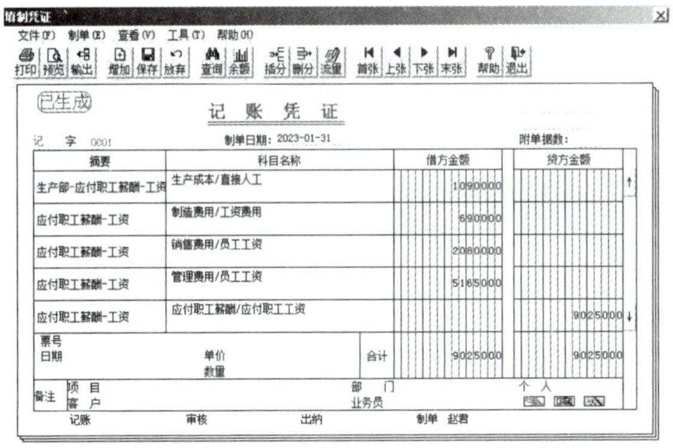

图7–43

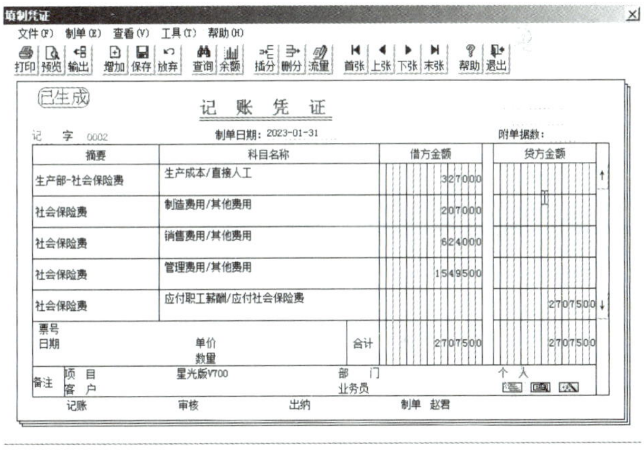

图7–44

Step6　单击“退出”按钮，退出工资分摊。

操作指导

在“应付职工薪酬一览表”窗口中，如果勾选“合并科目相同、辅助项相同的分类”，则系统会将相同的科目和辅助核算项目进行合并后再生记账凭证。

所生成的凭证，其日期必须大于等于总账系统中当前会计期的最大凭证日期。

生成凭证后，仍需要在总账系统中审核签字，再进行记账处理。

如果凭证编制错误，可在“统计分析”中的“凭证查询”中删除。

3. 月末处理

操作步骤：

Step1　以账套主管“01王娟”身份登录，选择“工资”→“业务处理”→“月末处理”

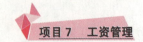

命令，打开“月末处理”对话框（图7–45）。

Step2 单击“确认”按钮，不选择清零项目，单击“确认”，系统提示“工资类别［001］月末处理成功！”（图7–46）。

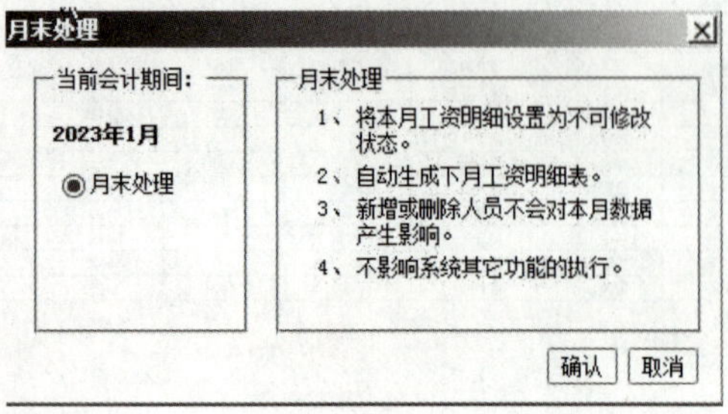

图7–45

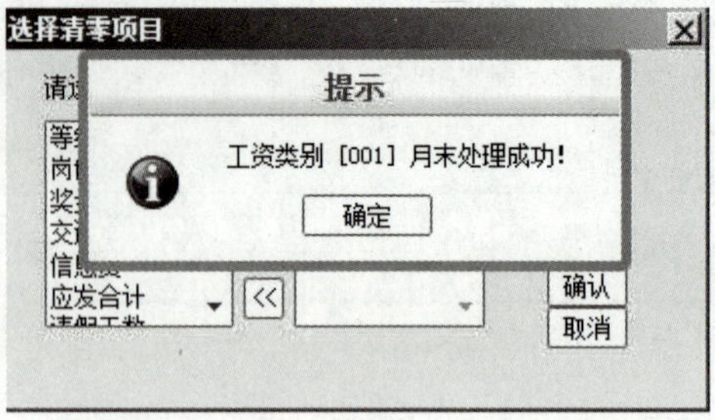

图7–46

4. 反结账

操作步骤：

Step1 以账套主管“01王娟”的身份，以2023年2月1日的日期登录工资系统。选择“工资”→“业务处理”→“反结账”命令，打开“反结账”对话框（图7–47）。

工资管理系统月末结账与反结账

Step2 单击“确定”按钮［如果有多个工资类别，则选择要反结账的工资类别（图7–48）］。

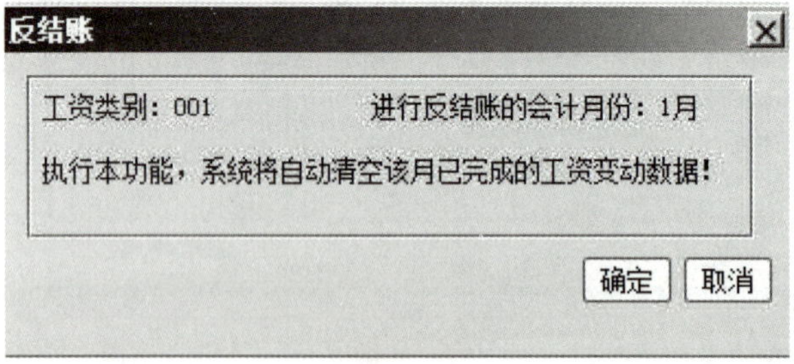

图7–47

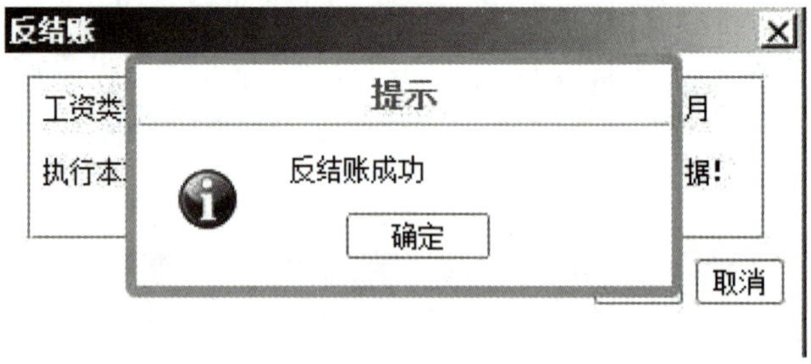

图7–48

Step3 单击“确定”按钮，完成反结账的操作。

操作指导

月末处理功能只有主管人员才能执行。进行期末处理后，当月数据将不再允许变动。如果处理多个工资类别，则应打开工资类别，分别进行月末处理。

由于在工资项目中，有的项目是变动的，每月的数据均不相同，因此在每月工资处理时均需先将其数据清零，然后输入当月的数据，此类项目为清零项目。

任务检验

【单选题】1. 不可以在工资系统生成的记账凭证有（　　）。

A.计提福利费　B.计提工会经费　C.分配工资　D.计提利息

【多选题】2. 下列各项中，生产部人员的职工薪酬可能涉及的会计科目有（ ）。

A.生产成本　　B.制造费用　　C.管理费用　　D.销售费用

【多选题】3. 以下（ ）说法是正确的。

A.管部的经理人员工资计入“管理费用”

B.财务部的管理人员工资计入“制造费用”

C.生产部的研发人员工资计入“生产成本”

D.销售部的管理人员工资计入“销售费用”

【判断题】4. 工资业务处理完毕后，需要经过记账处理，才能生成各种工资报表。（ ）

【判断题】5. 工资系统月末处理功能只能由账套主管执行。（ ）

任务评价

任务点		自我评价	教师评价	总结反思
工资分摊设置	职工工资设置			
	社会保险费设置			
生成记账凭证	职工工资凭证			
	社会保险费凭证			
月末结账和反结账				

职业能力训练

训练要求：

以账套主管“001刘明”的身份进行北京天宇科技有限公司工资账套建立及初始设置。

以工资类别主管“005学生姓名”的身份进行工资日常业务处理。

训练资料：

1. 建立工资账套

（1）工资账套信息。工资类别个数：多个；核算币种：人民币（RMB）；要求代扣个人所得税；不进行扣零处理；人员编码长度：3位；启用日期：2023年3月1日。

（2）建立工资类别。工资类别包括001正式人员、002临时人员。

2. 基础信息设置

（1）人员类别设置。人员类别包括管理人员、经营人员、车间管理人员、生产工人。

（2）人员附加信息设置。增加“性别”和“职称”作为人员附加信息。

（3）工资项目设置（表7-7）。

表 7–7　工资项目设置

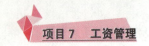

项目名称	类型	长度	小数位数	增减项
基本工资	数字	10	2	增项
奖励工资	数字	10	2	增项
交补	数字	10	2	增项
应发合计	数字	10	2	增项
请假天数	数字	8	2	其他
请假扣款	数字	8	2	减项
养老保险金	数字	8	2	减项
扣款合计	数字	8	2	减项

（4）工资类别及相关信息。

工资类别一：正式人员。

部门选择：所有部门。

工资项目：基本工资、奖励工资、交补、应发合计、请假扣款、养老保险金、扣款合计、实发合计、代扣税、请假天数。表7–8所示为工资项目公式。

表 7–8　工资项目公式

工资项目	定义公式
应发合计	基本工资 + 奖励工资 + 交补
交补	iff (人员类别 =" 管理人员 "or 人员类别 =" 车间管理人员 "，500，300)
请假扣款	请假天数 ×30
养老保险金	基本工资 ×0.08
扣款合计	请假扣款 + 养老保险金 + 代扣税
实发合计	应发合计 – 扣款合计

人员档案（表7–9）：

表 7–9　正式人员档案

人员编号	人员姓名	部门名称	人员类别	账号	中方人员	是否计税	性别	职称
101	李振	企管办	管理人员	20110010001	是	是	男	高级
201	刘明	财务部	管理人员	20110010002	是	是	男	高级
202	王杰	财务部	管理人员	20110010003	是	是	女	中级
203	李强	财务部	管理人员	20110010004	是	是	男	中级
204	张峰	财务部	管理人员	20110010005	是	是	男	中级
301	孙阳	采购部	管理人员	20110010006	是	是	男	高级
401	赵玉	销售一部	经营人员	20110010007	是	是	女	高级

续表

人员编号	人员姓名	部门名称	人员类别	账号	中方人员	是否计税	性别	职称
402	江涛	销售二部	经营人员	20110010008	是	是	男	中级
501	王娟	生产部	车间管理人员	20110010009	是	是	女	中级
502	李伟	生产部	生产工人	20110010010	是	是	男	初级
注：以上所有人员的代发银行均为工商银行中关村分理处								

工资类别二：临时人员。

部门选择：生产部。

工资项目：基本工资、应发合计、请假扣款、代扣税、扣款合计、实发合计、请假天数。

计算公式：同正式人员工资类别。

人员档案（表7–10）：

表 7–10　临时人员档案

人员编号	人员姓名	部门名称	人员类别	账号	中方人员	是否计税
503	陈晨	生产部	生产工人	20110010011	是	是
504	于晴	生产部	生产工人	20110010012	是	是

（5）银行名称。工商银行中关村分理处；账号定长为11位。

（6）权限设置。设置“005学生姓名”为两个工资类别的主管。

3. 工资数据

（1）3月初人员工资情况。

正式人员工资情况（表7–11）：

表 7–11　正式人员工资情况

姓名	基本工资/元	奖励工资/元
李振	7 000	1 000
刘明	5 000	800
王杰	4 000	700
李强	4 500	750
张峰	4 000	700
孙阳	5 000	800
赵玉	6 500	950
江涛	5 000	800
王娟	4 500	750

续表

姓名	基本工资/元	奖励工资/元
李伟	3 500	650

临时人员工资情况（表7-12）：

表 7-12　临时人员工资情况

姓名	基本工资/元
陈晨	2 800
于晴	2 500

（2）3月工资变动情况。

①考勤情况：李强请假3天；孙阳请假2天；陈晨请假1天。

②因需要，决定招聘李扬（编号505）到生产部担任生产人员（临时人员），以补充力量，其基本工资4 000元，代发工资银行账号：20110010013。

③因上月销售一部推广产品业绩较好，每人增加奖励工资1 000元。

4. 代扣个人所得税

个税免征额即计税基数为5 000元。

5. 工资计提与分摊

应付工资总额=实发合计×100%

应付福利费=应发合计×14%

工会经费=应发合计×2%

职工教育经费=应发合计×2.5%

具体工资费用分摊设置如下（表7-13）。

表 7-13　工资费用分摊表

部门		工资（100%）		福利费（14%）		工会经费（2%）		职工教育经费（8%）	
		贷方	借方	贷方	借方	贷方	借方	贷方	
企管办、财务部、采购部	管理人员	560201		560201		560201		560201	
销售部	经营人员	560 01	221101	560101	221103	560101	221106	560101	221107
生产部	车间管理人员	410101		410101		410101		410101	
	生产工人	400102		400102		400102		400102	

包罗万象

个人所得税是国家税务总局推出的官方税收管理、个税申报系统手机应用。2018年12月31日，“个人所得税”App软件（图7-49）正式上线使用。从2019年起，所有个人所得税申报的纳税人都可以下载手机版App，核实自己信息和身份后，在任何地方任何时候完成自己的税务申报义务。

个税专项附加扣除政策、操作指引和申请表，您可到税务总局和各省税务局网站查询并下载。可到所在单位提交信息办理扣除，也可于2019年1月1日后通过手机版App“个人所得税”或登录各省电子税务局填报信息给所在单位办理扣除。同学们在填报“专项附加扣除”项目时，要认真无遗漏，多填报要进行税款补缴。

个人所得税是公民必须依法缴纳的税款之一，作为纳税人，我们应该积极履行纳税义务，不偷税漏税。偷税漏税是一种违法行为，不仅会损害国家的财政收入，还会影响个人的信用记录和声誉。因此，我们应该自觉遵守税法规定，按时缴纳个人所得税，避免因为偷税漏税而遭受不必要的损失和处罚。同时，我们也要加强对税收知识的了解和认识，提高纳税意识和法律意识，为国家的经济发展和社会进步做出贡献。

图7-49

项目 8
综合实训

本实训模拟河北天洋有限公司有关经济业务，要求使用畅捷通T3完成其账务处理，生成账簿和报表，以掌握会计信息化基本理论和技能，培养良好的会计信息化素养，为未来的职业发展打下坚实的基础。

一、企业基本情况（表 8-1）

表 8-1　河北天洋有限公司基本情况

企业名称	河北天洋有限公司
法人代表	陈飞
会计主管	李鹏飞
会计	王小静　赵晓红
出纳	张会颖
地址、邮编	石家庄市工农路 208 号；050031
电话	0311-77012768
纳税人识别号	91130123436047630L
开户银行	石家庄市工行维明街支行
账号	6222022871738972717
主营业务	生产销售甲、乙产品

二、企业采用的会计政策及核算方法

（1）企业经石家庄国家税务局认定为一般纳税人，执行小企业会计准则（2013年）、《会计基础工作规范》及最新税法规定。

（2）存货采用实际成本核算，材料和库存商品发出采用月末一次加权平均法计价。

（3）产品成本按品种法计算。该企业有一个基本生产车间，生产甲、乙两种产品。生产所用材料全部外购，月末无在产品。

（4）固定资产折旧方法采用平均年限法，按月分类计提折旧。

（5）增值税税率为13%，城市维护建设税税率为7%，教育费附加费为3%，地方教育费附加为2%，符合小型微利企业税收优惠政策（企业所得税实行查账计征，按季预缴、年终汇算清缴）。

（6）损益结转采用账结法。

（7）单位成本计算保留两位小数，分配率计算保留四位小数。

实训 1　系统管理

实训要求

以系统管理员（admin）的身份进行企业建账、财务分工、备份和恢复数据，启用总账系统。

实训资料

一、增加操作员（表 8-2）

表 8-2　操作员资料

编号	姓名	所属部门
T01	李鹏飞	财务部
T02	王小静	财务部
T03	张会颖	财务部
T04	赵晓红	财务部

二、建立账套

（1）账套号：666。

（2）账套名称：河北天洋公司。

（3）启用期间：2023年12月。

（4）单位名称：河北天洋有限公司；单位简称：河北天洋；法人代表：陈飞；邮政编码：050031；联系电话：0311-77012768。

（5）核算信息：本币代码：RMB；本币名称：人民币；企业类型：工业；行业性质：小企业会计准则（2013年）；账套主管：李鹏飞；按行业性质预置科目。

（6）分类信息：无存货分类；客户、供应商需要分类核算；有外币核算。

（7）流程：采购、销售使用标准流程。

（8）编码方案：会计科目编码：4-2-2-2-2；部门编码：2-2；客户、供应商分类编码：1-2-2；其他编码均为默认值。

（9）数据精度：小数位数均为2。

（10）系统启用：启用总账、工资管理、固定资产；启用会计期间均为2023-12-01。

三、财务分工（表 8-3）

表 8-3　财务分工

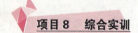

操作员	岗位	权限
李鹏飞	账套主管	全部权限
王小静	会计	公共目录设置，负责总账中除“出纳签字”以外的所有权限
张会颖	出纳	总账→出纳签字；现金管理
赵晓红	会计	工资管理；固定资产

实训 2　总账系统初始化

实训要求

由“T01李鹏飞”的身份进入666账套，操作日期2023-12-01，进行基础档案设置。

实训资料

一、部门档案（表 8-4）

表 8-4　部门档案

部门编码	部门名称	部门负责人	部门属性
01	综合管理部	—	管理
0101	办公室	孟　云	管理
0102	财务部	李鹏飞	管理
02	市场部	—	购销
0201	销售部	魏　宁	销售
0202	采购部	韩浩宇	采购
03	后勤部	焦明伟	管理
04	生产部	陆小军	生产

二、职员档案（表 8-5）

表 8-5　职员档案

职员编号	职员名称	所属部门	职员属性
101	孟　云	办公室	经理
102	黄丹阳	办公室	干事
103	李鹏飞	财务部	经理

续表

职员编号	职员名称	所属部门	职员属性
104	王小静	财务部	会计
105	张会颖	财务部	出纳
106	赵晓红	财务部	核算
201	魏　宁	销售部	经理
202	潘秀华	销售部	一般职员
203	韩浩宇	采购部	经理
204	贾光明	采购部	一般职员
301	焦明伟	后勤部	经理
401	陆小军	生产部	经理
402	刘可欣	生产部	生产人员
403	崔振华	生产部	生产人员
404	杨　明	生产部	经理
405	魏丽芳	生产部	生产人员

三、客户、供应商分类

1. 客户分类（表 8–6）

表 8–6　客户分类

编码	名称
1	长期客户
2	中期客户
3	短期客户

2. 供应商分类（表 8–7）

表 8–7　供应商分类

编码	名称
1	工业
2	商业
3	事业

四、客户、供应商档案

1. 客户档案（表 8–8）

表 8–8　客户档案

编号	客户名称	客户简称	所属分编码	开户行	账号	所属行业	邮编
01	天津祥明有限公司	祥明公司	2	工行	6222080908070605041	商业	300005
02	太原泰达有限公司	泰达公司	1	工行	6222080908070605032	商业	030006
03	石家庄友邦有限公司	友邦公司	3	工行	6222080908070605123	商业	050051

2. 供应商档案（表 8–9）

表 8–9　供应商档案

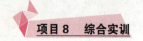

编号	供应商名称	供应商简称	所属分类编码	开户行	账号	所属行业	邮编
01	北京科创有限公司	科创公司	2	工行	6222080908070605965	商业	101100
02	保定东明有限公司	东明公司	1	工行	6222080908070605037	工业	071000

五、业务参数设置

凭证制单时，采用序时控制，制单权限不控制到科目，不可修改他人填制的凭证，出纳凭证必须经由出纳签字。

数量小数位和单价小数位2位，部门、个人、项目按编码方式排序，会计日历为1月1日—12月31日。

六、会计科目及期初余额（表 8–10）

表 8–10　会计科目及期初余额

科目名称	账类	方向	币别/计量	期初余额/元
库存现金（1001）	日记账	借		7 080.00
银行存款（1002）	银行账、日记账	借		784 379.46
工行存款（100201）	银行账、日记账	借		784 379.46
其他货币资金（1012）		借		
短期投资（1101）		借		
股票（110101）		借		
债券（110102）		借		
基金（110103）		借		
其他（110110）		借		
应收票据（1121）		借		
应收账款（1122）	客户往来（受控系统为空）	借		89 500.00
预付账款（1123）	供应商往来(受控系统为空）	借		
其他应收款（1221）		借		2 000.00
韩浩宇（122101）	个人往来	借		
贾光明（122102）	个人往来	借		2 000.00
原材料（1403）		借		201 000.00
A 材料（140301）	数量核算 / 数量金额	借		72 000.00
		借	千克	450.00
B 材料（140302）	数量核算 / 数量金额	借		105 000.00
		借	千克	500.00

续表

科目名称	账类	方向	币别/计量	期初余额/元
C 材料（140303）	数量核算 / 数量金额	借		24 000.00
		借	千克	200.00
库存商品（1405）		借		640 000.00
甲产品（140501）	数量核算 / 数量金额	借		420 000.00
		借	件	140.00
乙产品（140502）	数量核算 / 数量金额	借		220 000.00
		借	件	110.00
周转材料（1411）		借		
包装物（141101）		借		
固定资产（1601）		借		904 600.00
累计折旧（1602）		贷		296 515.59
在建工程（1604）		借		123 400.00
固定资产清理（1606）		借		
无形资产（1701）		借		120 000.00
累计摊销（1702）		借		9 000.00
待处理财产损溢（1901）		借		
待处理流动资产损溢（190101）		借		
待处理非流动资产损溢（190102）		借		
短期借款（2001）		贷		233 000.00
应付票据（2201）		贷		
应付账款（2202）	供应商往来(受控系统为空）	贷		93 000.00
预收账款（2203）	客户往来（受控系统为空）	贷		
应付职工薪酬（2211）		贷		76 821.11
应付职工工资（221101）		贷		76 821.11
应付奖金、津贴和补贴（221102）		贷		
应付福利费（221103）		贷		
应付社会保险费（221104）		贷		
应交税费（2221）		贷		48 900.00
应交增值税（222101）		贷		44 550.00
进项税额（22210101）		贷		
销项税额（22210106）		贷		44 550.00
未交增值税（222102）		贷		3 045.00
应交营业税（222103）		贷		
应交消费税（222104）		贷		
应交资源税（222105）		贷		
应交所得税（222106）		贷		
应交城市维护建设税（222108）		贷		1 305.00

续表

科目名称	账类	方向	币别/计量	期初余额/元
应交城镇土地使用税（222110）		贷		
应交教育费附加（222113）		贷		
应交地方教育费附加（222114）		贷		
应付利息（2231）		贷		1 000.00
其他应付款（2241）		贷		6 624.76
长期借款（2501）		贷		300 000.00
实收资本（3001）		贷		1 614 130.00
资本公积（3002）		贷		45 600.00
盈余公积（3101）		贷		41 000.00
法定盈余公积（310101）		贷		41 000.00
任意盈余公积（310102）		贷		
本年利润（3103）		贷		21 000.00
利润分配（3104）		贷		85 368.00
提取法定盈余公积（310401）		贷		
提取任意盈余公积（310402）		贷		
应付利润（310403）		贷		
未分配利润（310405）		贷		85 368.00
生产成本（4001）		借		
甲产品（400101）		借		
乙产品（400102）		借		
制造费用（4101）		借		
材料（410101）		借		
水电费（410102）		借		
工资（410103）		借		
社会保险费（410104）		借		
折旧费（410105）		借		
主营业务收入 5001）		贷		
甲产品（500101）	数量核算 / 数量金额	贷	件	
乙产品（500102）	数量核算 / 数量金额	贷	件	
其他业务收入（5051）		贷		
营业外收入（5301）		贷		
主营业务成本（5401）		借		
甲产品（540101）	数量核算 / 数量金额	借	件	
乙产品（540102）	数量核算 / 数量金额	借	件	
税金及附加（5403）		借		
应交城市维护建设税（540301）		借		
应交教育费附加（540302）		借		
应交地方教育费附加（540303）		借		
销售费用（5601）		借		

续表

科目名称	账类	方向	币别/计量	期初余额/元
商品维修费（560101）		借		
广告费（560102）		借		
业务宣传费（560103）		借		
交通费（560104）		借		
通信费（560105）		借		
业务招待费（560106）		借		
员工工资（560107）		借		
折旧（560108）		借		
管理费用（5602）		借		
开办费（560201）	部门核算	借		
业务招待费（560202）	部门核算	借		
研究费用（560203）	部门核算	借		
交通费（560204）	部门核算	借		
通信费（560205）	部门核算	借		
水电费（560206）	部门核算	借		
房屋租赁费（560207）	部门核算	借		
员工活动费（560208）	部门核算	借		
员工工资（560209）	部门核算	借		
折旧（560210）	部门核算	借		
无形资产摊销（560211）	部门核算	借		
员工社会保险费（560213）	部门核算	借		
财务费用（5603）		借		
利息费用（560301）		借		
手续费用（560302）		借		
营业外支出（5711）		借		
坏账损失（571101）		借		
所得税费用（5801）		借		
注：指定库存现金为现金总账科目；指定银行存款为银行总账科目				

七、辅助账期初余额

辅助账期初明细资料如表8-11、表8-12所示。

表 8-11　1122 应收账款

余额：借 89 500.00 元

日期	客户	摘要	方向	金额/元	业务员	票号
2023-11-05	祥明公司	销售商品	借	78 000.00	潘秀华	7665900
2020-05-09	泰达公司	销售商品	借	11 500.00	潘秀华	8659423

表 8-12　2202 应付账款

余额：贷 93 000.00 元

日期	供应商	摘要	方向	金额/元	业务员	票号
2023-10-20	科创公司	购买商品	贷	93 000.00	贾光明	97405588

八、凭证类型

凭证类型为通用记账凭证。

九、结算方式（表 8-13）

表 8-13　结算方式

编码	名称	票据管理标志	编码	名称	票据管理标志
1	支票	否	2	汇兑	否
101	现金支票	否	3	商业汇票	否
102	转账支票	否	4	其他	否

十、外币设置

币符：USD；币名：美元；固定汇率；记账汇率为：6.872 5。

十一、付款条件（表 8-14）

表 8-14　付款条件

编码	信用天数/天	优惠天数1/天	优惠率1/%	优惠天数2/天	优惠率2/天	优惠天数3/天	优惠率3/%
001	30	10	2	20	1	30	0
002	45	15	2	30	1	45	0

十二、开户银行（表 8-15）

表 8-15　开户银行

编号	开户银行	银行账号
001	石家庄市工行维明街支行	6222022871738972717

十三、银行对账期初余额

河北天洋银行对账的启用日期为2023.12.01，工行存款户企业日记账调整前余额为774 821.11元，银行对账单调整前余额为796 821.11元，未达账项一笔，是2023年10月25日银行已收企业未收款22 000.00元。

实训 3　工资系统初始化

实训要求

由操作员T01进入666账套，操作日期为2023年12月1日，进行工资系统初始化设置。

实训资料

一、建立工资账套

1. 工资账套信息

设置多个工资类别，核算币种为人民币。

从工资中为职工代扣个人所得税，不进行扣零设置，人员编码长度为3位。采用银行代发工资形式进行工资发放。

2. 建立工资类别

001正式人员，002临时人员。

3. 指定工资账套主管

将T04赵晓红指定为001、002两个工资类别主管。

二、基础信息设置

1. 人员类别设置

人员类别包括经理人员、管理人员、经营人员、甲产品生产人员、乙产品生产人员。

2. 人员附加信息设置

人员附加信息包括性别、年龄、技术职称、职务。

3. 工资项目设置（表 8–16）

表 8–16　工资项目

项目名称	类型	长度	小数位数	工资增减项
等级工资	数字	10	2	增项
岗位工资	数字	10	2	增项
奖金	数字	8	2	增项
交通补贴	数字	8	2	增项
应发合计	数字	10	2	增项
请假天数	数字	3	2	其他

续表

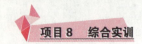

项目名称	类型	长度	小数位数	工资增减项
请假扣款	数字	8	2	减项
社会保险费	数字	8	2	减项
代扣税	数字	10	2	减项
扣款合计	数字	10	2	减项
实发合计	数字	10	2	增项

4. 银行名称设置

工资发放银行为工行维明街支行，银行账号定为19位。

5. 工资类别及相关信息

（1）工资类别一：正式人员。部门选择：所有部门。

工资项目：等级工资、岗位工资、奖金、交通补贴、应发合计、请假天数、请假扣款、社会保险费、代扣税、扣款合计、实发合计。

正式人员档案（表8–17）：

表 8–17　正式人员档案

部门名称	人员编号	人员姓名	人员类别	银行	账号	是否计税
办公室	101	孟　云	经理人员	工商银行维明街支行	6212260400800900001	是
办公室	102	黄丹阳	管理人员	工商银行维明街支行	6212260400800900002	是
财务部	103	李鹏飞	经理人员	工商银行维明街支行	6212260400800900003	是
财务部	104	王小静	管理人员	工商银行维明街支行	6212260400800900004	是
财务部	105	张会颖	管理人员	工商银行维明街支行	6212260400800900005	是
财务部	106	赵晓红	管理人员	工商银行维明街支行	6212260400800900006	是
销售部	201	魏　宁	经理人员	工商银行维明街支行	6212260400800900007	是
销售部	202	潘秀华	经营人员	工商银行维明街支行	6212260400800900008	是
采购部	203	韩浩宇	经理人员	工商银行维明街支行	6212260400800900009	是
采购部	204	贾光明	经营人员	工商银行维明街支行	6212260400800900010	是
后勤部	301	焦明伟	经理人员	工商银行维明街支行	6212260400800900011	是
生产部	401	陆小军	经理人员	工商银行维明街支行	6212260400800900012	是
生产部	402	刘可欣	甲产品生产人员	工商银行维明街支行	6212260400800900013	是
生产部	403	崔振华	甲产品生产人员	工商银行维明街支行	6212260400800900014	是
生产部	404	杨　明	乙产品生产人员	工商银行维明街支行	6212260400800900015	是

续表

部门名称	人员编号	人员姓名	人员类别	银行	账号	是否计税
办公室	101	孟 云	经理人员	工商银行维明街支行	6212260400800900001	是
办公室	102	黄丹阳	管理人员	工商银行维明街支行	6212260400800900002	是
财务部	103	李鹏飞	经理人员	工商银行维明街支行	6212260400800900003	是
财务部	104	王小静	管理人员	工商银行维明街支行	6212260400800900004	是
财务部	105	张会颖	管理人员	工商银行维明街支行	6212260400800900005	是
财务部	106	赵晓红	管理人员	工商银行维明街支行	6212260400800900006	是
销售部	201	魏 宁	经理人员	工商银行维明街支行	6212260400800900007	是
销售部	202	潘秀华	经营人员	工商银行维明街支行	6212260400800900008	是
采购部	203	韩浩宇	经理人员	工商银行维明街支行	6212260400800900009	是
采购部	204	贾光明	经营人员	工商银行维明街支行	6212260400800900010	是
后勤部	301	焦明伟	经理人员	工商银行维明街支行	6212260400800900011	是
生产部	401	陆小军	经理人员	工商银行维明街支行	6212260400800900012	是
生产部	405	魏丽芳	乙产品生产人员	工商银行维明街支行	6212260400800900016	是

正式人员工资计算公式（表8–18）：

表 8–18 正式人员工资计算公式

工资项目	定义公式
请假扣款	请假天数 ×60
岗位工资	iff(人员类别 =" 经理人员 ", 3600, iff(人员类别 =" 管理人员 ", 2600, 2000))
交通补贴	iff(人员类别 =" 经理人员 ", 300, 200)
应发合计	等级工资 + 岗位工资 + 奖金 + 交通补贴
社会保险费	（等级工资 + 岗位工资）*0.07
扣款合计	请假扣款 + 社会保险费 + 代扣税
实发合计	应发合计 – 扣款合计

（2）工资类别二：临时人员。

部门选择：生产部。

工资项目：岗位工资、应发合计、社会保险费、代扣税、扣款合计、实发合计、工作天数。

临时人员档案（表8–19）：

表 8–19 临时人员档案

部门名称	人员编号	人员姓名	人员类别	银行	账号	是否计税
生产部	411	陆 阳	甲产品生产人员	工商银行维明街支行	6212260400800900016	是
生产部	412	赵佳康	甲产品生产人员	工商银行维明街支行	6212260400800900017	是
生产部	413	王子锡	甲产品生产人员	工商银行维明街支行	6212260400800900018	是

续表

部门名称	人员编号	人员姓名	人员类别	银行	账号	是否计税
生产部	414	管 朋	乙产品生产人员	工商银行维明街支行	6212260400800900019	是
生产部	415	冯梦凡	乙产品生产人员	工商银行维明街支行	6212260400800900020	是

临时人员工资计算公式（表8-20）：

表 8-20 临时人员工资计算公式

工资项目	定义公式
岗位工资	工作天数 ×120
社会保险费	基本工资 ×0.05
应发合计	基本工资
扣款合计	社会保险费＋代扣税
实发合计	应发合计－扣款合计

三、工资数据录入

正式人员月初工资情况（表8-21）：

表 8-21 正式人员月初工资情况

姓名	等级工资/元	奖金/元
孟 云	6 000	600
黄丹阳	4 900	400
李鹏飞	5 500	550
王小静	4 500	400
张会颖	4 400	300
赵晓红	5 200	350
魏 宁	6 100	450
潘秀华	4 700	450
韩浩宇	5 400	520
贾光明	4 800	430
焦明伟	4 700	520
陆小军	5 500	540
刘可欣	4 600	550
崔振华	4 700	460
杨 明	5 100	450
魏丽芳	4 400	420

四、个人所得税计算和申报

计算所得税的基数为5 000元。

五、工资计提与分摊

要求“工资分摊”构成设置中的项目以表中“应发合计”为准，工资分摊明细到工资项目。

（1）正式人员应付职工薪酬分摊设置内容（表8-22）：

应付工资总额=应发合计 × 100%

应付社会保险费=应发合计 × 7%

表 8-22　正式人员应付职工薪酬分摊设置

<table>
<tr><th colspan="2" rowspan="2">部门</th><th rowspan="2">项目</th><th colspan="2">工资总额</th><th colspan="2">社会保险费</th></tr>
<tr><th>借方</th><th>贷方</th><th>借方</th><th>贷方</th></tr>
<tr><td rowspan="2">办公室</td><td>经理人员</td><td>应发合计</td><td rowspan="7">560209（管理费用——员工工资）</td><td rowspan="11">221101（应付职工薪酬——工资）</td><td rowspan="7">560213（管理费用——员工社会保险费）</td><td rowspan="11">221104（应付职工薪酬——社会保险费）</td></tr>
<tr><td>管理人员</td><td>应发合计</td></tr>
<tr><td rowspan="2">财务部</td><td>经理人员</td><td>应发合计</td></tr>
<tr><td>管理人员</td><td>应发合计</td></tr>
<tr><td rowspan="2">采购部</td><td>经理人员</td><td>应发合计</td></tr>
<tr><td>经营人员</td><td>应发合计</td></tr>
<tr><td>后勤部</td><td>经理人员</td><td>应发合计</td></tr>
<tr><td rowspan="2">销售部</td><td>经营人员</td><td>应发合计</td><td rowspan="2">560107（销售费用——员工工资）</td><td rowspan="2">560108（销售费用——员工社会保险费）</td></tr>
<tr><td>经理人员</td><td>应发合计</td></tr>
<tr><td rowspan="3">生产部</td><td>经理人员</td><td>应发合计</td><td>410103（制造费用——工资）</td><td>410104（制造费用——社会保险费）</td></tr>
<tr><td>甲产品生产人员</td><td>应发合计</td><td>400101（生产成本——甲产品）</td><td>400101（生产成本——甲产品）</td></tr>
<tr><td>乙产品生产人员</td><td>应发合计</td><td>400102（生产成本——乙产品）</td><td>400102（生产成本——乙产品）</td></tr>
</table>

（2）临时人员应付职工薪酬分摊设置内容（表8-23）：

应付工资总额=应发合计 × 100%

应付社会保险费=应发合计 × 5%

表 8-23　临时人员应付职工薪酬分摊设置

<table>
<tr><th colspan="2" rowspan="2">部门</th><th rowspan="2">项目</th><th colspan="2">工资总额</th><th colspan="2">社会保险费</th></tr>
<tr><th>借方</th><th>贷方</th><th>借方</th><th>贷方</th></tr>
<tr><td rowspan="2">生产部</td><td>甲产品生产人员</td><td>应发合计</td><td>400101（生产成本——甲产品）</td><td rowspan="2">221101（应付职工薪酬——工资）</td><td>400101（生产成本——甲产品）</td><td rowspan="2">221104（应付职工薪酬——社会保险费）</td></tr>
<tr><td>乙产品生产人员</td><td>应发合计</td><td>400102（生产成本——乙产品）</td><td>400102（生产成本——乙产品）</td></tr>
</table>

实训 4　固定资产系统初始化

实训要求

由操作员T01进入666账套，操作日期为2023年12月1日，进行固定资产系统初始化设置。

实训资料

一、业务参数

启用月份2023年12月，按平均年限法（一）计提折旧，折旧分配周期为1个月，类别编码方式2112。

固定资产编码方式：按“类别编码+部门编码+序号”自动编码；卡片序号长度为3。

要求与账务系统进行对账，固定资产对账科目：1601，固定资产；累计折旧对账科目：1602，累计折旧；在对账不平的情况下不允许月末结账。

业务发生后立即制单，月末结账前一定要完成制单登账业务；可纳税调整的增加方式：直接购入；固定资产缺省入账科目：1601；累计折旧缺省入账科目：1602；可抵扣税额入账科目：进项税额22210101。

二、资产类别（表 8–24）

表 8–24　资产类别

类别编码	类别名称	使用年限/年	净残值率/%	计量单位	折旧方法	计提属性
01	办公设备	10	4	台	平均年限法（一）	正常计提
02	运输设备	10	5	辆	工作量法	正常计提
03	生产设备	15	5	台	平均年限法（一）	正常计提

三、固定资产增加方式

增加方式（表8–25）：

表 8–25　增加方式

增加方式名称	对应入账科目
直接购入	100201，工行存款
投资者投入	3001，实收资本
盘盈	190102，待处理非流动资产损溢

减少方式（表8-26）：

表 8-26　减少方式

减少方式名称	对应入账科目
出售	1606，固定资产清理
盘亏	190102，待处理非流动资产损溢
报废	1606，固定资产清理

四、部门及对应折旧科目（表 8-27）

表 8-27　部门及对应折旧科目

部门名称		折旧科目
综合管理部	办公室	560210
	财务部	560210
市场部	销售部	560108
	采购部	560210
后勤部		560210
生产部		410105

五、原始卡片（表 8-28）

表 8-28　固定资产原始卡片一览表

固定资产编号	固定资产名称	类别编号	所属部门	增加方式	使用状况	使用年限	折旧方法	原值/元	净残值率	累计折旧/元	开始使用日期
1	帕萨特轿车	2	办公室	直接购入	在用	4	工作量法	210 000	5%	26 600.00	2022.06.13
2	惠普激光打印机	1	办公室	直接购入	在用	5	平均年限法（一）	19 800	5%	5 643.00	2022.05.09
3	戴尔台式电脑	1	办公室	直接购入	在用	5	平均年限法（一）	4 500	5%	855.00	2022.11.10
4	联想台式电脑	1	财务部	直接购入	在用	5	平均年限法（一）	5 500	5%	3 047.92	2020.12.24
5	车床 1	3	生产部	直接购入	在用	10	平均年限法（一）	150 000	5%	128 250.00	2014.11.15
6	车床 2	3	生产部	直接购入	在用	10	平均年限法（一）	200 000	5%	79 166.67	2018.09.26
7	东风创普载货车	2	采购部	直接购入	在用	4	工作量法	99 800	5%	28 443.00	2022.08.17
8	沃尔沃 FMX 载货车	2	销售部	直接购入	在用	4	工作量法	215 000	5%	24 510.00	2022.05.19
合计								904 600		296 515.59	

注：①东风创普载货车：总工作量：50 0000；累计工作量：150 000；工作量单位：千米
②沃尔沃 FMX 载货车：总工作量：500 000；累计工作量：60 000；工作量单位：千米
③帕萨特轿车：总工作量：600 000；累计工作量：80 000；工作量单位：千米

实训 5　日常业务处理

实训要求

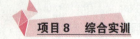

以T02操作员完成总账系统制单；T04操作员完成工资、固定资产业务制单；T03操作员负责出纳签字；T01操作员负责审核、记账。操作日期为2023年12月31日。

实训资料

河北天洋公司2023年12月发生下列经济业务事项：

【说明：为减少篇幅，购入货物取得了增值税专用发票，均视同已取得抵扣联，抵扣联略。】

（1）12月1日，收到前欠货款，凭证如图8-1所示。

中国工商银行进账单　（回单或收账通知）

2023年12月01日　　　　第75号

付款人	全　称	天津祥明有限公司	收款人	全　称	河北天洋有限公司
	账　号	6222080908070605041		账　号	6222022871738972717
	开户银行	天津市工行进步路支行		开户银行	石家庄市工行维明街支行
人民币（大写）	捌万柒仟元整			千 百 十 万 千 百 十 元 角 分	￥ 7 8 0 0 0 0 0
票据种类	转账支票				
票据张数	1				
单位主管	会计	复核	记账	收款人开户银行盖章	

（印章：中国工商银行股份有限公司 维明街支行 2023.12.01 转讫）

此联是收款人开户银行交给收款人的回单或收账通知

图8-1　中国工商银行进账单

（2）12月2日，提取现金备用，凭证如图8-2所示。

中国工商银行（冀）
现金支票存根
8600623

附加信息

出票日期　2023 年　12 月　02 日

收款人：	河北天洋有限公司
金　额：	￥3 700.00
用　途：	备用

单位主管　李鹏飞　　会计　王小静

图8-2　现金支票

（3）12月2日，预借差旅费，凭证如图8-3所示。

借　款　单

2023年12月02日

借款单位：采购部韩浩宇		
借款理由：参加会议		
借款数额：人民币（大写）　贰仟元整　¥2 000.00		
本单位负责人意见：同意　孟云　借款人：韩浩宇		
会计主管核批：同意 李鹏飞	付款方式： 现金	出纳：现金付讫 张会颖

图8-3　借款单

（4）12月4日，支付广告费，凭证如图8-4（a）、图8-4（b）所示。

河北增值税专用发票　　No25804123

全国统一发票监制章　河北　国家税务总局监制

发票联　　开票日期：2023年12月4日

购货单位	名　　称：河北天洋有限公司 纳税人识别号：91130123436047630L 地 址、电 话：石家庄市工农路208号031177012768 开户行及账号：石家庄市工行维明街支行6222022871738972717	密码区	

货物或应税劳务、服务名称	规格型号	单 位	数 量	单 价	金 额	税率	税 额
广告发布费					23 584.91	6%	1 415.09
合　计					¥23 584.9		¥1 415.09
价税合计（大写）	人民币贰万伍仟元整　（小写）¥25 000.00						

销货单位	名　　称：河北久瑞文化传播有限公司 纳税人识别号：130106687470990 地 址、电 话：石家庄裕华区体育大街方北大厦180189642581 开户行及账号：光大银行石家庄建华北大街支行7516018889000117585	备注	河北久瑞文化传播有限公司 130106687470990 发票专用章

收款人：　　复核：　　开票人：李燕平　　销货单位：（章）

第三联：发票联　购买方记凭证

（a）

图8-4

中国工商银行（冀）

转账支票存根

XV 12320061268

附加信息

出票日期　2023 年　12 月　04 日

收款人：河北久瑞文化传播有限公司	
金　额：￥25 000.00	
用　途：广告费	

单位主管　李鹏飞　　会计　王小静

（b）

图8-4（续）

（a）增值税发票；（b）转账支票

（5）12月6日，支付业务招待费（办公室），凭证如图8-5所示。

河北增值税普通发票

发票联

全国统一发票监制章　河北　国家税务总局监制

No 04940745

开票日期：2023年12月6日

购买方	名　　称：河北天洋有限公司 纳税人识别号：91130123436047630L 地 址、电 话：石家庄市工农路208号031177012768 开户行及账号：石家庄市工行维明街支行6222022871738972717				密码区		
货物或应税劳务、服务名称	规格型号	单 位	数 量	单 价	金 额	税率	税 额
餐费					800.00	3%	24.00
合　计					¥800.00		¥24.00
价税合计（大写）	人民币捌佰贰拾肆元整　　（小写）¥824.00						
销售方	名　　称：石家庄湘君府 纳税人识别号：19866500879805617687 地 址、电 话：石家庄市长安区跃进路128号 开户行及账号：河北银行跃进分理处 4504015474000001542				备注	石家庄湘君府 19866500879805617687 发票专用章	

第二联：发票联购买方记凭证

收款人：　　复核：　　开票人：陈艳霞　　销售方：（章）

图8-5　增值税发票

（6）12月8日，支付借款利息（已计提利息2 000元），凭证如图8-6所示。

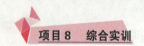

河北增值税普通发票

币别　人民币　　2023年12月08日　　流水号

户名：河北天洋有限公司			账号7654321		
计息项目	起息日	结息日	本金/积数	利率	利息
贷款	20230905	20231205	200 000.00	6%	¥3 000.00
合计（大写）	人民币叁仟元整				
根据有关规定或双方约定，上列款项已直接扣划你单位972717账户，你单位上述账户不足支付贷款利息的，请另筹资金支付。			银行签章		

第二联 客户回单

会计主管　　授权　　复核　李华　　录入　赵阔

图8-6　增值税发票

（7）12月10日，购入包装箱，款未付，凭证如图8-7（a）、图8-7（b）所示。

北京增值税专用发票

发票联

No25804123

开票日期：2023年12月10日

购货单位	名　　称：河北天洋有限公司 纳税人识别号：91130123436047630L 地 址、电 话：石家庄市工农路208号031177012768 开户行及账号：石家庄市工行维明街支行6222022871738972717					密码区		
货物或应税劳务、服务名称		规格型号	单位	数量	单价	金额	税率	税额
包装箱			个	500	50.00	25 000.00	13%	3 250.00
合　计						¥25 000.00		¥3 250.00
价税合计（大写）		人民币贰万捌仟贰佰伍拾元整			（小写）¥28 250.00			
销货单位	名　　称：北京科创有限公司 纳税人识别号：110902858433522 地 址、电 话：北京市朝阳区光明路128号 01025689543 开户行及账号：工行向阳分理处 6222080908070605965					备注		

第三联：发票联 购买方记凭证

收款人：张华　　复核：潘秀锦　　开票人：王涛　　销货单位：（章）

（a）

收料单（财会联）　　NO 1325

供货单位：北京科创有限公司　　2023年12月10日

材料名称及规格	单位	单价	应收数量	金额	实收数量	金额
包装箱	个	50.00	500	25 000.00	500	25 000.00

验收人：贾光明　　保管员：张桐

（b）

图8-7

（a）增值税发票；（b）收料单

（8）12月11日，购买办公用品（部门：办公室），凭证如图8-8所示。

河北增值税普通发票

发票联

No 04940745

开票日期：2023年12月11日

购买方	名　　称：河北天洋有限公司 纳税人识别号：91130123436047630L 地 址、电 话：石家庄市工农路208号77012768 开户行及账号：石家庄市工行维明街支行6222022871738972717				密码区		
货物或应税劳务、服务名称	规格型号	单 位	数 量	单 价	金 额	税率	税 额
档案盒		个	20	7.76699029126	155.34	3%	4.66
打印纸		件	2	194.174757281	388.35	3%	11.65
档案袋		个	80	0.97087378640	77.67	3%	2.33
合　计					¥621.36		¥18.64
价税合计（大写）	人民币陆佰肆拾元整			（小写）¥640.00			
销售方	名　　称：石家庄四汇文化用品公司 纳税人识别号：13233195710516006X 地 址、电 话：石家庄市东风路65号 0311-88560333 开户行及账号：建设银行东风分理处 623680130000227812				备注	石家庄四汇文化用品公司 13233195710516006X 发票专用章	

收款人：　　复核：　　开票人：肖虹　　销售方：（章）

第二联：发票联 购买方记凭证

图8-8 增值税发票

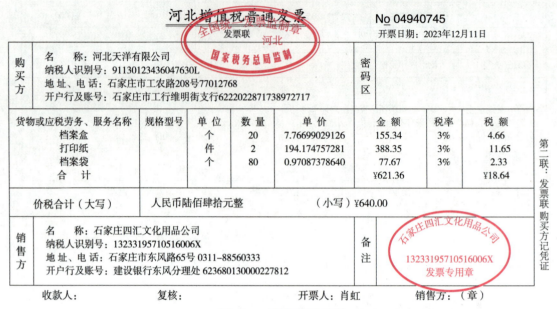

（9）12月12日，购入材料，凭证如图8-9（a）~图8-9（c）所示。

河北增值税专用发票

发票联

No 56482230

开票日期：2023年12月12日

购货单位	名　　称：河北天洋有限公司 纳税人识别号：91130123436047630L 地 址、电 话：石家庄市工农路208号031177012768 开户行及号：石家庄市工行维明街支行6222022871738972717				密码区		
货物或应税劳务、服务名称	规格型号	单 位	数 量	单 价	金 额	税率	税 额
A材料		千克	1 000	165.00	165 000.00	13%	21 450.00
B材料		千克	800	220.00	176 000.00	13%	22 880.00
合　计					¥341 000.00		¥44 330.00
价税合计（大写）	⊠叁拾捌万伍仟叁佰叁拾元整				（小写）¥385 330.00		
销货单位	名　　称：保定东明有限公司 纳税人识别号：2287588642679977 地 址、电 话：保定市七一路68号031278963254 开户行及账号：工行七一路支行 6296756800892245802				备注	保定东明有限公司 2287588642679977 发票专用章	

收款人：张茜茜　　复核：赵斌　　开票人：李玉清　　销货单位：（章）

第三联：发票联 购买方记账凭证

（a）

图8-9

河北增值税专用发票

发票联

全国统一发票监制章 河北 国家税务总局监制

No 06432830

开票日期：2023年12月12日

购货单位	名　　称：河北天洋有限公司 纳税人识别号：91130123436047630L 地 址、电 话：石家庄市工农路208号031177012768 开户行及号：石家庄市工行维明街支行6222022871738972717					密码区		
货物或应税劳务、服务名称	规格型号	单 位	数 量	单 价	金 额	税率	税 额	
运费			1 800	165.00	11 830.00	9%	1 170.00	
合　　计					¥11 830.00		¥1 170.00	
价税合计（大写）	☒壹万叁仟元整			(小写）¥13 000.00				
销货单位	名　　称：保定富达汽车运输有限公司 纳税人识别号：100876577548996 地 址、电 话：保定市朝阳路48号 开户行及账号：农行朝阳路支行6222020878345940023					备注	保定富达汽车运输有限公司 100876577548996 发票专用章	

第三联：发票联 购买方记账凭证

收款人：刘颖　　复核：孟 菲　　开票人：张然然　　销货单位：（章）

（b）

收料单（财会联）

NO: 178

供货单位：保定东明有限公司　　2023年12月12日　　单位：元

材料名称	单价	重量（千克）	买价	运费			实际采购成本	单位成本
				分配标准（千克）	分配率	金额		
A材料	165.00	1 000	165 000.00		6.5722	6 572.22	171 572.22	171.57
B材料	220.00	800	176 000.00			5 257.78	181 257.78	226.57
合 计		1 800	341 000.00	1 800		11 830	352 830.00	398.14

复核：李鹏飞　　制表：王小静

（c）

图8-9（续）

（a）增值税发票；（b）增值税发票；（c）收料单

（10）12月13日，销售材料，凭证如图8-10（a）、图8-10（b）所示。

河北增值税专用发票

发票联

全国统一发票监制章　河北　国家税务总局监制

No 00202203

开票日期：2023年12月13日

购货单位	名　　称：天津祥明有限公司 纳税人识别号：654388863300062 地 址、电 话：天津市进步路129号02283214563 开户行及号：天津市工行进步路支行6222080908070605041					密码区		
货物或应税劳务、服务名称	规格型号	单 位	数 量	单 价	金 额	税率	税 额	
B材料		千克	100	300.00	30 000.00	13%	3 900.00	
合　计					¥30 000.00		¥3 900.00	
价税合计（大写）	⊠叁万伍仟壹佰元整			（小写）¥33 900.00				
销货单位	名　　称：河北天洋有限公司 纳税人识别号：91130123436047630L 地 址、电 话：石家庄市工农路208号031177012768 开户行及号：石家庄市工行维明街支行6222022871738972717					备注	河北天洋有限公司 91130123436047630L 发票专用章	

第一联 销售方记账凭证

收款人：闫蒙　　复核：肖亮　　开票人：付刚　　销货单位：（章）

（a）

中国工商银行进账单（回单或收账通知）

2023年12月13日　　第56号

付款人	全 称	天津祥明有限公司	收款人	全 称	河北天洋有限公司										
	账 号	6222080908070605041		账 号	6222022871738972717										
	开户银行	天津市工行进步路支行		开户银行	石家庄市工行维明街支行										
（大写）人民币		叁万伍仟壹佰元整			千	百	十	万	千	百	十	元	角	分	
							¥	3	3	9	0	0	0	0	
票据种类		转账支票													
票据张数		1													
单位主管　会计　复核　记账					收款人开户银行盖章										

中国工商银行股份有限公司　维明街支行　2023.12.13　转讫

此联是收款人开户银行交给收款人的回单或收账通知

（b）

图8-10

（a）增值税发票；（b）进账单

（11）12月16日，发工资，凭证如图8-11、表8-29所示。

中国工商银行（冀）
现金支票存根
06887612

附加信息______________

出票日期 2023 年 12 月 16 日

收款人：	河北天洋有限公司
金　额：	¥72 000.00
用　途：	发工资

单位主管　李鹏飞　　会计　王小静

图8-11　现金支票

表 8-29　公司工资发放汇总表

2023年12月16日　单元：元

人员类别		基本工资	奖励工资	交通补贴	应发工资	扣款合计	实发工资
综合部	办公室						
	财务部						
市场部	销售部						
	采购部						
后勤部							
生产部							
合　计							72 000.00

复核：李鹏飞　　　　制表：王小静

（12）12月17日，对外进行捐赠，凭证如图8-12（a）、图8-12（b）所示。

河北省捐款捐物专用发票

2023年12月17日　　业务编号：18-1　NO：57765412

捐赠人		河北天洋有限公司		捐赠号	BDJZ285562558	
捐赠种类	实物	名称	品种	计量单位	单价	折算金额
		为灾区捐款				
	货币	（大写）：壹万伍仟元整			¥15 000.00	
捐收单位（章）：				经办人：贾静晗		

保定市红十字会　财务专用章

（a）

图8-12

中国工商银行

转账支票存根

26324202

附加信息

出票日期 2023 年 12 月 17 日

收款人：保定市红十字会	
金　额：¥15 000.00	
用　途：向灾区捐款	
备　注：	

单位主管　李鹏飞　　会计　王小静

（b）

图8-12（续）

（a）专用发票；（b）转账支票

（13）12月20日，采购部韩浩宇报销差旅费，凭证如图8-13所示。

（注意：火车票390元，计算抵扣进项税，税率9%）

差旅费报销单

部门：采购部　　2023年12月20日　　单据张数 4 张

出差人				韩浩宇					出差事由				参加会议		
出发				到达				交通工具	交通费		出差补贴		其他费用		
月	日	时	地点	月	日	时	地点		单据张数	金额	天数	金额	项目	单据张数	金额
12	6		石家庄	12	06		郑州	火车	1	195.00	8	240.00	住宿费	1	1 402.00
12	13		郑州	12	13		石家庄	火车	1	195.00			市内车费	1	1 420.00
													邮电费		
													其他		
合　计										390.00		240.00			1 422.00
报销总额	人民币（大写）贰仟零伍拾贰元整									预借旅费	¥2 000.00		补领金额	¥52.00	
													退还金额		

主管　　审核 李鹏飞　　出纳 张会颖　　领款人 韩浩宇

图8-13　差旅费报销单

（14）12月21日，支付本月财产保险费（部门：办公室）。凭证如图8-14（a）、图8-14（b）所示。

太平洋保险公司保险专用发票

发 票 联 （2023）D15780009756

被保险人	河北天洋有限公司		
人民币	小写：¥1 800.00		
业务员	尤佳		
承保险别	汽车	核保：	
保险费	大写：壹仟捌佰元整		
交费形式	2	1.现金2.转账支票3.银行划转4.其他	
保险单号			

太平洋保险公司 130100730282126 发票专用章

保险公司（签章） 制单 出纳 2023年12月21日

（a）

中国工商银行
转账支票存根
2849399

附加信息

出票日期 2023 年 12 月 21 日

收款人：太平洋保险公司	
金 额：¥1 800.00	
用 途：财产保险费	
备 注：	

单位主管 李鹏飞 会计 王小静

（b）

图8-14

（a）专用发票；（b）转账支票

（15）12月22日，固定资产报废，凭证如图8-15所示（在固定资产模块中填写固定资产卡片，并生成凭证）。

固定资产报废单

2023年12月22日

名称编号	规格型号	单位	数量	预计使用年限	已使用年限	原值	已提折旧	备注
车床1		台	1	15	15	150 000.00	141 708.33.00	
报废原因	正常报废							

使用部门	技术鉴定	单位负责人意见	主管部门意见
已不能使用	已鉴定可以报废	同意报废	同意

主管：李鹏飞 审核：李鹏飞 制单：赵晓红

图8-15 固定资产报废单

（16）12月25日公司生产部购入一台机床，凭证如图8-16（a）~图8-16（d）所示。（在固定资产模块中填写固定资产卡片，并生成凭证）

陕西增值税专用发票

发票联

（全国统一发票监制章 陕西 国家税务总局监制）

No 19050052

开票日期：2023年12月23日

购货单位	名　　称：河北天洋有限公司 纳税人识别号：91130123436047630L 地 址、电 话：石家庄市工农路208号031177012768 开户行及号：石家庄市工行维明街支行6222022871738972717					密码区		
货物或应税劳务、服务名称	**规格型号**	**单 位**	**数 量**	**单 价**	**金 额**	**税率**	**税 额**	
车床3		台	1	500 000	500 000.00	13%	65 000.00	
合　计					¥500 000.00		¥65 000.00	
价税合计（大写）	☒伍拾陆万伍仟元整				（小写）¥565 000.00			
销货单位	名　　称：陕西大成机械有限公司 纳税人识别号：46845554713280 地 址、电 话：西安民族路32号 开户行及账号：交行民族路支行6222028215272310003					备注	商业汇票结算 （陕西大成机械有限公司 46845554713280 发票专用章）	

收款人：张青　　复核：李明　　开票人：王蒙　　销货单位：（章）

第三联：发票联 购买方记账凭证

（a）

陕西增值税专用发票

发票联

（全国统一发票监制章 陕西 国家税务总局监制）

No 55946990

开票日期：2023年12月25日

购货单位	名　　称：河北天洋有限公司 纳税人识别号：91130123436047630L 地 址、电 话：石家庄市工农路208号031177012768 开户行及号：石家庄市工行维明街支行6222022871738972717					密码区		
货物或应税劳务、服务名称	**规格型号**	**单 位**	**数 量**	**单 价**	**金 额**	**税率**	**税 额**	
运费					5 000.00	9%	450.00	
合　计					¥5 000.00		¥450.00	
价税合计（大写）	☒伍仟肆佰伍拾元整				（小写）¥5450.00			
销货单位	名　　称：陕西顺德运输有限公司 纳税人识别号：346991874933200 地 址、电 话：西安市长江路102号 开户行及账号：交行长江支行6222080687499900443					备注	商业汇票结算 （陕西顺德运输有限公司 346991874933200 发票专用章）	

收款人：　　复核：　　开票人：赵颖慧　　销货单位：（章）

第三联：发票联 购买方记账凭证

（b）

商 业 承 兑 汇 票（存根）

出票日期（大写）贰零贰叁年壹拾贰月贰拾伍日

汇票号码 第 25 号

付款人	全 称	河北天洋有限公司		收款人	全 称	大成机械有限公司	
	账 号	6222022871738972717			账 号	6222028215272310003	
	开户银行	石家庄市工行维明街支行	行号 XX		开户银行	交行民族路支行	行号 XX

出票金额	人民币（大写）伍拾柒万零肆佰伍拾元整	千	百	十	万	千	百	十	元	角	分
			¥	5	7	0	4	5	0	0	0

汇票到期日	2024年04月10日	交易合同号码	XX
出票人签章		备注：	

此联承兑人留存

（c）

图8-16

固定资产交接（验收）单

2023年12月26日

<table>
<tr><td>固定资产编号</td><td>名称</td><td colspan="2">规格型号</td><td>计量单位</td><td>数量</td><td colspan="2">建造单位</td><td>建造编号</td><td>资金来源</td><td>附属技术资料</td></tr>
<tr><td>000008</td><td>车床3</td><td colspan="2"></td><td>台</td><td>1</td><td colspan="2">北方机械</td><td></td><td>自有</td><td>说明书</td></tr>
<tr><td rowspan="2">总价</td><td></td><td>设备费</td><td>安装费</td><td>运杂费</td><td>包装费</td><td>其他</td><td>合计</td><td>预计年限</td><td>净残值率</td><td></td></tr>
<tr><td></td><td>500 000 .00</td><td></td><td>5 000.00</td><td></td><td></td><td>505 000.00</td><td>15</td><td>5%</td><td></td></tr>
<tr><td>生产设备</td><td></td><td colspan="2"></td><td></td><td></td><td colspan="2"></td><td></td><td></td><td></td></tr>
<tr><td>验收意见</td><td colspan="3">合格，交生产部使用</td><td colspan="2">验收人签章</td><td colspan="2">陆小军</td><td colspan="2">保管使用人签章</td><td>刘可欣</td></tr>
</table>

（d）

图8-16（续）

（a）增值税发票；（b）增值税发票；（c）商业承兑汇票；（d）固定资产交接单

（17）12月26日，办公室黄丹阳因使用不当发生线路问题，造成1台微机毁损（卡片编号：00003），责令其赔偿损失300元。凭证如图8-17（a）、图8-17（b）所示。

固定资产报废单

2023年12月26日

<table>
<tr><td>名称编号</td><td>规格型号</td><td>单位</td><td>数量</td><td>预计使用年限</td><td>已使用年限</td><td>原值</td><td>已提折旧</td><td>备注</td></tr>
<tr><td>戴尔台式电脑</td><td></td><td>台</td><td>1</td><td>10</td><td>2年1个月</td><td>4 500.00</td><td>900.00</td><td></td></tr>
<tr><td>报废原因</td><td colspan="8">使用不当</td></tr>
<tr><td colspan="3">使用部门</td><td colspan="2">技术鉴定</td><td colspan="2">单位负责人意见</td><td colspan="2">主管部门意见</td></tr>
<tr><td colspan="3">已不能使用</td><td colspan="2"></td><td colspan="2">由使用人赔偿300元</td><td colspan="2">同意</td></tr>
</table>

主管：李鹏飞　　审核：李鹏飞　　制单：赵晓红

（a）

收　款　收　据

2023年12月26日　　№12026653138

今收到 黄丹阳

交 来 赔偿款

人民币（大写）叁佰元整　　¥300.00

现金收讫

收款单位（公章）　河北天洋有限公司 财务专用章

收款人	张会颖	交款人	黄丹阳

第三联收据

（b）

图8-17

（a）固定资产报废单；（b）收款收据

（18）12月27日，销售产品，凭证如图8-18（a）、图8-18（b）所示。

河北增值税专用发票

发票联

No 004598812

开票日期：2023年12月26日

全国统一发票监制章 河北 国家税务总局监制

购货单位	名　　称：太原泰达有限公司 纳税人识别号：69599700000775490 地 址、电 话：太原市建设路56号035162564152 开户行及账号：工行建设路分理处 6222080908070605032				密码区		
货物或应税劳务、服务名称	规格型号	单 位	数 量	单 价	金 额	税率	税 额
乙产品		件	100	3000.00	300 000.00	13%	39 000.00
合　计					¥300 000.00		¥39 000.00
价税合计（大写）	⊠叁拾叁万玖仟元整			（小写）¥339 000.00			
销货单位	名　　称：河北天洋有限公司 纳税人识别号：91130123436047630L 地 址、电 话：石家庄市工农路208号031177012768 开户行及号：石家庄市工行维明街支行6222022871738972717				备注	河北天洋有限公司 91130123436047630L 发票专用章	

收款人：张会颖　　复核：李鹏飞　　开票人：潘秀华　　销货单位：（章）

第一联：销售方记账凭证

（a）

产品出库单

2023 年 12月 26日　　编号：20120102

品名	规　格	单位	数量	单位成本	总成本
乙产品		件	100		
合计					

会计主管：李鹏飞　　记账：王小静　　制单：王小静

二联：财务存

（b）

图8-18

（a）增值税发票；（b）产品出库单

（19）12月27日，销售产品，凭证如图8-19（a）~图8-19（c）所示。

河北增值税专用发票

发票联

No 66685637

开票日期：2023年12月27日

全国统一发票监制章 河北 国家税务总局监制

购货单位	名　　称：石家庄友邦有限公司 纳税人识别号：146976560007433 地 址、电 话：石家庄市五七路39号031187552126 开户行及号：石家庄市工行五七路支行6222080908070605123				密码区		
货物或应税劳务名称	规格型号	单 位	数 量	单 价	金 额	税率	税 额
甲产品		件	100	4 500.00	450 000.00	13%	58 500.00
合　计					¥450 000.00		¥58 500.00
价税合计（大写）	⊠伍拾万捌仟伍佰元整			（小写）¥508 500.00			
销货单位	名　　称：河北天洋有限公司 纳税人识别号：91130123436047630L 地 址、电 话：石家庄市工农路208号031177012768 开户行及号：石家庄市工行维明街支行6222022871738972717				备注	河北天洋有限公司 91130123436047630L 发票专用章	

收款人：张会颖　　复核：李鹏飞　　开票人：潘秀华　　销货单位：（章）

第三联：发票联 购买方记凭证

（a）

图8-19

中国工商银行进账单　（回单或收账通知）

2023年12月27日　　第 71 号

付款人	全称	石家庄友邦有限公司	收款人	全称	河北天洋有限公司
	账号	6222080908070605123		账号	6222022871738972717
	开户银行	石家庄市工行五七路支行		开户银行	石家庄市工行维明街支行
人民币（大写）	伍拾万捌仟伍佰元整			千百十万千百十元角分	¥ 5 0 8 5 0 0 0 0
票据种类	转账支票				
票据张数	1				
单位主管　会计　复核　记账				收款人开户银行盖章	

此联是收款人开户银行交给收款人的回单或收账通知

中国工商银行股份有限公司 维明街支行 2023.12.27 转讫

（b）

产品出库单

2023 年12月 27日　　编号：22854642

品名	规　格	单位	数量	单位成本	总成本
乙产品		件	100		
合计					

会计主管：李鹏飞　　记账：王小静　　制单：王小静

二联：财务存

（c）

图8–19（续）

（a）增值税发票；（b）中国工商银行进账单；（c）产品出库单

（20）12月28日，支付本月水电费，凭证如图8–20（a）~图8–20（d），表8–30、表8–31所示。

河北省增值税专用发票

发票联

No 19005678

开票日期：2023年12月28日

全国统一发票监制章 河北 国家税务总局监制

购货单位	名　　称：河北天洋有限公司 纳税人识别号：91130123436047630L 地 址、电 话：石家庄市工农路208号031177012768 开户行及账号：石家庄市工行维明街支行6222022871738972717				密码区		
货物或应税劳务名称	规格型号	单位	数量	单价	金额	税率	税额
自来水		立方	5 000	2.00	10 000.00	9%	900.00
合　计					¥10 000.00		¥900.00
价税合计（大写）	人民币壹万壹仟叁佰元整				（小写）¥10 900.00		
销货单位	名　　称：石家庄市供水总公司 纳税人识别号：17495955505818 地 址、电 话：石家庄市范西路198号031187852348 开户行及账号：建行范西路支行 6217028665720924587				备注	石家庄市供水总公司 17495955505818 发票专用章	

收款人：金紫　　复核：李建　　开票人：林华　　销货单位：（章）

第二联：发票联购货方记证凭证

（a）

图8–20

河北增值税专用发票

全国统一发票监制章 河北 国家税务总局监制

发票联

No 68926543

开票日期：2023年12月28日

购货单位	名　　称：河北天洋有限公司 纳税人识别号：91130123436047630L 地 址、电 话：石家庄市工农路208号 开户行及号：石家庄市工行维明街支行6222022871738972717					密码区		
货物或应税劳务、服务名称	规格型号	单位	数量	单价	金额	税率	税额	
电		kvah	20 000	0.8	16 000.00	13%	2 080.00	
合　计					¥16 000.00		¥2 080.00	
价税合计（大写）	☒壹万捌仟零捌拾元整				（小写）¥18 080.00			
销货单位	名　　称：石家庄市供电局 纳税人识别号：15906537995531 地 址、电 话：石家庄市中华南大街529号031186352479 开户行及号：交行中华大街支行 6820088865432097654					备注	石家庄市供电局 15906537995531 发票专用章	

第二联：发票联 购货方记凭证

收款人：赵晓红　　复核：李瑞　　开票人：王小静　　销货单位：（章）

（b）

中国工商银行（冀）
转账支票存根
02387022

附加信息

出票日期 2023 年 12 月 28 日

收款人：	石家庄市供水总公司
金　额：	￥10 900.00
用　途：	水费

单位主管　李鹏飞　　会计　王小静

（c）

中国工商银行（冀）
转账支票存根
08565485

附加信息

出票日期 2023 年 12 月 28 日

收款人：	石家庄市供电局
金　额：	￥18 080.00
用　途：	电费

单位主管　李鹏飞　　会计　王小静

（d）

图8-20（续）

（a）增值税发票；（b）增值税发票；（c）转账支票；（d）转账支票

表 8-30　水费分配计算表

2023 年 12 月 28 日

车间（部门）	分配比例/%	分配金额/元
生产车间		
甲产品	30	3 000.00
乙产品	30	3 000.00
车间一般耗用	10	1 000.00
销售部门	10	1 000.00
管理部门	20	2 000.00
合　计	100	10 000.00

财务主管：李鹏飞　　复核：李鹏飞　　制表：王小静

表 8–31　电费分配计算表

2023 年 12 月 28 日

车间（部门）	用量/千瓦时	单价/元	分配金额/元
生产车间		0.8	
甲产品	6 000	0.8	4 800.00
乙产品	5 000	0.8	4 000.00
车间一般耗用	3 000	0.8	2 400.00
销售部门	2 000	0.8	1 600.00
管理部门	4 000	0.8	3 200.00
合计	20 000		16 000.00

财务主管：李鹏飞　　复核：李鹏飞　　制表：王小静

（21）12月29日，各部门领用原材料汇总，采用加权一次平均法，发出材料情况如表8–32所示。

表 8–32　发出材料汇总表

2023 年 12 月 29 日　　领料单 01 号至 04 号共 4 张（略）

项目	A材料（167.98）		B材料（286.26）		包装箱（50）		合计
	数量/千克	金额/元	数量/千克	金额/元	数量	金额/元	
生产甲产品	600	100 788.00	500	143 130.00	200	10 000.00	253 918.00
生产乙产品	400	67 192.00	300	85 878.00	200	10 000.00	163 070.00
车间一般耗用	200	33 596.00					33 596.00
销售 B 材料			100	28 626.00			28 626.00
小计	1 200	201 576.00	900	257 634.00	400	20 000.00	479 210.00

复核：李鹏飞　　制表：王小静

（22）12月29日，盘点，材料盘点情况如表8–33、表8–34所示。

表 8–33　材料盘点报告表

材料类别：　　2023 年 12 月 30 日　　仓库

材料编号	材料名称和规格	计量单位	数量		单位成本/元	盈余		亏短		盈亏原因	审批意见
			账存	实存		数量	金额/元	数量	金额/元		
	A 材料	千克	50	40	167.98			10	1 678.9		

第一联

审核：李鹏飞　　制表：王小静

表 8-34 材料盘点报告表

材料类别： 2023 年 12 月 30 日 仓库

材料编号	材料名称和规格	计量单位	数量		单位成本/元	盈余		亏短		盈亏原因	审批意见
			账存	实存		数量	金额/元	数量	金额/元		
	A 材料	千克	50	40	167.98			10	1 678.9	正常损耗	转作管理费用

第二联

审核：李鹏飞 制表：王小静

（23）12月31日，本月考勤情况：

正式人员：韩浩宇请假3天；焦明伟请假2天。

临时人员：工作天数陆阳24天、赵佳康22天、王子锡25天、管明22天、冯梦凡24天。

另因去年市场部推广产品业绩比较好，市场部经理人员增加奖金400元，市场部其他人员增加奖金300元。王小静外出培训请公假3天。生产部刘可欣由于工作业绩优秀提升为经理人员。

生成工资费用分配凭证（在工资模块中完成）。

（24）12月31日，扣缴个人所得税。（在工资模块中查询相关数据）

（25）12月31日，计提固定资产折旧并生成折旧费用分配凭证。（在固定资产模块完成）

附：帕萨特轿车本月工作量：8 000千米；

东风创普载货车本月工作量：5 000千米；

沃尔沃FMX载货车本月工作量：10 000千米。

（26）12月31日，出纳签字、审核凭证、记账。

（27）12月31日，将本期发生的制造费用平均摊配到两种产品成本中。（使用自定义转账生成凭证）

借：生产成本——甲产品（400101）JG( ) × 0.5

——乙产品（400102）JG( ) × 0.5

贷：制造费用——材料（410101）FS(410101,月,借)

——水电费（410102）FS(410102,月,借)

——工资（410103）FS(410103,月,借)

——福利费（410104）FS(410104,月,借)

——折旧费（410105）FS(410105,月,借)

（28）12月31日，审核凭证、记账。

（29）12月31日，本月产品入库，结转完工产品成本，本期产品全部完工，甲、乙产品各100件。（使用对应结转生成凭证，将生产成本甲、乙分别转入库存商品甲产品和乙产品）

借：库存商品——甲产品（140501）
　　　　　——乙产品（140502）
　贷：生产成本——甲产品（500101）
　　　　　　——乙产品（500102）

（30）12月31日，计提本月应交的城建税、教育费附加、地方教育费附加，如表8–35所示。（用自定义转账生成凭证）

表 8–35　税金及附加计算表

2023 年 12 月 31 日　　　单位：元

项目	计提基数	比例/%	计提金额
城市维护建设税			
教育费附加			
地方教育费附加			
合计			

复核：李鹏飞　　　　制表：王小静

计提城建税：
借：税金及附加——应交城市维护建设税（540301）JG()
　贷：应交税费——应交城市维护建设税（222108）QM(222101,月,贷)×0.07
计提教育费附加：
借：税金及附加——应交教育费附加（540302）JG()
　贷：应交税费——应交教育费附加（222113）QM(222101,月,贷)×0.03
计提地方教育费附加：
借：税金及附加——应交地方教育费附加（540303）JG()
　贷：应交税费——应交地方教育费附加（222114）QM(222101,月,贷)×0.2

（31）12月31日，结转产品销售成本，如表8–36所示。

表 8–36　产品销售成本计算单

2023 年 12 月 31 日　　　单位：元

商品名称	计量单位	销售数量	单位成本	总成本
甲产品	件	100		
乙产品	件	100		
合计		200		

财务主管：李鹏飞　　　　制单：王小静

（32）12月31日，审核凭证、记账。

（33）12月31日，结转本月期间损益。将所有损益科目结转至“本年利润”账户中。（要求使用期间损益结转功能结转本月损益类账户，要求收入和成本费用分开结转。先结转收入再结转费用并对凭证审核、记账）

（34）12月31日，审核凭证、记账。

（35）12月31日，计算本年应交所得税。（查1至11月无纳税调整项目，先确认应交所得税再结转。要求使用自定义转账功能生成所得税凭证。）

借：所得税费用（5801）QM(3103,月)×0.25×0.2

　　贷：应交税费——应交所得税（222106）JG()

注：符合小型微利企业税收优惠政策。

（36）12月31日，审核凭证、记账。

（37）12月31日，结转所得税费用。（使用自定义转账生成凭证）

借：本年利润（3103）JG()

　　贷：所得税费用（5801）FS(5801,月,借)

（38）12月31日，审核、记账。

（39）12月31日，利用对应结转功能将“本年利润”金额转入“未分配利润”账户。

（40）12月31日，对当年净利润按10%提取法定盈余公积。

借：利润分配——计提法定盈余公积（310401）

　　贷：盈余公积——法定盈余公积（310101）

（41）12月31日，结转“利润分配”下各明细账余额。

实训6　期末处理及银行对账

实训要求

由操作员T01进入666账套，完成工资系统和固定资产系统的结账，由操作员T03完成银行对账，再由操作员T01完成总账系统的结账。

实训资料

一、进行河北天洋有限公司的工资结账（由操作员 T01 完成）

略。

二、进行河北天洋有限公司固定资产的对账、结账（由操作员 T01 完成）

略。

三、银行对账（由操作员 T03 完成）

（一）银行对账

1. 银行对账单（表 8–37）

表 8–37　12 月银行对账单

日期	结算方式	票号	收入金额/元	支出金额/元
2023.12.01	102			78 000.00
2023.12.02	101			3 700.00
2023.12.04	102			25 000.00
2023.12.08				3 000.00
2023.12.13	102		33 900.00	
2023.12.16	101			72 000.00
2023.12.17	102			15 000.00
2023.12.20			2 600.00	
2023.12.21	102			1 800.00
2023.12.27	102		508 500.00	
2023.12.28	102			10 900.00
2023.12.28	102			18 080.00

2. 银行对账

略。

3. 编制银行存款余额调节表

略。

（二）总账对账、试算（由操作员 T01 完成）

略。

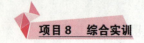

（三）总账月末结账（由操作员 T01 完成）

略。

实训 7　编制报表

实训要求

由操作员T01进入666账套，操作日期为2023年12月31日，进行报表管理操作。

实训资料

（1）启动UFO报表系统，调用报表模板，选择的行业性质是小企业会计准则（2013年），生成利润表和资产负债表，进行账中取数和平衡试算，并将其分别以“资产负债表”和“利润表”命名保存在D盘新建文件夹中。

（2）编制货币资金表并生成数据，如表8–38所示。以“货币资金表”命名保存在D 盘新建文件夹中。

表 8–38　货币资金表

编制单位：　　　　　　　　　　　　年　月　日　　　　　　　　　　　　单位：元

项 目	行次	期初数	期末数
现金	1		
银行存款	2		
合计	3		

制表

参考文献

［1］梁毅炜，王新玲．会计信息化实训教程（用友10.2版）［M］．北京：电子工业出版社，2008.

［2］汪刚，王新玲．会计信息化实用教程（用友T3会计信息化专版）［M］．北京：清华大学出版社，2009.

［3］孙莲香．财务软件实用教程（用友T3会计信息化版）［M］．北京：清华大学出版社，2011.

［4］ 孙莲香．会计电算化应用教程（第二版）（用友T3版）［M］．北京：高等教育出版社，2014.

［5］卜少利．会计电算化实务［M］．北京：机械工业出版社，2013.

［6］全国会计从业资格考试辅导教材编写组．会计电算化［M］．北京：经济科学出版社，2016.

［7］汪刚，姚洁．会计信息化实用教程［M］．北京：清华大学出版社，2019.

［8］李天宇，刘学敏，秦姝． 会计电算化（畅捷通T3版）（第2版）［M］．北京：北京理工大学出版社，2017.

［9］小企业新会计准则（2013年）.

［10］《关于小微企业和个体工商户所得税优惠政策的公告》（财税〔2023〕6号）.

［11］《关于进一步鼓励软件产业和集成电路产业发展企业所得税政策的通知》（财税〔2012〕27号）.

［12］《财政部 国家税务总局关于完善固定资产加速折旧企业所得税政策的通知》（财税〔2014〕75号）.

［13］《财政部 国家税务总局关于进一步完善固定资产加速折旧企业所得税政策的通知》（财税〔2015〕106号）.

［14］《关于设备器具扣除有关企业所得税政策的通知》（财税〔2018〕54号）.

［15］《关于扩大固定资产加速折旧优惠政策适用范围的公告》（财税〔2019〕66号）.

［16］《财政部 税务总局关于中小微企业设备器具所得税税前扣除有关政策的公告》（财税〔2022〕12号）.

［17］张杨杨，张学萍．会计信息化周测、月考单元测试卷［M］．西安：西北工业大学出版社，2020.